神曲·地狱篇

La Divina Commedia

Inferno

〔意大利〕但　丁／著
田德望／译

名著名译丛书

人民文学出版社
PEOPLE'S LITERATURE PUBLISHING HOUSE

Dante Alighieri
LA DIVINA COMMEDIA
据 Umberto Bosco 与 Giovanni Reggio 合注本，参考 Sapegno 等的注释本译出

图书在版编目（CIP）数据

神曲：地狱篇、炼狱篇、天国篇／（意）但丁著；田德望译.—北京：人民文学出版社，2016（2025.7重印）
（名著名译丛书）
ISBN 978-7-02-011592-1

Ⅰ.①神… Ⅱ.①但…②田… Ⅲ.①诗歌—意大利—中世纪 Ⅳ.①I546.23

中国版本图书馆 CIP 数据核字（2016）第 094908 号

责任编辑 张欣宜
装帧设计 刘 静 陶 雷
责任印制 苏文强

出版发行 人民文学出版社
社　　址 北京市朝内大街 166 号
邮政编码 100705

印　　刷 三河市中晟雅豪印务有限公司
经　　销 全国新华书店等

字　　数 892 千字
开　　本 890 毫米×1290 毫米 1/32
印　　张 27 插页 5
印　　数 59001—62000
版　　次 2002 年 12 月北京第 1 版
印　　次 2025 年 7 月第 14 次印刷

书　　号 978-7-02-011592-1
定　　价 89.00 元（全三册）

但丁

但丁（1265—1321）

意大利诗人，欧洲文艺复兴最有代表性的作家和开拓者之一。恩格斯称他是“中世纪的最后一位诗人，同时又是新时代的最初一位诗人”。主要作品有《神曲》《新生》《筵席》《论俗语》和《帝制论》等。

长篇史诗《神曲》（约1307—1313）是世界文学史上里程碑式的伟大作品，通过作者与地狱、炼狱及天国中各种著名人物的对话，给中古文化领域以艺术性的总结，也隐约可见文艺复兴时代人文主义思想的曙光。

译　者

田德望（1909—2000），河北定县人。意大利语和德语文学研究家、翻译家。早年留学意大利和德国。1940年开始从事教学工作，先后任浙江大学、武汉大学、北京大学教授。1985年起任中国社会科学院外国文学研究所兼职研究员。曾参与编写《德国文学简史》《欧洲文学史》《德汉词典》等，主编《中国大百科全书》外国文学分册之意大利文学条目。主要译作有《凯勒中篇小说集》《绿衣亨利》《神曲》等。

出版说明

人民文学出版社从上世纪五十年代建社之初即致力于外国文学名著出版，延请国内一流学者研究论证选题，翻译更是优选专长译者担纲，先后出版了“外国文学名著丛书”“世界文学名著文库”“二十世纪外国文学丛书”“名著名译插图本”等大型丛书和外国著名作家的文集、选集等，这些作品得到了几代读者的喜爱。

为满足读者的阅读与收藏需求，我们优中选精，推出精装本“名著名译丛书”，收入脍炙人口的外国文学杰作。丰子恺、朱生豪、冰心、杨绛等翻译家优美传神的译文，更为这些不朽之作增添了色彩。多数作品配有精美原版插图。希望这套书能成为中国家庭的必备藏书。

为方便广大读者，出版社还为本丛书精心录制了朗读版。本丛书将分辑陆续出版。

人民文学出版社

2015 年 1 月

译 本 序

——但丁和他的《神曲》

但丁·阿利吉耶里(Dante Alighieri,公元1265—1321)是意大利的民族诗人,中古到文艺复兴的过渡时期最有代表性的作家,恩格斯称他“是中世纪的最后一位诗人,同时又是新时代的最初一位诗人”,他继往开来,在欧洲文学发展中占据一个关键地位。

但丁的创作和他的生平与时代关系极为密切。他生活的时代是十三世纪后半和十四世纪初年。十三世纪,意大利在政治上处于分裂状态,北部小邦林立,名义上隶属神圣罗马帝国,实际上是独立的或自治的,其中有经济繁荣的城市共和国,也有受封建主统治的小国。这些小邦之间和小邦内部由于利害冲突时常进行斗争,乃至发生内战。中部是教皇领地,教皇既是西方教会的最高权威和精神领袖,又是拥有世俗权力的封建君主。他为了扩张自己的势力和领土,经常运用纵横捭阖的手段,插手小邦之间和小邦内部的斗争。神圣罗马皇帝一般从德意志诸侯中选出,但在法理上拥有对意大利的统治权,有实力的皇帝也力图行使这种权力。因此,教皇和皇帝之间长期存在着尖锐的矛盾和斗争。各小邦和小邦内部的政治力量,根据不同的利害关系,分别依靠这两个最高的封建权威,形成了贵尔弗和吉伯林两个对立的党派,前者号称教皇党,实际上主要代表新兴的市民阶级和城市小贵族,后者号称皇帝党,主要代表封建贵族。贵尔弗和吉伯林两党的划分,一二一六年最初出现于佛罗伦萨,当时具有和后来不同的阶级内容和政治立场,随着政治斗争的发展,逐渐遍及其他地区。南部是西西里王国,原在德国霍亨斯陶芬王朝统治下,一二六八年为法国安茹伯爵查理所夺,他建立的安茹王朝成为教皇的同盟军和贵尔弗党的后援。一二八二年,意大利人民为反抗法国统治者的暴政,发动了“西西里晚祷”起义,消灭了岛上的驻军。十四世纪初年,西西里岛落入阿拉冈王国之手。安茹王朝失去了西西里后,仍统治着半岛南部,称那不勒斯王国。神圣罗马帝位自从一二五四年霍亨斯陶芬王朝告终,二十年间一直虚悬,历史上称为“大空位时代”(公元1254—1273)。这时意大利实际已经不受皇帝控制,但是贵尔弗和吉伯林的斗争仍然继续下去。以上所述就是但丁时代意大利的政治概况。

但丁于一二六五年五月下旬出生在佛罗伦萨。这个城市共和国当时是意大利最大的手工业中心,以呢绒和丝绸工业著称,银钱业也很发达,人口约六万到七万,是欧洲最富庶的城市。十三世纪前半,政权掌握在贵族手中。一二五〇至一二六〇年间,市民阶级壮大起来,贵尔弗和吉伯林两党斗争日益激烈。一二六六年,贵尔弗党获得最后的胜利,结果使佛罗伦萨成为全托斯卡那贵尔弗党的坚强堡垒。

但丁出身城市小贵族,自称是古罗马人的苗裔。高祖卡治圭达(Cacciaguida)随从神圣罗马皇帝康拉德三世参加第二次十字军(公元1147—1149),被封为骑士,战死在圣地。高祖母是波河流域的人,她的姓氏阿利吉耶里(Alighieri)后来成为家族的姓氏。但丁的家族是贵尔弗党,但在政治上没有什么地位,家庭经济状况也不宽裕。他五六岁时,母亲贝拉(Bella)去世,一二八三年左右,父亲阿利吉耶罗(Alighiero)去世。一二七七年,他由父亲做主,和杰玛·窦那蒂(Gemma Donati)订婚,结婚后至少生了两个儿子:彼埃特罗(Pietro)和雅各波(Jacopo),一个女儿:安东尼娅(Antonia)。彼埃特罗和雅各波兄弟二人,都是《神曲》最初的传抄者和注释者。

但丁少年时代就好学深思,在学校里学到了有关拉丁文法、逻辑和修辞学的初步知识,后来又从著名的学者勃鲁奈托·拉蒂尼(Brunetto Latini)学过修辞学,包括演说和写拉丁文书信的艺术,这对于担任公职和参加政治活动是必要的。他大概还在著名的波伦亚大学听过修辞学课。更重要的是他通过自学,接触到拉丁诗人的作品,法国骑士传奇和普洛旺斯骑士抒情诗。十八岁时,他已经自己学会了做诗。当时佛罗伦萨是波伦亚诗人圭多·圭尼采里(Guido Guinizelli)创立的“温柔的新体”诗派的中心。但丁和这个诗派的一些诗人互相赠答,并和诗派的领袖圭多·卡瓦尔堪提(Guido Cavalcanti)结成深厚的友谊。但丁赠给卡瓦尔堪提等诗人的第一首诗,是一首抒写自己对贝雅特丽齐(Beatrice)的爱情的十四行诗。据考证,贝雅特丽齐是福尔科·波尔蒂纳里(Folco Portinari)的女儿,后来和西蒙奈·德·巴尔迪(Simone dei Bardi)结婚,一二九〇年逝世。但丁对她的爱情是精神上的爱情,带有强烈的神秘色彩,在歌颂她的诗中,把她高度理想化,描写为"从天上来到人间显示奇迹"的天使,充满精神之美和使人高贵的道德力量。在她死后,但丁把抒写对她的爱情、寄托对她逝世的哀思以及其他有关的诗,用散文连缀在一起,构成他的第一部文学作品(约1292—1293),取名《新生》(Vita Nova),是但丁除了《神曲》以外最重要的作品。书中使用了中古文学所惯用的梦幻、寓意、象征等艺术手法。全书的末尾说,作者经历了一番"神奇的梦幻"之后,"决定不再讲这位享天国之福的人,直到自己更配讲她的时候",到那时,关于她要讲"人们关于任何一位女性都从未讲过的话"。这就是但丁写作《神曲》的最初的动机。

对贝雅特丽齐的爱情是但丁作为诗人的意义深远的生活经验之一。在她死后,但丁开始了勤奋学习、追求真理的时期。为了在悲痛中寻找精神上的安慰,他潜心研究哲学,先后阅读了波依修斯的《论哲学的安慰》、西塞罗的《论友谊》和其他哲学著作以及塞内加的《道德对话》,还旁听修道院里宗教家的讲课和哲学家的讨论,广泛阅读经院哲学家大阿尔伯图斯、托马斯·阿奎那斯和阿拉伯哲学家阿威罗厄斯等人的著作,又从托马斯·阿奎那斯上窥亚里士多德,特别是他的《政治学》和《伦理学》。与此同时,他还加深了对拉丁文学的理解,精读了维吉尔的《埃涅阿斯纪》、贺拉斯的《讽刺诗集》和《诗艺》、奥维德的《变形记》和卢卡努斯的《法尔萨利亚》。他博览群书,掌握了中古文化领域里的丰富的知识,这为他后来的创作准备了有利的条件。

然而,他并不是书斋里的学者,相反地,一二八九年六月堪帕尔迪诺(Campaldino)之战,他作为骑兵先锋对阿雷佐的吉伯林军作战,同年八月,又参加了攻占比萨的卡波洛纳(Caprona)城堡的战斗。更重要的是他开始了政治生活。

一二六六年贵尔弗党最后战胜吉伯林党后,佛罗伦萨内部斗争仍很激烈。一二九三年，贵族的统治被推翻，建立了行会民主政权，行政机关由六名行政官组成，任期两月，期满改选，代表富裕市民阶级，即羊毛商、丝绸商、呢绒场主、毛皮商、银钱商、律师以及医生和药剂师七大行会，称为“肥人”。行会民主政权不许贵族担任行政官，但在外交和军事方面使用他们。堪帕尔迪诺之战，贵族立了大功，开始飞扬跋扈起来。为此，行会民主政权于一二九三年颁布“正义法规”，规定凡非实际从事一种行业者，一律不许担任公职，严格限制了贵族的政治权利；一二九五年七月，对“正义法规”进行了修改，规定非豪门的贵族，只要加入一种行会，就可担任公职。但丁出身小贵族，为了参加政治活动，加入了医生和药剂师行会。一二九五年十一月到一二九六年六月，他是人民首领特别会议的成员；一二九五年十二月四日，是被征求关于选举行政官问题的意见的顾问之一；一二九六年五月到九月，是百人会议的成员（百人会议是市议会性质）；一三〇〇年五月，任特使，邀请圣吉米尼亚诺市参加托斯卡那贵尔弗党城市联席会议；接着，当选为六名行政官之一，任期从一三〇〇年六月十五日到八月十五日。

当时，佛罗伦萨贵尔弗党已经分裂成黑白两党，黑党的首领窦那蒂（Donati）家族（但丁的妻子来自这一家族的支派）是世系悠久的贵族，对行会民主政权不满，一方面同以切尔契（Cerchi）家族为代表的“肥人”做斗争，一方面煽动“瘦人”即平民反抗、闹事。白党的首领切尔契家族是新贵族，从乡间来到城市后，暴发致富，成为大银行家和大商人，为了保障经济利益和过和平生活而拥护行会民主政权。黑白两党的斗争，除了家族仇恨和阶级矛盾以外，还搀杂着私人之间的冤仇以及个人的野心、贪欲、专横等因素，情况异常复杂。不仅如此，佛罗伦萨的内讧，还由于外来的干涉而变本加厉。这种干涉来自教皇卜尼法斯八世（公元1294—1303），他野心勃勃，借口神圣罗马皇帝阿尔伯特一世（公元1298—1308）尚未加冕，帝位依然虚悬，企图代行皇帝的权力，把托斯卡那全境置于教廷的统治下。

但丁任行政官时，以共和国的利益为重，置身党派斗争之外。他就职后不久，黑白两党发生了流血冲突，严重危及社会秩序。他秉公处理这一事件，建议政府将两党首领各七名流放到边境，其中包括他的好友白党首领圭多·卡瓦尔堪提。对于教皇干涉佛罗伦萨内政,他坚决反对,在职期间,顶住了教廷的压力,挫败了教皇使节的阴谋诡计。佛罗伦萨政府的强硬态度激怒了教皇,他下令把在职的行政官逐出教门,由于教皇使节迟迟没有执行,而但丁任期已满,才免遭惩罚。

离开行政官职位后,但丁继续参加政治斗争,一三〇一年三月,在顾问会议上,反对向和教皇勾结的那不勒斯国王查理二世拨款,支援他重新征服西西里;同年四月到九月,他再度成为百人会议的成员,在六月十九日的会议上,讨论是否应以武力支援教皇对阿尔多勃兰戴斯齐(Aldobrandeschi)家族作战,发言表示反对;他的意见由于得票少而被否决。在这同时,黑党企图借助教皇的力量取得政权,表示赞成教廷干涉佛罗伦萨的党争。但丁为形势所迫,不得不靠拢态度比较温和、对共和国前途比较关心的白党。在黑党的请求下,教皇派遣法国国王腓力四世的弟弟瓦洛亚(Valois)伯爵查理去佛罗伦萨,以调解两党争端为名,实则暗助黑党战胜白党。一三〇一年十月,查理即将来到时,白党执政的政府派遣但丁和另外两名代表去教廷交涉,以挽回危局。但丁滞留罗马期间,黑党在查理的支持下,夺取了政权,对反对党大肆报复迫害。一三〇二年一月二十七日,但丁缺席被判五千金弗洛林的巨额罚金,流放在托斯卡那境外二年,永远不许担任公职,罪名是贪污公款,反对教皇和查理,扰乱共和国和平。但丁在外地听到这一消息后,拒不承认强加的罪名和回乡交纳罚金,三月十日,又被判处永久流放,一旦落入共和国政府之手,将被活活烧死。他从此开始了长期的流浪生活,至死未能返回故乡。

但丁意识到自己是为维护共和国的独立而被放逐的,所以"认为自己遭到的放逐是光荣"。最初他曾同白党和吉伯林党流亡者一起,试图用武力打回家乡,结果失败,以后不久,就离开了"那一群邪恶、愚蠢的伙伴",自成一派,只身漂泊异乡,行踪不定。他首先投奔维罗纳封建主巴尔托罗美奥·德拉·斯卡拉(Bartolomeo della Scala)的宫廷。一三〇六年,他在卢尼(Luni)地区玛拉斯庇纳(Malaspina)侯爵的宫廷做客。在长期流浪中,他慨叹自己不得不作为行旅,几乎是乞讨着,"走遍几乎所有说这种语言(指意大利语)的地方",好像"既无帆,又无舵手的船,被凄楚的贫困吹来的干风刮到不同的港口、河口和海岸”。他深切感到“别人家的面包味道多么咸,走上走下别人家的楼梯,路多么艰难”。流亡者的辛酸使他更加思念故乡,关怀家人的命运,尤其是因为按照一三〇三年颁布的一道法令规定,他的儿子们满十四周岁,就要和他一样遭到放逐。他打算写出有学术水平的著作,来恢复和提高受到放逐和贫困损害的声望,引起家乡的重视,借以实现还乡的愿望。为此,他于一三〇四年到一三〇七年间撰写了《论俗语》和《筵席》。

《筵席》(公元 1304—1307)是一部具有百科全书性质的学术著作,借诠释作者的一些诗歌,把各种知识通俗地介绍给一般读者,作为精神食粮,故名《筵席》。原计划写十五篇,但只完成了四篇。这部著作显示出但丁博闻强记,学识渊深。其中介绍的知识主要来源于亚里士多德、托马斯·阿奎那斯,其次是《圣经》和其他哲学家、神学家的著作,基本上局限于经院哲学的思想范围,但也不乏独到的见解。书中关于“高贵”的观点值得注意。作者认为“高贵”在于个人天性爱好美德,不在于家族门第,强调“不是家族使个人高贵,而是个人使家族高贵”,批判了封建等级观念和特权思想。书中还论证了帝国的必要性,认为它是天命注定为保障人类享受现世幸福而建立的。这种思想在《帝制论》中得到进一步发展。《筵席》的重大意义尤其在于强调理性,指出“人的生活就是运用理性”,“去掉理性,人就不再成其为人,而只是有感觉的东西,即畜生而已”,认为真正使人高贵、接近于上帝的就是理性。这种观点闪现出人文主义的曙光。书中还阐明了诗的四种意义,即字面的、寓言的、道德的、奥秘的四种意义。这是中世纪长期以来普遍流行的概念,但丁在给堪格兰德·德拉·斯卡拉(Cangrande della Scala)的信里再次加以阐述,对于《神曲》的创作具有指导意义。当时,学术性著作一般都使用拉丁文,作者在说明用俗语写《筵席》的原因时,盛赞意大利俗语,预言它将来要战胜拉丁文,并且斥责“赞美人家的俗语(指法语和普洛旺斯语),贬低自己的俗语的坏意大利人”,表达了他对祖国语言的热爱。在《论俗语》中,但丁更详尽地阐述自己关于意大利俗语的论点。

《论俗语》(公元 1304—1305)是一部关于意大利的民族语言及其

文体和诗律的著作,使用拉丁文撰写,目的在于引起知识界对民族语言问题的重视,因为意大利在当时既不是一个统一的国家,也没有一种统一的民族语言。书中阐明了俗语的优越性和形成标准意大利语的必要性,不仅对于解决意大利的民族语言和文学用语问题有重大意义,而且从中可以看出但丁不用拉丁文而用意大利俗语写《神曲》的理论根据。这部著作原来计划至少写四卷,但只写到第二卷第十四章为止。值得注意的是作者认识到法语、普洛旺斯语和意大利语三者同出一源,讲到意大利语时,根据各地方言的特点,把全国方言分成十四种。这些科学成果,就当时来说,是难能可贵的,使但丁不愧为近代语言学的先驱之一。作者把重点放在解决民族语言和文学用语的问题,逐一检查了全国方言中哪一种可以作为标准语和文学用语,发现这十四种方言,连最占优势的托斯卡那方言(但丁自己的佛罗伦萨方言属于这一系统)在内,无一够上标准,但是每一种方言都或多或少地含有标准因素。他认为,只有圭多·卡瓦尔堪提和他自己以及其他优秀作家的语言,才适合做标准语和文学用语。这一论点强调了作家在形成统一的民族语言中的作用,具有深远的意义。《神曲》的出现以事实证明了这一论点。

在放逐期间,但丁看到祖国壮丽的河山,接触社会各个阶层,加深了爱国思想,丰富了生活经验,视野从佛罗伦萨扩大到意大利全国乃至整个基督教世界。他看到意大利和整个欧洲处于纷争混乱的状态,探索了祸乱的根源和拨乱反正的途径,意识到自己担负着揭露现实,唤醒人心,给意大利指出政治上、道德上复兴之路的历史使命,认为自己作为诗人,就是要通过创作一部有巨大的艺术感染力的作品,来完成这一使命。为此,他中断了《论俗语》和《筵席》的写作,大约于一三〇七年开始创作《神曲》。

在这同时,欧洲政治舞台上发生了一些重大的历史事件。法国国王腓力四世由于对外进行战争,财政困难,向法国教士征收捐税,和教廷发生冲突。卜尼法斯八世宣布把腓力逐出教会。腓力派遣密使去罗马,勾结教皇的仇敌科隆纳家族共同反对教皇,一三〇三年九月七日,在罗马附近的阿南尼逮捕了教皇。教皇遭此侮辱,不久死去。继任的教皇在位仅九个月。一三〇五年,波尔多大主教依靠腓力四世的势力当选为教皇，称克力门五世。他把教廷迁到邻近法国边境的阿维农城，从此教廷受法国控制达七十年之久（公元 1308—1378），史称“阿维农之囚”。一三一〇年新选的皇帝亨利七世南下来意大利加冕，声称要伸张正义，消除各城市、各党派的争端，使一切流亡者返回故乡，还要重新建立帝国和教会之间的良好关系，实现持久和平。但丁得知这一消息后，对他寄托了很大的希望，写了致意大利诸侯和人民书，号召对皇帝表示爱戴和欢迎，大概还亲自到意大利北部谒见皇帝，向他致敬。但佛罗伦萨联合贵尔弗党诸侯和城市，武装反抗皇帝。为此，但丁于一三一一年三月三十一日在卡森提诺地区写了《致穷凶极恶的佛罗伦萨人的信》，愤怒声讨他们的罪行，又于四月十六日上书给皇帝，敦促他从速进军讨伐。但亨利七世并未向佛罗伦萨进军，而于一三一二年前往罗马加冕。那不勒斯国王罗伯特公然和他为敌，否认他的权力，预先占据了梵蒂冈，阻止皇帝在圣彼得教堂加冕，致使加冕礼被迫在拉特兰的圣约翰教堂举行。教皇克力门五世在阿维农害怕腓力四世势力太大，企图以神圣罗马皇帝为外援，所以曾赞助亨利七世来意大利，但后来在腓力四世的压力下改变了态度，唆使各地贵尔弗党纷纷起来反对皇帝，并且警告亨利七世不得进攻那不勒斯王国。在这种情况下，亨利离开了罗马，挥军北上包围佛罗伦萨，但丁由于对故乡的热爱，没有亲自参加，但他对亨利的事业，始终在精神上给以热情支持。为了从理论上捍卫皇帝的权力，他在这段时间用拉丁文撰写了《帝制论》。

《帝制论》（公元 1310—1312）以经院哲学的推理方式系统地阐明但丁的政治观点，带有强烈的空想色彩。全书共三卷：第一卷论证帝国的必要性，指出人类社会的目的在于使人类能够充分发挥潜在的才能，这只有在皇帝的统治下，正义、和平与自由得到保障的局面中，才能实现。第二卷论证天意注定建立帝国的权利归于罗马人。第三卷指出万物当中只有人既具有可毁灭的部分（肉体），又具有不灭的部分（灵魂），因此人生有两种目的：一是享受现世生活的幸福，二是来世享受天国永恒的幸福；上天规定由两个权威分别引导人类达到这两种不同的目的：皇帝根据哲学的道理，引导人类走上现世幸福的道路；教皇根据启示的真理，引导人类走上来世享受天国之福的道路，这两个权威都是直接受命于天,彼此独立存在的。作为人文主义的先驱,但丁首先肯定现世生活有其自身的价值,不从属于宗教上来世永生的目的,并且以此为出发点,阐明政教分离,教皇无权干涉政治的观点,向神权论提出英勇的挑战,意义是重大的。《帝制论》中的观点在《神曲》中得到鲜明的反映。

亨利七世围困佛罗伦萨失败后,准备南征那不勒斯王国,于一三一三年八月病死。但丁寄托在他身上的希望化为泡影,但仍然坚信一定会有拨乱反正的人出现。然而,还乡的愿望是绝不可能实现了。一三一一年九月,佛罗伦萨政府对流亡者实行大赦,但丁由于写了《致穷凶极恶的佛罗伦萨人的信》,不在赦免之列。一三一五年五月,佛罗伦萨政府又宣布,流亡者交付少量罚金,并亲往圣约翰洗礼堂当众把自己奉献给城市的守护神圣约翰,就可获准还乡。一位佛罗伦萨朋友劝但丁利用这个机会。但丁在给这位朋友的信中,坚决拒绝在这种变相认罪的屈辱条件下还乡,信中说:“那么,这就是在忍受了几乎十五年的流亡之苦后,但丁借以返回故乡的宽厚优惠的召还流亡的法令吗?他这众所周知的清白无罪者,难道就应该受到这样的待遇吗?他在学术上所流的汗水,付出的辛勤劳动,难道就应该得到这样的结果吗?我的父老啊!这条道路可不是我还乡的道路;不过,如果您或者别人找到一条无损于但丁的名望和荣誉的道路,我会迈着不慢的脚步接受它;因为,如果不由这样的道路进入佛罗伦萨,我就永远不再进入佛罗伦萨了。为什么这样?难道我在任何地方都不能见到太阳和星光吗?如果不在佛罗伦萨城和人民面前辱没自己的光荣,甚至使自己名誉扫地,难道我就不能在任何地方的天空下探求最甜蜜的真理吗?我肯定是不会缺少面包的。”这些话鲜明地表现出诗人的倔强性格和崇高气节。同年九月,佛罗伦萨政府在新的法令中规定,只要肯亲自取保,就可对但丁和其他政治犯把死刑减轻为流放。但丁并未亲自取保。因此,十月十五日,那不勒斯国王驻佛罗伦萨的代表宣布,按照吉伯林分子和叛逆论罪,判处但丁和他的儿子们死刑,自十一月六日起,任何人都可以随意侵犯他们的人身和财产而不受惩罚。

我们对亨利七世死后但丁的行踪和生活、行动,所知不详。可以肯定的是,不久他就重新去维罗纳,在堪格兰德·德拉·斯卡拉的宫廷受到优厚的待遇,后来,他把《神曲·天国篇》中的几章献给他,还附上一封拉丁文信,说明《神曲》全书的主题、目的和已经在《筵席》中提到的四种意义。一三一四年,教皇克力门五世死后,但丁写信给意大利的枢机主教们,敦促他们选举意大利人为教皇,把教廷从阿维农迁回罗马,以摆脱法国国王的控制。最后,他大概于一三一八年接受封建主小圭多·达·波伦塔(Guido Novello da Polenta)的邀请,离开维罗纳宫廷,定居于腊万纳。他的儿女都来和他团聚。一三一九到一三二一年间,他曾和在波伦亚讲授古典文学的学者乔万尼·戴尔·维尔吉利奥(Giovanni del Virgilio)用拉丁文牧歌互相赠答。一三二〇年一月二十日,他曾到维罗纳的一个教堂中作学术讲演,论证地球上任何地方的水面都不可能高于陆地,后来用拉丁文写成题为《关于水与地的问题》的论文,可见他对于自然科学也很有兴趣。但他在维罗纳和腊万纳期间,主要是致力于完成《神曲》的创作。《天国篇》刚一脱稿,他就受小圭多·达·波伦塔委托,去威尼斯进行谈判,不幸染上疟疾,回到腊万纳后不久,于一三二一年九月十三日到十四日之间的夜里逝世。

《神曲》是但丁的代表作。如前面所述,《新生》末尾表明但丁立志写一部作品,用"人们关于任何一位女性都从未讲过的话"来歌颂贝雅特丽齐。她死后,但丁失去了精神上的向导,一时思想上和道德上迷失了方向,接着又经历了政治上的失败和流亡的艰辛,意识到理想和现实的矛盾,觉得自己如同"无帆、无舵手的船在暴风雨中漂流",同时又看到意大利和整个基督教世界的黑暗,感到自身是在黑暗中生活的人类的缩影。他计划创作一部作品,把个人的遭遇和祖国以及人类的命运联系起来,把抒写个人迷途知返、悔过自新的过程和给意大利人民指出政治上、道德上复兴的道路的历史使命联系起来。《神曲》就是这一计划和以独特的方式歌颂贝雅特丽齐的计划相结合的产物。

《神曲》写作的具体年份难以确定,根据内证和外证,大概开始于一三〇七年前后,《地狱篇》和《炼狱篇》大概在一三一三年前后就写完了,《天国篇》是但丁逝世前不久才完成的。《天国篇》脱稿以前,前两篇已传抄问世。《神曲》原稿已佚,各种抄本文字颇有出入,现在最佳版本是佩特洛齐(G. Petrocchi)的校勘本(意大利但丁学会的国家版《神曲》)。

《神曲》的故事采取了中古梦幻文学的形式。作品的主人公是但丁自己。诗中叙述他“在人生的中途(即一三〇〇年,诗人三十五岁时),我发现我已经迷失了正路,走进了一座幽暗的森林”;他彷徨了一夜后,才走出森林,来到一座曙光笼罩着的小山脚下,刚一开始登山,就被三只野兽(豹、狮、狼)挡住去路。正危急时,古罗马诗人维吉尔出现了,他受贝雅特丽齐嘱托,前来搭救但丁,引导他去游历地狱和炼狱,接着贝雅特丽齐又亲自引导他游历天国。游历的过程和见闻构成了《地狱篇》《炼狱篇》和《天国篇》三部曲。

和许多中古文学作品一样,《神曲》除了字面的意义外,还有寓言的意义。但丁在给堪格兰德·德拉·斯卡拉的信里说(译文见朱光潜《西方美学史》第五章):“这部作品的意义不是单纯的,无宁说,它有许多意义。第一种意义是单从字面上来的,第二种意义是从文字所指的事物来的;前一种叫做字面的意义,后一种叫做寓言的,精神哲学的或秘奥的意义……这些神秘的意义虽有不同的名称,可以总称为寓言,因为它们都不同于字面的或历史的意义。”从字面上说,《神曲》的主题是“死后灵魂的状况”,“从寓言来看全诗,主题就是人凭自由意志去行善行恶,理应受到公道的奖惩”。他还指出,《神曲》是隶属于哲学的,但它所隶属的哲学是“属于道德活动或伦理那个范畴的,因为全诗和其中各部分不是为思辨而设的,而是为可能的行为而设的,如果某些章节的讨论方式是思辨的方式,目的不在思辨,而在实际行动”。这里明确肯定他写《神曲》是为了影响人的实际行动,也就是“为了对邪恶的世界有所裨益”,为了“把生活在现世的人们从悲惨的境地中解救出来,引导他们达到幸福的境界”。诗中叙述但丁在维吉尔的引导下,看到地狱中罪恶的灵魂所受的惩罚,看到炼狱中因忏悔而已被赦罪的灵魂在升天前所必须经受的磨练,在贝雅特丽齐的引导下,看到各重天上得救的灵魂和圣徒以及天国的庄严景象,最后,在圣伯纳德的指引下,得以凝神观照三位一体的神本身,达到天国之行的终极目的。从寓言来看,这个虚构的神奇的旅行乃灵魂的进修历程。维吉尔象征理性和哲学，他引导但丁游历地狱和炼狱，象征人凭理性和哲学认识罪恶的后果，从而悔过自新，通过锻炼，达到道德上的完美境界，获得现世生活的幸福。贝雅特丽齐象征信仰和神学，她引导但丁游历天国，最后见到上帝，象征人通过信仰的途径和神学的启迪，认识最高真理和至善，获得来世永生的幸福。但丁以个人灵魂的进修历程为范例，启发人们对自己的思想行动进行反省，对黑暗的社会现实密切加以注意，来促使意大利在政治上、道德上复兴的希望早日实现。围绕着这个中心思想，《神曲》广泛地反映了现实，给了中古文化以艺术性的总结，同时也现出文艺复兴时代人文主义思想的曙光。

《神曲》是为影响人的实际行动而写作的，因而具有强烈的政治倾向性。诗人在作品中广泛、深刻地揭露了当时的政治和社会现实。他哀叹"意大利是奴隶"，是"苦难的旅舍"，是"暴风雨中没有舵手的船"，"不再是各省的女主，而是一个妓院！""意大利各个城市都充满了暴君"，意大利人"无时无刻不处于战争状态，同一城墙、同一城壕的圈子里，人们都自相残杀"，"看一看沿海，再看一看内地，哪有一处享受和平"。他严厉谴责神圣罗马皇帝卢道夫一世和阿尔伯特一世父子只顾在德国扩充势力，不来意大利行使皇帝的权力，"听任帝国的花园（指意大利）荒芜"。诗中还忠实地描绘了佛罗伦萨从封建关系向资本主义关系过渡时期的社会和政治变化，指出它"在记忆犹新的时间内，曾有多少次改变法律、币制、官职和风俗，更换成员"，"犹如躺在床上不能安息的病人，辗转反侧以减轻自己的痛苦一样"；"暴发户和突然发的横财，在那里滋长了骄傲和放荡无度之风"，在那里"骄傲、忌妒和贪婪是三颗星火，使人心燃烧起来"。诗中对教会的揭露和批判尤其尖锐。诗人愤怒地斥责教皇买卖圣职的罪行："你们的贪婪使世界陷入悲惨的境地，把好人踩在脚下，把坏人提拔起来"；"你们把金银作为自己的上帝，试问你们和偶像崇拜者有什么不同，除了他们崇拜一个，你们崇拜一百个？"上行下效，主教和枢机主教们都贪污成风，变成"充斥于一切牧场（指教区）的、穿着牧人衣服的贪婪的狼"，教士们也"从牧人变成了狼"，由于贪财好利，"把《福音书》和大教父们的著作抛开，只钻研《教皇法令汇编》……"诗中形象地阐明了《帝制论》里政教分离的思想,反对教皇掌握世俗权力:“造福于世界的罗马向来有两个太阳,分别照亮两条道路,一条是尘世的道路,另一条是上帝的道路。如今一个太阳(指教皇的权威)已经消灭了另一个(指皇帝的权威);宝剑(指世俗权力)和牧杖(指宗教权力)已经连接起来,二者强行结合,必然领导不好……”,“罗马教会由于集中两种权力于一身而跌入泥潭,玷污了自身和担负的职责”。其代表人物就是买卖圣职、企图建立神权统治的教皇卜尼法斯八世,因此多处揭露他的罪行作为主要的批判对象,并且借犯买卖圣职罪的教皇尼古拉三世的灵魂之口,当他还在世的时候,就宣布他一定要入地狱。

《神曲》对于现实的揭露一般是通过人物形象进行的。揭露者和揭露的对象大都是历史上或当代的著名人物,如用号称第一代教皇的圣彼得揭露罗马教廷的腐败,用法国卡佩王朝的始祖休·卡佩揭发腓力四世和其他后裔的罪行,用教皇尼古拉三世揭发他自己和他的后继者卜尼法斯八世和克力门五世的罪行,因为但丁相信,只有通过著名的人物和事件,才能打动人心,促使改革早日实现。关于这一点,但丁的高祖卡治圭达在天国对他说得很明确:“你这呼声将和风一样,最沉重地打击那些最高的山峰;这是你应该获得荣誉的不小的理由。为此,在这轮状的诸天中(指天国),在那座山上(指炼狱)和那个悲惨的深谷里(指地狱),让你看见的只是闻名于世的灵魂,因为,来源隐僻、不详的事例,或者其他不明显的理由,是不能使听者的心灵感到满足和坚信不疑的”。但是,在诗中如实地揭露现实,尤其是揭发有权势的统治者的罪行,“会使许多人感觉味道异常辛辣”而仇恨作者,致使他会在漂泊中无处安身;“如果自己对于真理是胆怯的朋友”,而不秉笔直书,则又不能借作品名传后世。针对但丁思想上的矛盾,卡治圭达晓谕他说:“受到自己或他人的耻辱污染的良心,的确会觉得你的话刺耳。但是,尽管如此,你要抛弃一切谎言,把你所见到的全部揭露出来,就让有疥疮的人自搔痒处吧。因为,你的声音乍一听会令人感到难堪,经过消化后,会留下摄生的营养。”这些诗句是诗人的心声,明确地表达出他敢于揭露黑暗势力的勇气和决心。

《神曲》通过但丁和他在地狱、炼狱、天国中遇到的著名人物的谈话,反映出中古文化领域里的成就和重大问题。例如和卢卡诗人波拿君塔的谈话(《炼狱篇》第二十四章)反映了意大利抒情诗发展的情况;和圭多·圭尼采里的谈话(《炼狱篇》第二十六章)反映了当时对普洛旺斯诗人的评价;和手抄本彩饰画家欧德利西的谈话(《炼狱篇》第十一章)反映了意大利绘画发展的情况;维吉尔的话和但丁自己的叙述(《地狱篇》第四章)反映了中古对希腊、罗马诗人和哲学家的认识和评价。尤其是维吉尔和贝雅特丽齐这两位向导,用答疑的方式广泛地阐述了当时哲学、科学和神学上的重要问题和理论。因此,《神曲》除了是一部政治倾向性强烈的长诗外,还起了传播知识的作用,被法国学者拉莫奈(Lamenais)称为"百科全书性质的诗"(poème encyclopédique)。这在一定程度上损害了作品的艺术性。

《神曲》肯定现世生活的意义,认为它不只是来世永生的准备,而且有其本身的价值。诗中显示出但丁对现世生活、斗争的兴趣,即使"从佛罗伦萨来到正直、健全的人民中"(指天国),他也忘不了"那个使我们变得如此凶恶的打谷场上"(指地球上)的事情。诗中强调人赋有理性和自由意志,对自己的行为负有道德责任,在生活、斗争中,应遵循理性指导,立场坚定:"你随我(指维吉尔,象征理性)来,让人们去议论吧! 要像一座坚塔一般,什么风吹,塔顶都永远岿然不动";要"克服惰性,因为坐在绒垫上,或者睡在被子里,是不会成名的;默默无闻地虚度一生,人在世上留下的痕迹,就如同空中的烟雾,水上的泡沫一样"。这种追求荣誉的思想,是但丁作为新时代的最初一位诗人的特征之一。诗中热烈歌颂古今英雄人物,作为在生活、斗争中的光辉榜样,例如兵败后由于热爱自由而舍生取义的古罗马政治家卡托和在紧要关头挺身而出,保卫佛罗伦萨使它免遭毁灭的爱国者法利那塔。

《神曲》还表现了但丁作为文艺复兴的先驱,反对中世纪的蒙昧主义,提倡发展文化、追求真理的理想。诗中赞美人的才能和智慧,对古典文化推崇备至:称亚里士多德是"哲学家的大师",称荷马是"诗人之王","他的诗如同高飞的雄鹰,凌驾一切其他的诗",称维吉尔是"智慧的海洋""拉丁人的光荣""其他诗人的荣誉和光明",他的"神圣火焰(指《埃涅阿斯纪》)迸发出来的火星已经照亮一千多诗人的心";还以赞颂的笔调描写荷马史诗中的英雄尤利西斯(奥德修)受了求知欲的推动,在远征特洛亚胜利后,不肯还乡,坚持航海探险的英勇行为,并借他的口指出,“人生来不是为了像兽一般活着,而是为了追求美德和知识”。

《神曲》中也反映出但丁作为新旧交替时代的诗人存在的偏见和世界观上的矛盾。例如,诗中以维吉尔作为游地狱和炼狱的向导,以贝雅特丽齐作为游天国的向导,表明作者还局限在信仰和神学高于理性和哲学的经院哲学观点里。他一方面通过上述尤利西斯所说的话,肯定追求美德和知识是人生的目的,一方面又通过维吉尔的话肯定理性的局限性:“谁要是希望人的理性能够走遍三位一体的神所行的无穷的道路,谁就是疯狂”;一方面通过上述维吉尔的话肯定追求荣誉的必要,并且表示要借《神曲》永垂不朽,一方面又通过欧德利西的话说明荣誉的虚幻无常:“啊,人的才力博得的虚荣啊,你的绿色留在枝头的时间多么短促,除非随后就出现衰微的时代!”在政治观点上,但丁渴望祖国能实现正义与和平,但同时又把希望寄托在纯粹中古的政治力量神圣罗马皇帝身上。在对待诗中人物的态度上,他也常常是矛盾的。例如,他一方面根据教会的道德标准,把保罗和弗兰齐斯嘉作为犯淫行的罪人放在地狱里,但同时又对他们的命运极度同情以致晕倒;书中屡次揭发卜尼法斯八世的罪行,当他在世的时候就宣布他一定要入地狱,但又把他在阿南尼受到的污辱看成是对基督的污辱(因为教会认为教皇是基督在世上的代表)而为之义愤填膺。

《神曲》描写的虽然是来世,但不是从禁欲主义观点出发的。诗中的来世正是现世的反映:地狱是现世的实际情况,天国是争取实现的理想,炼狱是现实到达来世的苦难历程。书中揭露现实的部分占很大比重,可是但丁也很着重描写生活的理想。这说明《神曲》并不纯粹是现实主义的,也是浪漫主义的。在黑暗的现实基础上产生了他的光明理想,诗人渴望一个没有黑暗和罪恶的世界。

《神曲》塑造的各种类型的人物,大都性格鲜明,栩栩如生,形成一座丰富多姿的人物画廊,这在中古文学中是无与伦比的。作为《神曲》的主人公,诗人自己的性格和精神面貌描绘得最为细致入微。维吉尔和贝雅特丽齐这两位向导虽然具有象征的意义，但并没有概念化和抽象化，而是显示出不同程度的鲜明性格。在各种不同的场合，维吉尔以导师和父亲的形象，贝雅特丽齐以恋人、长姊和慈母的形象出现，训诲、批评、鼓励和救护但丁。诗中常常通过人物在戏剧性场面的行动和对行为动机的挖掘来刻画性格。但丁勾勒人物形象的特征，有时只用寥寥数语，例如："他昂头挺胸肖然直立，似乎对地狱怀着极大的轻蔑，"这两行诗就使法利那塔的英雄气概呈现在读者面前。《神曲》中人物性格的鲜明程度由于地狱、炼狱、天国三个境界性质不同而依次递减。地狱是绝望的境界，在其中受苦的灵魂，和在世时一样，依然受各自的私欲和激情控制，并在言语和行动中充分表现出来，显得个性异常鲜明突出：弗兰齐斯嘉、法利那塔、勃鲁内托·拉蒂尼、彼埃尔·德拉·维尼亚、卡帕奈奥、尤利西斯、圭多·达·蒙泰菲尔特罗、菲利波·阿尔津提和乌格利诺伯爵等都是令人难忘的人物形象。炼狱是希望的境界，在其中净罪的灵魂，个人的意志都统一在渴望升天的共同愿望中，彼此之间没有什么矛盾冲突，也很少有戏剧性的场面出现，因此人物形象和个性不如地狱中的人物鲜明突出，但也具有各自独特的精神面貌：卡塞拉、曼夫烈德、贝拉夸、波恩康特·达·蒙泰菲尔特罗、毕娅、索尔戴罗、欧德利西、斯塔提乌斯、萨庇娅，都会使读者感到异常亲切；尤其是山顶的地上乐园中那个在勒特河彼岸边采花边唱歌的少女玛苔尔达，她的天人般的绰约形象简直可以和《奥德修纪》中的腓依基公主瑙西嘉雅媲美。天国是幸福的境界，那里的灵魂都已超凡入圣，他们的意志已经完全和神的意志冥合，因而不再具有明显的个性，但他们毕竟都曾生活在人间，在天上对人世间仍甚关怀，显示出不同程度的人情味，其中如毕卡尔达、卡尔罗·马尔泰罗和卡洽圭达，都会给读者留下不可磨灭的印象。

《神曲》中三个境界的构思也是独具匠心的。荷马史诗《奥德修纪》中已有关于阴间的描写，但是，由于不懂希腊文，当时又没有译本，但丁无法借鉴；维吉尔在《埃涅阿斯纪》中仿效荷马，对阴间的情景进行了更详细的描绘，这些描绘为但丁对地狱的构思提供了丰富的资料，但是他对天国和炼狱的构思，在古代文学中是无前例可以借鉴的。基督教《圣经》中虽然多处提到天国和地狱，但都没有具体的描写，只是《新约·启示录》中叙述基督启示给圣约翰的种种神秘情景，对于但丁的艺术构思有一定的影响。至于炼狱这一名称，则根本不见经传；它是后世基督教神学家头脑中的产物。在中世纪，一般人对于炼狱和地狱的区别也无明确的概念。当时已经有许多描写地狱、炼狱和天国的梦幻文学流行，但其中的描写都粗糙庸俗、模糊混乱，没有什么艺术价值，不可能受到但丁的重视。因此，我们可以说，但丁对于三个境界的构思主要是凭借自己的丰富的想象力、精深的神学、哲学、文学素养和深广的生活经验。

诗人对于地狱、炼狱和天国的构思十分明确。他幻想地狱在位于北半球的中心的圣城耶路撒冷的地下，是一个巨大无比的深渊，从地面通到地心，形状像圆形剧场或上宽下窄的漏斗。进入地狱之门后，就是一片昏暗的平原，这是地狱的走廊或者外围地带。醉生梦死、无所作为、无声无息地度过一生的懒汉、懦夫和在卢奇菲罗背叛上帝时保持中立的天使，都在这里受惩罚。真正的地狱由这漏斗形的巨大深渊中紧贴漏斗内壁的一圈一圈的圆环构成。这些圆环由上而下一个比一个小，共有九个，即九层地狱。第一层名“林勃”（Limbo），凡是不信仰基督教而曾立德、立功或立言的圣哲和英雄，以及未受洗礼而夭殇的婴儿都在这一层；他们除了有人类固有的“原罪”外，自己没有犯罪，所以不受什么苦刑惩罚，他们惟一的痛苦就在于渴望升天而不可能如愿。作为真正受苦处的地狱，从第二层开始。在这一层的入口处，地狱里的判官米诺斯审判亡魂，根据罪行的类别和轻重，宣判亡魂应去哪一层受苦。关于罪的类别和轻重，但丁以亚里士多德的《尼可马克伦理学》和《政治学》中有关的学说作为理论根据。亚里士多德把罪分为无节制、暴力、欺诈三种。无节制罪比较轻，所以但丁把犯纵欲（邪淫）、贪食（大吃大喝）、贪财（吝啬）和浪费、愤怒等罪的亡魂分别放在第二、三、四、五层地狱里。这五层位于狄斯（Dis）城外（狄斯原是罗马神话中的冥神，但丁用他来指地狱之王卢奇菲罗）。第六、七、八层都在狄斯城内，是惩罚重罪者的深层地狱。在第六层地狱里受苦的灵魂，都是创立、传播和信仰异端邪说者，这种罪名是教会定出来的，和亚里士多德的著作无关。第七层是惩罚犯使用暴力罪者的地方,这一层划分为三个同心圆环:对他人使用暴力者(暴君和杀人犯、破坏者和纵火者、强盗和土匪)在第一环受苦;对自己使用暴力者(自杀者、倾家荡产者)在第二环受苦;对上帝使用暴力者(渎神者)、对自然使用暴力者(即违反自然好男色者)和对艺术使用暴力者(高利贷者)在第三环受苦。欺诈是用智力使他人受害,罪行比使用暴力罪更重。欺诈的对象,一是和自己无关的人,二是相信自己的人;二者相比,欺诈前一种人比欺诈后一种人罪行较轻,所以在第八层地狱受惩罚。这层地狱地势向里倾斜,由十条壕沟构成,一条套着一条,形似十个同心圆,壕沟与壕沟被堤岸隔开,壕沟上都有岩石形成的天然石桥可以通过。这层地狱的中心是一个巨大的竖井,一直通到第九层地狱。淫媒和诱奸者、阿谀奉承者、买卖圣职者、占卜和预言者、贪官污吏、伪善者、窃贼、策划阴谋诡计者、制造分裂和挑拨离间者,作伪以假乱真者(炼金术士、造伪币者、假冒他人者)分别在十条壕沟里受苦,因此,这十条壕沟统称"恶囊"(Malebolge)。欺诈相信自己的人,罪大恶极,所以在第九层地狱受惩罚。这层地狱是一个冰湖,名科奇土斯(Cocytus)。湖面划分为四个同心圆形的受苦区,叛卖亲属者、叛国叛党者、叛卖宾客者和叛卖恩人者分别在其中受惩罚。冰湖的中央站着魔王卢奇菲罗(即撒旦)。他原是六翼天使,因背叛上帝而堕入地狱底层,成为万恶之源。他既是受上天惩罚者,又是上天用来惩罚出卖耶稣的犹大和谋害恺撒的布鲁都和卡修斯这三个最大叛徒的工具。地狱中的刑罚大都是报复刑(Contrapasso),报复可能采取和导致罪人犯罪的欲望相似的方式,例如,犯邪淫罪者因被肉欲驱迫不能自制而犯罪,就被地狱里的狂飙席卷着旋转翻滚,迅猛奔驰;也可能采取和导致罪人犯罪的欲望相反的方式,例如,犯占卜和预言罪者因企图预知未来之事,在地狱中就被罚把头扭到背后倒着前进,如同我国神魔小说《封神演义》中的申公豹一样。魔王所在的地狱底层在地球中心。游完地狱,维吉尔就背着但丁,顺着魔王的身躯爬过地心,稍稍休息一下后,他们就由一条隐秘的小路来到位于南半球的炼狱。

神学家和中世纪传说都认为炼狱在地下。但丁从道德意义上着眼,

幽暗的森林
耶路撒冷
地狱门
地狱外围：怯懦无所作为者
阿刻隆河
第一层：未领受洗礼的婴儿和信奉异教的伟人
林勃（荷马、贺拉斯、奥维德、亚里士多德、柏拉图等）
第二层：犯邪淫罪者
（保罗和弗兰齐斯嘉）
第三层：犯贪食罪者
（恰科）
第四层：犯吝啬罪和犯浪费罪者
斯提克斯沼泽
第五层：犯易怒罪者
狄斯城
（腓利浦·阿尔津蒂）
无节制罪
第六层：异端邪说信徒和伊壁鸠鲁学说信徒
（法利那塔和卡瓦尔堪提）
深渊
杀人者和抢劫者
弗列格通河
第七层（分成3环）
第一环：对他人施加暴力者
第二环：对自己施加暴力者：自杀者和挥霍无度者
（彼埃尔·德勒·维涅）
第三环：对上帝、对自然、对艺术施加暴力者：渎神者、鸡奸者、高利贷者（背帕纽斯·勃鲁内托·拉蒂尼）
暴力罪
悬崖
第1囊：淫媒和诱拐者
（伊阿宋）
第2囊：阿谀奉承者
（塔伊斯）
第3囊：买卖圣职者
（教皇尼古拉三世）
第4囊：预言者（占卜家）
（曼图）
第5囊：贪污者
（钱保罗）
第6囊：伪善者
（该亚法）
第7囊：偷盗财物者
（万尼·符契）
第8囊：出阴谋诡计者
（尤利西斯、圭多·达·蒙泰菲尔特罗）
第9囊：制造分裂不和者
（伯尔特朗·德·鲍恩）
第10囊：假冒伪造者
（亚当师傅和西农）
第八层（分成10恶囊）
对非信任者的欺诈罪
巨人井
第1环：（该隐环）：叛卖亲属者
第2环：（安特诺尔环）：叛卖国家者（乌格利诺）
第3环：（托勒密环）：叛卖宾客者
第4环：（犹大环）：叛卖恩人者
第九层（为科奇士斯冰湖，分成4环）
对信任者的欺诈罪
魔鬼
卢奇菲罗
天然洞穴

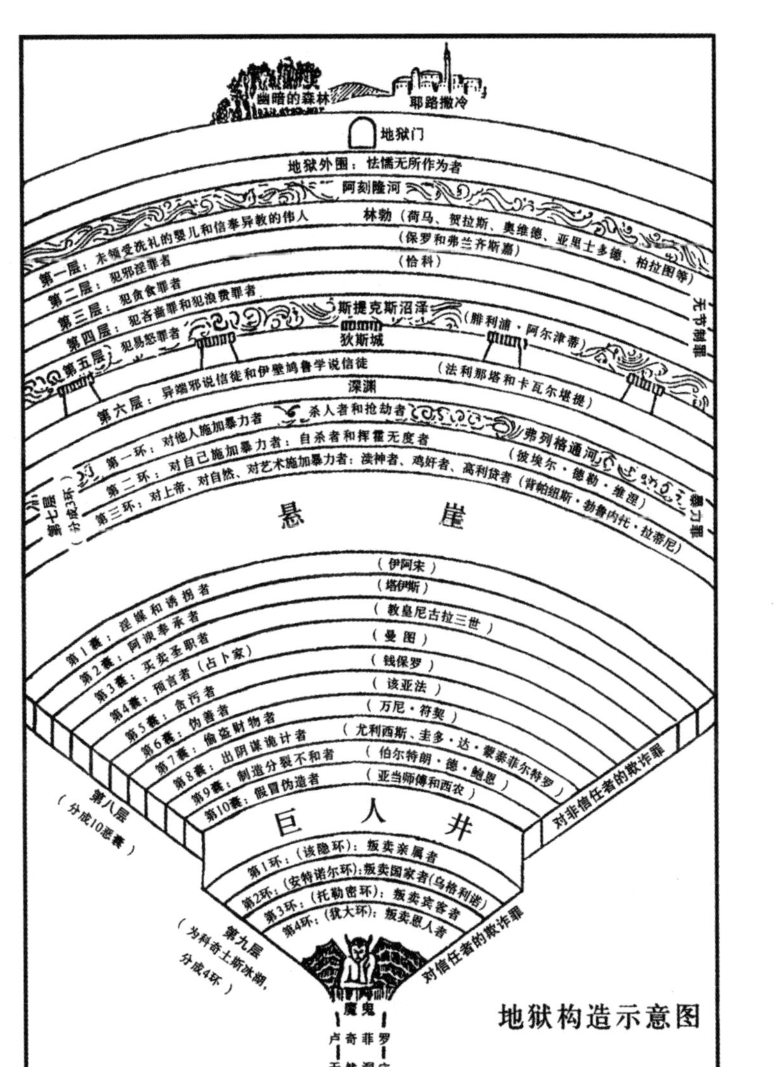

地狱构造示意图

想象炼狱为一座雄伟无比的高山,和由巨大深渊构成的地狱对比。这座高山是卢奇菲罗被逐出天国向地球坠落时,南半球海底的土地为了躲避他而从水中涌出形成的。它峭然耸立在海洋中,是南半球惟一的陆地,同时又是南半球的中心,和北半球的中心圣城耶路撒冷遥遥对峙。从寓意上说,正如地狱作为深渊象征灵魂在罪恶中越陷越深,沦于万劫不复之地;炼狱作为高山象征灵魂悔罪自新,努力向上,获得新生,最后得以升入天国。炼狱分为三个区域:从海滨到山门(名圣彼得门)为外围,凡是忏悔太晚者,灵魂不能立即进入山门,必须在外围停留若干年。外围由海滨地带和悬崖地带两部分构成。凡是被逐出教会、临终忏悔而蒙神赦罪者,都必须在海滨绕山环行三十倍于他们被逐出教会的时间,才能进入山门。凡是由于怠惰或者惨死或者忙于尘事而迟至临终才忏悔者,必须在悬崖顶上的豁然开朗的山坡上停留到和他们有罪的年数相等的时间,才能进入山门。如果有善人在人间为停留在炼狱外围的灵魂祈祷,停留的期限就可以缩短而提前进入山门。从山门到山顶的地上乐园是炼狱本部,由环绕山腰的七层平台构成,层次越高,平台的圆周就越小,每层都有台阶可以上去。这七层平台是灵魂经受磨练来净罪之所。能来炼狱净罪的灵魂都是基督教徒,他们须要消除的罪是教会规定的七种大罪:骄傲、忌妒、愤怒、怠惰、贪财、贪食、贪色。但丁根据阿奎那斯的学说,把这七种罪都归结为在"爱"的问题上的失误:(1)"爱"的对象错误,也就是说,爱他人之不利(骄傲、忌妒、愤怒),(2)"爱"善不足(怠惰),(3)"爱"尘世的物质享受太过(贪财、贪食、贪色)。犯重罪者在层次较低的平台上经受磨练,犯轻罪者在层次较高的平台上经受磨练。骄傲、忌妒、愤怒是较重的罪,这三种罪人分别在从下往上数第一、二、三层平台上净罪,犯怠惰罪者在第四层平台上净罪,贪财、贪食、贪色的罪人分别在第五、第六、第七层平台上净罪。净罪的方式是:一面受"报复刑"惩罚,一面对照与自己的罪过相反的美德的榜样和与自己的罪过相同者受惩罚的实例,时时警告自己,进行反省。例如:犯骄傲罪者生前昂首阔步,如今一面背负重荷,弯身徐行,一面对照刻在石壁上表现谦卑之德的浮雕和刻在地面上表现骄傲之罪的浮雕,进行反省。山顶的地上乐园乃《旧约·创世记》中所说亚当和夏娃犯罪以前所在的伊甸乐园。灵魂经受磨练消除罪孽后,就来到这里,从寓言的意义上说,就是达到了现世幸福的境界。乐园有两条同源的河,一条名勒特河,灵魂喝了河水,就忘记了生前犯过的罪,一条名欧诺埃河,灵魂喝了河水,就记得起生前所行的善。喝完河水后,灵魂获得了新生,就能飞升到天国。

但丁想象的天国由托勒密天文体系的月天、水星天、金星天、日天、火星天、木星天、土星天、恒星天、水晶天(原动天)和超越时间空间的净火天(即上帝所在的严格意义上的天国)构成。这九重天环绕着地球旋转,净火天则是永恒静止的。升天的超凡入圣的灵魂都在净火天和上帝在一起。但是,在但丁游天国时,他们按照功德的高低,先分别在九重天中与自己相适应的天体里出现,为了使但丁了解他们各自的幸福程度和在世上时所受的天体星象的影响。

地狱、炼狱和天国这三个境界细分为若干层,体现出作者根据哲学、神学观点所要阐明的道德意义。三个境界的性质不同,因而色调也各不相同。地狱是痛苦和绝望的境界,色调是阴暗的或者浓淡不匀的;炼狱是宁静和希望的境界,色调是柔和爽目的;天国是幸福和喜悦的境界,色调是光辉耀眼的。在《地狱篇》里,但丁只用自然景象作为背景和陪衬,或用来描绘人物受苦的场面,例如,犯邪淫罪者的灵魂被飓风刮来刮去,犯叛卖罪者的灵魂被冻结在冰湖里。在《炼狱篇》里才直接描写了自然景色,例如:黎明时分,两位诗人刚来到炼狱山脚下时,蔚蓝明净的晴空,出现在东方天空的启明星,远方大海的颤动;清晨时分,来到地上乐园中时,茂密苍翠的圣林,拂面的和风,清脆的鸟声,芬芳馥郁的繁花,清澈见底的溪流,这些赏心悦目的美景无不跃然纸上。《天国篇》所描写的是非物质的、纯精神的世界,自然界的景物,除了作为比喻外,不可能在那里出现;为了表现自己所见的情景和超凡入圣的灵魂们精神喜悦的程度,诗人不得不广泛地利用自然界最空灵的现象——光来描写。这些境界的描述都非常真实,使人如身历其境。对自然的描写也往往富有高度的画意,足见但丁对自然之美极为敏感。这一点也是他作为新时代诗人的特征之一。为了加强读者对于诗中描述的旅途见闻的真实感,但丁还通过一些细节说明他游历地狱、炼狱和天国并非神游、梦游,而是真正身临其境。例如:诗中在叙述他和维吉尔乘船渡斯提克斯沼泽时,特意提到,他上船后,那船才似乎装载着东西,比往常吃水更深;在叙述他们二人来到炼狱山下的海滨时,着重指出,新被天使用船接引来的亡魂,一看到但丁在呼吸,得知他是活人,都不禁大惊失色;在叙述他们来到山脚下时,再次说明,一群慢步迎面走来的灵魂,瞥见日光把但丁的影子投射到岩石上,都惊讶得倒退了好几步。这些细节增加了作品的现实主义因素,收到了良好的艺术效果。再者,天国之行的终极目的在于见到三位一体的上帝。诗人在描写自己所见时,并没有像当时的宗教画家那样,把圣父的形象描绘成白发老人,用一只在圣父和圣子之间展翅而飞的鸽子来代表圣灵,也不像后来弥尔顿在《失乐园》中那样,让上帝作为诗中的一个人物出场说话;他深知那样做势必降低神至高无上的形象。为了解决这个艺术上的难题,他采用了纯粹象征的手法,在这一点上,他也是独具匠心的。

但丁在塑造人物形象和描写情景时,善于使用来源于现实生活和自然界的比喻。例如:形容一群迎面走来的鬼魂纵目望着但丁和维吉尔,如同人们通常在一钩新月下互相望着一样,他们凝眸注视着两位诗人,如同老裁缝穿针时注视着针眼一样。形容两队魂灵相遇,彼此接吻致意,像蚂蚁在路上觅食,彼此相遇时互相碰头探询消息的样子。形容禁食的魂灵瘦得两眼深陷无神,像宝石脱落的戒指。所描写的对象和情景越不平常,就越是用人们熟悉的事物来比拟。形容火星天的光芒耀眼的十字架上,有无数得救的灵魂的亮光上下左右动来动去,像暗室中从缝隙里射入的光线中,有无数尘埃飞舞一样。形容基督上升,光芒下射,照耀着圣者们,像日光从云缝透出,射在繁花如锦的草坪上一样。这些比喻使人物和情景鲜明突出,取得了造型艺术的效果。歌德在一八二六年写的一封信里,把但丁和意大利美术复兴时代联系起来,因为他"和乔托(译者按:但丁同时代意大利画家)一样,主要是具有造型感的天才,因此能运用想象力的目光把事物看得那样清晰,从而能用鲜明的轮廓把它勾画出来,即使是最隐晦、最离奇的事物,他描绘起来,都仿佛是对着眼前现实中的事物一样"。这一精辟的论断确实指出了《神曲》艺术上的特点之一。不仅如此,但丁还用比喻描写人的心理和精神状态。例如:形容自己听了维吉尔的话以后,疑虑顿消,精神振奋,像受夜间寒气侵袭而低垂闭合的小花,一经阳光照射朵朵挺起在梗上开放一样;形容自己喝了地上乐园里的欧诺埃河的水,精神上获得了新生,像新树长出了新叶,欣欣向荣。

《神曲》的细节描写虽有高度技巧,但它的主要成就还在于高度概括和综合。这部作品把诗人的内心生活经验、宗教热情、爱国思想和政治文化方面的重大问题,把历史的和现实的、古典的和基督教的因素融为一个和谐的整体,在这一点上,《神曲》确实是很成功的。

《神曲》是一部长诗,《地狱篇》《炼狱篇》《天国篇》各有三十三章,加上作为全书序曲的第一章共一百章,长达14233行,其中《地狱篇》共4720行,《炼狱篇》共4755行,《天国篇》共4758行,篇幅大致相等,三篇最后一行都以“群星”(stelle)作韵脚煞尾。诗中所写的三个境界结构匀称。地狱有九层,加上地狱外围共十层;炼狱本部有七层平台,加上地上乐园和外围上下两部分共十层;天国包括净火天和托勒密天文体系的九重天共十重。这种匀称的布局和结构,完全是建立在中古关于数字的神秘意义和象征性的概念上的,因为中世纪人认为“三”象征“三位一体”,是个神圣的数字,“十”象征“完美”“完善”,是个吉祥的数字。但丁以此作为《神曲》的构思和布局的依据,也是他作为中世纪最后一位诗人的特点。

《神曲》是用三韵句(terza rima)写成的,这是但丁以当时流行的一种名为“塞尔文台塞”(serventese)的诗体的格律为基础创制的新格律,每段三行,每行由十一个(一般是抑扬格)音节构成,诗韵大都是“阴性韵”(第二音节无重音的双音节韵),通过连锁押韵的方式把各段衔接起来,最后用一个单行诗句煞尾(押韵的格式:aba,bcb,cdc……yzy,z.)。这种格律最适用于长篇叙事诗。但丁在《神曲》中运用这种格律,既严格又灵活,得心应手,变化多端。更重要的是《神曲》不是用拉丁文而是用意大利俗语写成的,对于解决意大利的文学用语问题和促进意大利民族语言的统一起了很大的作用,这使但丁成为意大利第一个民族诗人。

关于《神曲》以体裁为标准的分类问题,自从文艺复兴时期以来,就争论不休,有的学者认为它是史诗,有的认为它是诗剧,有的认为它是一种既非史诗又非戏剧的新体诗，还有人认为它是各种诗的混合体。黑格尔在《美学》中阐明《神曲》是基督教中世纪的史诗。这一论断是正确的，因为这部长诗给了中古文化以艺术性的总结。但是《神曲》又是一种新型的文人史诗，它不像维吉尔的《埃涅阿斯纪》那样，以古代传说中的英雄为主人公，而是以诗人自己为主人公。这一艺术上的创新使得这部史诗便于直接反映当时的社会现实和抒写诗人自己的思想感情，从而对读者起到更大的教育作用。

《神曲》原名《喜剧》(Commedia)，这里喜剧并没有戏剧的涵义。由于罗马时代戏剧演变的历史原因，中世纪对于戏剧主要是表演性艺术的概念已经非常模糊，惯于根据题材内容和语言风格的不同，把叙事体的文学作品也称为悲剧或喜剧。但丁因为自己这部作品叙述从地狱到天国、从苦难到幸福的历程，结局圆满，又因为作品不像《埃涅阿斯纪》那样用拉丁文写成，风格高华典雅，而是用意大利俗语写成，风格平易朴素，所以取名为《喜剧》。薄伽丘在《但丁赞》(Trattatello in laude di Dante)一文中(公元1357—1362年间)，对这部作品推崇备至，称它为“神圣的”(divina)《喜剧》。一五五五年的威尼斯版本第一次以《神圣的喜剧》为书名，随即被普遍采用。中文译本通称《神曲》。

但丁是欧洲文学史上继往开来的伟大诗人，马克思和恩格斯对他评价很高，马克思还在自己的著作中引用《神曲》中的诗句和人物形象。《神曲》已经译成许多种文字，成为世界人民共同的精神财富。

早在清朝末年，我国即有人知道但丁和他的《神曲》。译者的朋友山西大学常风教授来信说，最早提到但丁和《神曲》的，是钱单士厘所著《归潜记》(1910)一书(湖南人民出版社将此书与作者另一著作《癸卯旅行记》合为一册，收入《走向世界丛书》，于1981年重新出版)，随后就把书寄来。钱单士厘是我国最早译《神曲》者钱稻孙先生的母亲，她的丈夫任清朝政府驻意公使。她在罗马期间留心异邦的政教、文化、艺术，《归潜记》一书详细记述她的广博的见闻。在有关彼得寺(即罗马圣彼得大教堂)的记述中，谓寺内有教皇保罗三世墓，“墓基四女石像，曰‘富裕’，曰‘慈悲’，……曰‘谨慎’，曰‘正直’。……‘谨慎’像又酷肖义儒檀戴(即但丁)，有‘彼得寺中女檀戴’之称，……”；在有关彼得寺墓室内各代教皇棺的记述中,还提到《神曲》和其中的人物:“婆尼法爵八(即卜尼法斯八世)棺残片,有铭曰:‘其来也如狐,其宰政也如狮,其死也如犬’。义儒檀戴所著《神剧》(即《神曲》)书中,清净山(即炼狱山)凡九重,最下一级,遇婆尼法爵八,即指此人。讥与欤,抑恕之欤?(译者按:此处著者误,《神曲·地狱篇》第十九章中预言卜尼法斯八世死后要入第八层地狱第三“恶囊”受苦)……曰尼咢拉三(即尼古拉三世)棺:……檀戴《神剧》中所见首入火坑中,足露火焰外者,即指其人。”(译者按:此处所说的刑罚也和但丁诗中有出入)这些记述虽不尽翔实可信,但在当时能注意及此,已是难能可贵。

钱稻孙先生幼年随父母侨居罗马,当时即读《神曲》原文,归国后,陆续将第一、二、三曲译为骚体,于一九二一年但丁逝世六百周年之际,用《神曲一脔》的标题,发表在《小说月报》上,一九二四年出单行本,为《小说月报丛刊》之一,译文典雅可诵,注释较详,可惜后来搁置未续。

译者在中学学习时,通过钱译《神曲一脔》,初次得知但丁的名字和他的《神曲》。进大学后,阅读了英译本,对这部作品发生了兴趣,后来学了意大利语,逐渐领会到原作的韵味,兴趣随之日益浓厚。多年以来,就有翻译这部世界名著的志愿,由于种种主观和客观原因,一直未能实现,迟至一九八三年秋,其他工作告一段落,在朋友们的热情鼓励和支持下,才着手试译《地狱篇》。刚动笔时,感到困难重重,力不从心,产生了失败主义情绪,后来,在翻译实践过程中逐渐克服了这种思想障碍。

翻译《神曲》的先决问题是:译成诗还是译成散文?译者对此曾考虑很久,也问过朋友们,大家意见很不一致,最后,自己决定译成散文,因为,就主观条件来说,译者不是诗人,而《神曲》却是极高的诗,如果不自量译成诗体,恐怕“画虎不成”,使读者得到错误的印象,以为但丁的诗也不过尔尔。意大利有句俗话:“traduttore-traditore(翻译者—背叛者)”,译者不愿这句俗话在自己身上得以证实。就客观条件来说,《神曲》全诗都是用“三韵句”写成的。汉语和意大利语属于不同的语系,诗律也根本不同,中国旧体诗没有与“三韵句”相当的格律。钱稻孙先生用骚体译《地狱篇》前三曲,但押韵格式不依照《离骚》,而力图

“倣其韵之法”，开端译得很好：“方吾生之半路，恍余处乎幽林，失正轨而迷误。道其况兮不可禁，林荒蛮以惨烈，言念及之复怖心！臧其苦兮死何择，惟获益之足谘，愿覼缕其所历。”但是第二曲和第三曲的译文，并没有再严格依照这种格式押韵。不仅如此，《神曲》每行一般都是十一音节，钱译则每行少者六个字，多者十三四个字，远不如原诗韵律严整匀称。钱先生通晓意大利文，对《神曲》和中国旧诗都很有研究，他的翻译实践说明，把《神曲》译成旧体诗是不易成功的。译者无此文学素养，译成旧体诗非自己能力所及，当然不敢一试。

那么，可否把《神曲》译成新体诗呢？译者面对的事实是：《神曲》是格律严整的诗，而中国新诗的格律没有定型，译时苦于无所遵循。如果按照“三韵句”的格式押韵，原诗的韵律（抑扬格、音步等问题）应如何处理？如果不按照“三韵句”的格式押韵，那么，应当依照什么格式呢？译者对此感到困惑。因此，决定就自己力所能及，暂把《神曲》译成散文，等将来新体诗的格律问题解决后，我国出现既有诗才而又通晓意大利文的翻译家时，再把这一世界文学名著译成诗体。

在考虑用诗体还是用散文体时，译者曾借鉴于一些英文和德文译本。英语和德语虽然与意大利语同属印欧语系，但意大利语元音较多，适于用“三韵句”写诗，英语和德语就不大适合这种格律。用“三韵句”写成的英文诗最成功的作品，是雪莱的《西风颂》（1819），全诗五节，共七十行，算是较长的抒情诗，但和《神曲》的篇幅相比，差得很远。英、德翻译家也有用这种格律译《神曲》者，他们步武前贤，刻意求工的精神是令人钦佩的。然而，对照原文细读，就会发现，他们为使译文合乎格律，往往削足适履或者添枝加叶，前一种作法有损于原诗的内容，后一种作法违背原诗凝练的风格。译成抑扬格无韵诗（blank verse）的译本，如美国诗人朗费罗（Longfellow）的译本（1865），由于不受韵脚束缚，这种缺点出现很少。而完全摆脱格律束缚的散文译本，如美国但丁学家诺尔顿（Norton）的译本（1891）和辛格尔顿（Singleton）的译本（1970），则尤为忠实可靠。这些事实坚定了译者采用散文体的信念。

不言而喻，把诗译成散文等于用白水代替存放多年的美酒，味道相差甚远。译者的目的仅在于使读者通过译文了解《神曲》的故事情节和思想内涵，如欲欣赏诗的神韵及其韵律之美，就须要学习意大利语，阅读原作，因为，正如但丁所说的话："人都知道，凡是按照音乐规律来调配成和谐体的作品都不能从一种语言译成另一种语言，而不致完全破坏它的优美与和谐。这就是为什么荷马不能像希腊人流传下来的其他著作那样从希腊文译成拉丁文的原故。这就是为什么《诗篇》中的诗句没有音乐性的和谐之美的原故；因为这些诗句是从希伯来文译成希腊文，又从希腊文译成拉丁文，在第一次翻译中，那种优美就消失了。"(《筵席》第一篇第七章)

译文和注释主要根据意大利但丁学家翁贝尔托·波斯科(Umberto Bosco)与乔万尼·雷吉奥(Giovanni Reggio)合注的《神曲》最新版本，参考萨佩纽(Sapegno)、牟米利亚诺(Momigliano)、卡西尼-巴尔比(Casini-Barbi)、斯卡尔塔齐-万戴里(Scartazzi-Vandelli)、格拉伯尔(Grabher)等但丁学家以及美国但丁学家辛格尔顿的注释本，有时也略陈管见。

原作是长篇史诗，译成散文须分段落；译者的译文是依照诺尔顿的英义译本划分段落的。原作分成一百 canto，钱稻孙先生把 canto 译为"曲"，日文译本有的译为"曲"，有的译为"歌"；译者的译文是散文体，所以考虑用"章"。

译文和注释中，凡是《圣经》中的人名和地名，译音均依照上海美华圣经会的《新旧约全书》；凡是维吉尔史诗《埃涅阿斯纪》中的人名和地名，译音一般依照杨周翰教授的译本；常见的人名采用通用的译音，地名一般采用地图出版社的《世界地图册》的译音；不常见的人名均照意大利语读法译音。

本书文中插图均采用法国画家多雷(Gustavo Doré，1832—1883)所制版画。

《神曲》博大精深，其哲理性和艺术性均非一般文学名著可比，译者对原诗的领会和个人的中文表达能力都很不够，译文和注释难免有错误、疏漏和不妥之处，希望读者指正。

田德望

1987年2月12日晚

(夏历丁卯元宵)

总 目 录

地狱篇

目　录

第 一 章[1]

在人生的中途[2],我发现我已经迷失了正路,走进了一座幽暗的森林[3],啊!要说明这座森林多么荒野、艰险、难行,是一件多么困难的事啊!只要一想起它,我就又觉得害怕。它的苦和死相差无几。但是为了述说我在那里遇到的福星,我要讲一下我在那里看见的其他的事物[4]。

我说不清我是怎样走进了这座森林的,因为我在离弃真理之路的时刻,充满了强烈的睡意[5]。但是,走到使我胆战心惊的山谷[6]的尽头,一座小山[7]脚下之后,我向上一望,瞥见山肩已经披上了指导世人走各条正路的行星[8]的光辉。这时,在那样悲惨可怜地度过的夜里,我的心湖[9]中一直存在的恐怖情绪,才稍微平静下来。犹如从海里逃到岸上的人,喘息未定,回过头来凝望惊涛骇浪一样,我的仍然在奔逃的心灵,回过头来重新注视那道从来不让人生还的关口[10]。

我使疲惫的身体稍微休息了一下,然后又顺着荒凉的山坡走去,所以脚底下最稳的,总是后面那只较低的脚[11]。瞧!刚走到山势陡峭的地方,只见一只身子轻巧而且非常灵便的豹[12]在那里,身上的毛皮布满五色斑斓的花纹。它不从我面前走开,却极力挡住我的去路,迫使我一再转身想退回来。

这时天刚破晓,太阳正同那群星一起升起,这群星在神爱最初推动那些美丽的事物运行时,就曾同它在一起[13];所以这个一天开始的时辰和这个温和的季节,使我觉得很有希望战胜这只毛皮斑斓悦目的野兽[14];但这并不足以使我对于一只狮子[15]的凶猛形象出现在面前心里不觉得害怕。只见它高昂着头,饿得发疯的样子,似乎要向我扑来,好像空气都为之颤抖。还有一只母狼[16],瘦得仿佛满载着一切贪欲,它已经迫使很多的人过着悲惨的生活,它的凶相引起的恐怖使得我心情异常沉重，以致丧失了登上山顶的希望。正如专想赢钱的人，一遇到输钱的时刻到来，他一切心思就都沉浸在悲哀沮丧的情绪中，这只永不安静的野兽也使我这样，它冲着我走来，一步步紧逼着我退向太阳沉寂的地方⑰。

我正往低处退下去时，一个人影儿⑱出现在眼前，他似乎由于长久沉默而声音沙哑⑲。一见他在这荒野里，我就向他喊道："可怜我吧，不论你是什么，是鬼魂还是真人！"他回答我说："我不是人，从前是人，我的父母是伦巴第人⑳，论籍贯，他们俩都是曼图阿㉑人。我出生 Sub Julio㉒，虽然迟了些，在圣明的奥古斯都㉓统治下，住在罗马，那是信奉虚妄假冒的神祇的时代㉔。我是诗人，歌唱安奇塞斯的正直的儿子在睥睨一切的伊利乌姆城被焚毁后，从特洛亚迁来的事迹㉕。可是你为什么回到这样的痛苦境地？为什么不攀登这座令人喜悦的山？它是一切欢乐的基础和阶梯㉖。""那么，你就是那位维吉尔，就是那涌出滔滔不绝的语言洪流的源泉吗？"我面带羞涩的神情回答说，"啊，其他诗人的光荣和明灯啊，但愿我长久学习和怀着深爱研寻你的诗卷能使我博得你的同情和援助。你是我的老师，我的权威作家，只是从你那里我才学来了使我成名的优美风格㉗。你看那只逼得我转身后退的野兽，帮助我逃脱它吧，著名的圣哲，因为它吓得我胆战心惊。"

他见我流下泪来，回答说："你要逃离这个荒凉的地方，就须要走另一条路㉘，因为这只迫使你大声呼救的野兽不让人从它这条路通过，而是极力挡住他，把他弄死㉙；它本性穷凶极恶，永远不能满足自己的贪欲，得食后，比以前更饿㉚。同它结合的人很多，而且以后更多㉛，直到猎犬来到，使它痛苦地死掉为止。他既不以土地也不以金钱，而以智慧、爱和美德为食，将降生在菲尔特雷和蒙特菲尔特罗之间㉜。他是衰微的㉝意大利的救星，处女卡密拉、欧吕阿鲁斯、图尔努斯和尼苏斯都是为这个国土负伤而死㉞的。他将把这只母狼赶出各个城市，最后把它重新放进地狱，当初是忌妒从那里放出它来的㉟。所以，为你着想，我认为你最好跟着我，由我做你的向导，从这里把你带出去游历一个永恒的地方，你在那里将听到绝望的呼号，看到自古以来的受苦的灵魂每个都乞求第二次死㊱；你还将看到那些安心处于火中的灵魂，因为他们

在人生的中途，我发现我已经迷失了正路，走进了一座幽暗的森林……

希望有一天会来到有福的人们中间㊲。如果你想随后就上升到这些人中间,一位比我更配去那里的灵魂㊳会来接引你,我离开时,就把你交给她;因为统治天上的皇帝由于我未奉行他的法度,不让我进他的都城㊴。他的威权遍及宇宙,直接主宰天上,那是他的都城和崇高的宝座所在,啊！被他挑选到那里的人有福啊!”于是,我对他说:“诗人哪,我以你所不知的上帝的名义恳求你,为使我逃脱这场灾难和更大的灾难㊵,请你把我领到你所说的地方去,让我看到圣彼得之门和你说得那样悲惨的人们㊶。”

于是,他动身前行,我在后面跟着他。

注释:

① 《神曲》全诗开宗明义的序曲。

② 指1300年但丁三十五岁时。《旧约·诗篇》卷四第九十篇中说:“我们一生的年日是七十岁。”但丁在《筵席》第四篇第二十三章中把人生比做拱门,拱门的顶点,就人的天年来说,是三十五岁。这里又把人生比做旅程,“人生的中途”必然指三十五岁。此外,但丁这句诗还受了《旧约·以赛亚书》第三十九章中“正在我中年之日,必进入阴间的门”这句话的启发。

1300年对于但丁,对于佛罗伦萨,乃至对于基督教世界都是关键性的一年。这年他被选为佛罗伦萨六名行政官之一,这是他的政治生涯的顶点,也是他一生的转折点和1302年被放逐、长期颠沛流离的远因。这年5月1日春节,佛罗伦萨黑白两党长期内讧后,发生了流血事件,从此再也没有和平的日子。这年是卜尼法斯八世宣布的大赦年(giubileo),凡是基督教徒都能通过巡礼、忏悔和功德来赎一切罪。但丁也曾去罗马朝圣,因为他已经到了人生的中途和顶点,以后就要走以死为终点的下坡路,所以迫切需要考虑与自己来世的命运攸关的灵魂得救问题。在这同时,但丁希望基督教世界能开始一个新的时代,在一位理想的英雄人物的领导下,根绝贪欲,消除争端,恢复和平,享受现世幸福,在基督教教义的指引下,弃恶从善,达到享受来世幸福的目的。因此,诗中选定1300年4月8日耶稣受难日(复活节前的星期五)为虚构的地狱、炼狱、天国之行的开始,是用意深长的。

③ “幽暗的森林”具有双重寓意:一、象征1290年但丁所爱的女性贝雅特丽齐(见第二章注⑫)死后,他失去精神上的向导,陷入迷惘和错误中不能自拔;二、象征当时基督教世界,尤其是意大利,由于教皇掌握世俗权力,买卖圣职,主教僧侣贪婪成风,教会日益腐败,神圣罗马皇帝放弃自己的职责,封建割据势力纷争不已,以致完全陷入混乱状态。诗中表明但丁

作为个人则迷途知返，悔过自新；作为人类代表，则揭露现实的黑暗，唤醒人心进行改革，使自己和世界都达到得救的目的，这大致是全诗的主旨。

④ “福星”指古罗马诗人维吉尔（公元前70—前19）的灵魂；“其他的事物”指下文所说的三只拦路的野兽。

⑤ “真理之路”即上文所说的“正路”；“睡意”指灵魂因有罪陷入昏沉迷糊的状态。

⑥ 指“幽暗的森林”所在的山谷。

⑦ “小山”象征现世的幸福。

⑧ “山肩”指山顶和山坡。“行星”指太阳；中世纪相信古希腊天文学家托勒密的“地球中心说”，认为太阳是围绕地球运行的行星之一。这里太阳象征上帝，因为“宇宙间一切可以感知的事物中，没有比太阳更配做上帝的象征的”（《筵席》第三篇第十二章）。

⑨ 根据薄伽丘的注释，“心湖”指心脏内部（即心房、心室），中世纪人认为这是各种情感的贮藏所。诗中用隐喻“心湖”来指情感所在的心，正如汉语用隐喻“脑海”来指作为思想、记忆的器官的脑子一样。

⑩ “关口”即“幽暗的森林”，寓意是：人如果不能以理性克服罪障，就不能得救。

⑪ 字面的意义：说明但丁在一步步走上山坡，上坡时，较低的那只脚着地，支撑全身的重量，脚底下总是最稳的。寓意是：人在改过自新的过程中，并非一往直前，而是时而踟蹰，时而前进。

⑫ “豹”象征肉欲。

⑬ “群星”指白羊座。太阳进入白羊宫为春分，即阳历3月21、22日，在白羊宫的时间约一个月，诗中以此来表明但丁在山坡上遇到豹拦路时，是在春天的清晨（具体时间是1300年4月8日清晨）。“神爱”即上帝，因为意大利经院哲学家托马斯·阿奎那斯（公元1225—1274）在《神学大全》第三十七卷第三章中说：“爱是圣灵固有的名称。”基督教传说，上帝创造宇宙在春季，创造太阳后，就安放在白羊宫，使它从那里开始运行。“那些美丽的事物”指星辰。

⑭ 中世纪计算白天的时辰，从日出时（约在六点钟）算起，到日没时（约在十八点钟）为止。“破晓”是一天开始的时辰，“温和的季节”指春天，是一年开始的季节，二者都是天文学上有利的时机，所以但丁认为自己很有希望逃脱豹的危险。

⑮ “狮子”象征骄傲。

⑯ “母狼”象征贪婪（包括贪财、贪求名位和物质利益等）。贪婪是人的最难消除的劣根性，所以诗中表明，三只野兽中，母狼是最大的危险。根据圣保罗的话：“贪财是万恶之根”（见《新约·提摩太前书》第六章），但丁

认定贪婪之风是佛罗伦萨和意大利的祸根，是教会腐败的原因，是实现正义的障碍。当时在位的神圣罗马皇帝阿尔伯特一世放弃职责，不来意大利行使皇帝的权力，制止贪婪，致使社会风气每况愈下。因此，但丁在诗中着重描写象征贪婪的母狼，借维吉尔的口预言将有驱逐它的猎犬来到世间。

⑰ 指不见阳光的“幽暗的森林”。这里诗人大胆使用了一个以声觉代替视觉构成的隐喻。

⑱ 他是维吉尔的灵魂来为但丁游地狱和炼狱做向导，把但丁从“幽暗的森林”领到炼狱山顶上的地上乐园（象征现世的幸福）。他既象征能使人获得现世幸福的皇帝的权威，又象征理性和哲学，因为皇帝须要根据哲学把人类引上现世幸福的道路（见《帝制论》卷三第十六章）。但丁认为自古以来最伟大的哲学家是亚里士多德，称他为“智者们的大师”，但并不选他而选维吉尔做自己的向导，因为后者在中世纪享有极大的声誉，被视为学识最渊博的哲人，甚至被说成术士和预言家；他在第四首《牧歌》中预言一个婴儿的诞生将给人类带来黄金时代，被教会附会为预言耶稣基督的降生，他的史诗《埃涅阿斯纪》歌颂罗马和罗马帝国的光荣，其中还叙述埃涅阿斯在神巫引导下往游阴间的故事。此外，还由于他是但丁最敬爱的、受益最深的诗人，愿在《神曲》中加以歌颂。

⑲ 注释家关于此句众说纷纭，莫衷一是。维吉尔尚未开口，但丁怎么会觉得他声音沙哑？按照常情，说话太多，声音才会沙哑，怎么会由于长久沉默而声音沙哑？寓意讲得通：维吉尔象征理性，理性的声音在迷失正路的人心中久已沉默，在他刚觉悟时，还难以听得清楚，就会觉得微弱沙哑。字面上的意义，虽有种种解释，但多失之牵强附会。这句话的寓意和字面上的意义虽然不相吻合，我们须要从诗的角度去领会，不要从逻辑上去理解。

⑳ “伦巴第亚”（Lombardia）得名于六世纪占领意大利北部和中部的日耳曼族伦巴第人（Longobardi），在中世纪泛指意大利北部的广大地区：“伦巴第人”在但丁的时代已成为意大利北部居民的通称，在维吉尔的时代，这个地区名为阿尔卑斯山南的高卢（Gallia Cisalpina），因而“伦巴第人”这个名称出自维吉尔之口显然与年代不合。

㉑ 维吉尔出生在曼图阿附近的安德斯（Andes）村，即今庇埃托勒（Pietole），因此，父母论籍贯都是曼图阿人。

㉒ “Sub Julio”是拉丁文，意即在尤利乌斯·恺撒时代，公元前 44 年恺撒遇刺身死时，维吉尔才二十六岁，所以说生得迟了些，未能受到他的赏识。

㉓ “奥古斯都”意即神圣、崇高，是恺撒的甥孙和继承者屋大维获得的尊号。他实际上是罗马帝国的第一个皇帝，在位时（公元前 27—公元 14）为巩固自己的统治，重视文学创作，维吉尔是他最尊重的诗人。

㉔ 信奉多神的异教时代。

㉕ 史诗《埃涅阿斯纪》叙述埃涅阿斯在伊利乌姆城被攻陷焚毁后，带着老父安奇塞斯和幼儿尤路斯从特洛亚逃出来，安奇塞斯死在西西里岛上，埃涅阿斯父子辗转来到意大利的拉丁姆地区。埃涅阿斯娶了当地的公主，战胜了敌对的部落，为未来的罗马奠定了初步基础。诗中把尤路斯写成为恺撒和屋大维的祖先，而埃涅阿斯又是爱神维纳斯所生，从而肯定了屋大维的"神统"。"睥睨一切的伊利乌姆"一语见《埃涅阿斯纪》卷三。

㉖ "令人喜悦的山"即那座象征现世幸福的小山，现世幸福是来世永恒幸福的基础和阶梯。

㉗ "诗卷"指《埃涅阿斯纪》和《牧歌》，至于但丁是否读过《农事诗》，则难以确定。"使我成名的优美风格"指但丁在1300年以前所写的"以爱情和美德为主题"(《筵席》第一篇第一章)、风格高华典雅的寓意抒情诗。

㉘ 由于三只野兽(寓意:肉欲、骄傲、贪婪)、尤其是母狼(寓意:贪婪)的障碍，不可能直接登上小山(寓意:个人和人类不可能获得现世幸福)，必须走游历地狱(寓意:考虑罪孽的严重后果)、炼狱(寓意:经受磨难赎罪)、天国(寓意:获得来世永恒幸福的希望)的道路。

㉙ 寓意是贪婪使灵魂堕入地狱。

㉚ 即贪得无厌、欲壑难填之意，这里显然以寓意为主，真狼习性并非如此。

㉛ 意大利文"animali"(复数)含义是"动物"或"众生"。有些注释家认为这里指的是"兽"，他们根据圣保罗所说的"贪财是万恶之根"这句话(《新约·提摩太前书》第六章)，把这句诗解释为"娶它(指母狼)的野兽是很多的"(直译)，寓意是同贪婪结合在一起的罪恶是很多的;旧译本大都根据这种解释。现在一些很可靠的注释家根据但丁用拉丁文写的《致意大利各枢机主教书》中"每人都已经娶贪婪为妻"这句话，把"animali"理解为"人"，寓意是沾染上贪婪这种歪风邪气的人是很多的。译者的译文采取了这种解释。

㉜ 猎犬善于追踪搜索野兽，用它来指驱除象征贪婪的母狼的未来救星是很恰当的。但是寓意与字面上的意义的一致性，只限于此。"既不以土地也不以金钱，而以智慧、爱和美德为食"这句话，则需要完全从寓意的角度来理解，命意在于说明未来的救星由于具有这样高贵的品格，才能清除贪婪之风，实现和平、正义。至于未来的救星究竟指谁，注释家有种种不同的猜测，迄无定论。对"菲尔特罗"(feltro)的解释，也存在着重大的分歧。有人认为是一种好布，说明这位救星出身高贵，有人认为是一种坏布，说明他出身微贱，有人甚至认为是包装投票箱的布，说明他是投票选出的;还有人认为是地名(在版本中将第一个字大写)，表明他降生在菲尔特雷(Feltre)和蒙特菲尔特罗(Montefeltro)两地之间，从而断定这位救星就是但丁曾在其宫廷受到礼遇的维罗纳封建主堪格兰德·德拉·

斯卡拉(Cangrande della Scala)。由于这里是预言未来的事,犹如我国古代的谶纬一般,恐怕泄漏天机,故意把话说得非常隐晦,所以无法确定救星所指的具体人。根据但丁在《帝制论》阐明的政治观点来看,大概指他理想中的皇帝。

㉝ 这里沿用维吉尔史诗中(《埃涅阿斯纪》卷三第522—523行)所用的形容词 humilis(相当于意大利文 umile)来形容意大利;但是在维吉尔诗中,"humilis"含义是地势低平,指拉丁姆地区,这里"umile"含义是衰微、悲惨、不幸,泛指但丁时代的意大利。

㉞ 卡密拉是沃尔斯克人的国王之女,同埃涅阿斯率领的特洛亚人打仗时阵亡。图尔努斯是鲁图利亚人的国王,曾向拉丁姆国王之女求婚,但她顺从神意和埃涅阿斯结婚,他兴师问罪,为埃涅阿斯所杀。欧吕阿鲁斯和尼苏斯是好朋友,同沃尔斯克人打仗时阵亡。他们都是《埃涅阿斯纪》中的英雄,前两个是特洛亚人的敌人,后两人是特洛亚人的将领,双方都为意大利光荣牺牲。

㉟ 指魔鬼忌妒亚当和夏娃在乐园里的幸福,从地狱里放出象征贪婪的母狼。他们俩受贪欲的诱惑,偷吃了分别善恶之树的果子,被上帝逐出乐园。

㊱ "永恒的地方"指地狱;地狱和天国永远存在,炼狱一到世界末日,就不存在了。在地狱里受苦的灵魂完全陷入绝望的境地,所以大声乞求第二次死,即灵魂灭亡,来解脱永恒之苦。

㊲ "安心处于火中的灵魂"指在炼狱经受磨难的灵魂;"火"泛指炼狱的种种磨难,这些灵魂安心经受磨难,因为经受磨难消除罪孽后,就有升入天国的希望。

㊳ 指贝雅特丽齐。但丁以她象征信仰和神学,以维吉尔象征理性和哲学,因为他作为"中世纪最后一位诗人",囿于时代的偏见,认为信仰和神学高于理性和哲学,理性和哲学只能使人认识罪恶的严重后果,通过悔罪自新,获得现世幸福,依靠信仰和神学才能使灵魂得救,享受天国之福。

㊴ "天上"指上帝所在的净火天(Empireo),"他的都城"即天国。维吉尔在世时,耶稣尚未降生,所以不可能信基督教,死后灵魂也就不可能进天国。

㊵ "这场灾难"指"幽暗的森林"和三只野兽拦路,"更大的灾难"指死后灵魂可能入地狱。

㊶ "圣彼得之门"指炼狱之门,"你说得那样悲惨的人们"指在地狱受苦的灵魂。

第 二 章[①]

白昼渐渐消逝,昏黄的天色使大地上的众生都解除劳役,惟独我一个人[②]正准备经受这场克服征途之苦和怜悯之情[③]的战斗,我的真确无误的记忆将追述这些经历。

啊,缪斯啊!啊,崇高的才华[④]呀!现在帮助我吧!啊,记载我所看到的一切事物的记忆呀!这里将显示出你的高贵。

我开始说:"引导我的诗人哪,你在让我冒险去做这次艰难的旅行之前,先考虑一下我的能力够不够吧!你说西尔维乌斯的父亲还活着的时候,就去过永恒的世界,而且是肉身去的[⑤]。可是,如果众恶之敌待他优厚的话,聪明人只要想一想注定由他来起的伟大作用,谁和什么样的人是他的苗裔[⑥],就不会觉得这是不恰当的;因为在净火天上他被选定做神圣的罗马及其帝国的父亲,罗马和帝国实在说来注定是大彼得的继承者奠居的圣地[⑦]。通过这趟被你歌颂的旅行,他知道了一些事情,这些事情是他胜利和教皇法衣胜利的原因[⑧]。后来,神'所拣选的器皿'去过那里,为了给信仰带回证明,这种信仰是得救之路的起点[⑨]。但是我呢,我为什么去那里呢?谁准许我去呢?我不是埃涅阿斯,我不是保罗;不论我自己还是别人都不相信我配去那里。所以,假如我贸然同意去,恐怕此行是胆大妄为。你是明智的,理解我的意思比我说的还清楚。正如一个人打消原来的念头,由于种种新的考虑而翻然改计,以致完全丢开已经开始的事,我在昏暗的山坡上情况也变成这样,因为想来想去,我就把匆忙开始的冒险计划化为泡影了。"

"如果我没有误解你这话的意思,"那位豪迈者的灵魂[⑩]回答说,"你的心灵是受了怯懦情绪的伤害,这种情绪常常阻碍人,使他从光荣的事业上后退,犹如牲口眼岔看到的东西吓得它惊了一样。为了解除你这种恐惧,我要告诉你,我为什么来,当初听到了什么,才对你产生了怜悯之情。我是在那些悬空的灵魂[11]中间,一位享天国之福的美丽的圣女来叫我,我连忙请她吩咐。她眼睛闪耀着比星星还明亮的光芒,用天使般的声音,温柔平和的语调开始对我说:'啊,温厚的曼图阿人的灵魂哪,你的美名如今仍然留在世上,并且将与世长存。我的朋友,但非时运的朋友,在荒凉的山坡上被挡住去路,吓得转身后退;据我在天上听到的关于他的消息,恐怕他迷途已经太远,我起来救他已经迟了。现在请你动身前去,以你的美妙的言辞,以一切必要的使他得救的办法援助他,让我得到安慰。我是贝雅特丽齐[12],是我让你去;我是从我愿意返回的地方[13]来的;爱推动我,让我说话。今后在我主面前,我要常常向他称赞你。'于是,她沉默了,接着,我开始说:'啊,有美德的圣女呀,只因有你,人类才超越了最小的圆天所包覆的一切众生[14],你的命令正中下怀,即使已经遵行,我都觉得太晚;除了向我说出你的愿望以外,别的都不必讲。但是,请你告诉我,我不怕从你渴望返回的寥廓的地方降临这低下的中心[15],是什么缘故。''既然你想深知这里面的道理,我就简单地告诉你,'她回答说,'我为什么不怕到这里来。人们只须怕那些有力为害于人的事物,其他的就不必怕,因为它们并不可怕[16]。蒙神的恩泽把我造成这样,使你们的不幸不能触动我,这里的火焰也伤不着我[17]。天上的一位崇高的圣女[18]怜悯那个人遇到我派你去解除的这种障碍,结果打破了天上的严峻判决。'她召唤卢齐亚[19]说:'忠于你的人现在需要你,我把他托付给你。'卢齐亚乃一切残忍行为之敌,闻命而动,来到我同古代的拉结[20]坐在一起的地方。她说:'上帝的真正赞美者[21]贝雅特丽齐呀,你为什么不去救助那个那样爱你、由于你而离开了凡庸的人群的人[22]哪?你没听见他的痛苦的悲叹吗?没看见他正在风浪比海还险恶的洪流中受到死的冲击吗?'她说了这话以后,我立刻离开了我的幸福的座位,从天上来到这里,世人趋利避害也没有这样快,'我信赖你的高华典雅的言辞的力量,这种言辞给你和听的人都增加光彩。'她对我说了这番话以后,就把含泪的明眸转过去,使得我来得更快。于是,我就按照她的意思来到你这儿,从那只不让你由近路登上那座优美的山的野兽前面把你救出来了。那么,你到底是怎么一回事啊?为什么,为什么踟蹰不前?为什么心里存着这样的怯懦情绪？既然三位这样崇高的圣女在天上的法庭关怀你，我的话又保证你会得到这样的好处，你为什么还没有勇气和信心？”

如同受夜间寒气侵袭而低垂、闭合的小花，经微白的朝阳一照，朵朵在花茎上挺起、开放，我的萎靡的精神又振作起来[23]，一股良好的勇气涌入我的心中，我像获得自由的人似的开始说：“啊，她拯救我，够多么慈悲呀！你立刻听从她对你说的真实的话，够多么殷勤哪！你这番话说得我心里非常乐意到那里去，我已经回到我原来的意图。现在走吧，因为我们二人一条心：你是向导，你是主人，你是老师。”我这样对他说；他一动身，我就跟着走上了艰难、荒野的道路。

注释：

① 《地狱篇》的序曲。

② 因为维吉尔不是活人。

③ 抑制自己的恻隐之心，不怜悯地狱里受苦的灵魂，因为他们罪有应得。

④ 但丁依照维吉尔的《埃涅阿斯纪》的范例，在叙述诗中的情节之前，先祈求诗神缪斯的帮助，也就是求助于灵感、艺术和学问。但是求助于自己的才华，似无先例。《神曲》中有不少诗句表明但丁意识到自己有很高的天才。

⑤ “西尔维乌斯的父亲”即埃涅阿斯，他曾由神巫带路，肉身往游（非梦游、神游）冥界（事见《埃涅阿斯纪》卷六）。

⑥ “众恶之敌”指上帝。“伟大作用”指埃涅阿斯作为罗马最初的奠基人所起的伟大历史作用；“谁和什么样的人”指他的苗裔恺撒、屋大维等伟大人物。

⑦ “大彼得”指圣彼得，他是耶稣最初的门徒，也是最伟大的使徒。天主教会把他看成第一位教皇，他的继承者就是以后历代的教皇。但丁认为天意建立罗马和罗马帝国，是为统一地中海沿岸，便于基督教广泛传布。使徒圣彼得在罗马以身殉道，使罗马成为圣地和教廷所在的西方教会中心。

⑧ 指埃涅阿斯在阴间遇到亡父安奇塞斯的灵魂，亡父向他预示罗马的未来，使他受到鼓舞，战胜了敌人；他的胜利是建立罗马的远因，罗马注定成为未来的教廷所在地，所以他的胜利也是“教皇法衣”（象征教皇职位和权威）胜利的原因。

⑨ “神所拣选的器皿”指圣保罗。“主对亚拿尼亚说：‘……他是我所拣选的器皿。’”（《新约·使徒行传》第九章）这里“器皿”含义是被视为容器来接受思想影响的人，也就是说，圣保罗是耶稣选中的接受和传布福音

的人。《圣经》上说他活着的时候,就到过第三层天:"他前十四年被提到第三层天上去,或在身内,我不知道,或在身外,我也不知道,只有上帝知道。"(《新约·哥林多后书》第十二章)他去那里是为给信仰带回证明。基督教义认为信仰是得救之路的起点:"人非有信,就不能得上帝的喜悦。"(《新约·希伯来书》第十一章)

⑩ 指维吉尔。"豪迈"与下句中的"怯懦"相对立,也就是说,与但丁当时的怯懦情绪形成鲜明的对照,这种怯懦情绪是由于缺乏自信心所致。

⑪ 指在"林勃"(Limbo,即地狱"边缘"之意)的灵魂。在埃涅阿斯所游历的冥界中,"林勃"是短命鬼界,那里的鬼魂都是婴儿、冤死鬼、自戕者、殉情者(见《埃涅阿斯纪》卷六)。在但丁所游历的地狱中,林勃里的鬼魂都是那些在基督降生以前的立德、立功、立言的不朽人物和未受洗礼而夭殇的婴儿,他们因生前未曾犯罪而不受地狱的刑法,但因未受洗礼,也不能享天国之福,可以说是处于悬空状态,在这种状态中的惟一的痛苦是希望进天国而不可能实现。

⑫ 贝雅特丽齐(Beatrice)是但丁所爱的佛罗伦萨少女的名字。据考证,她是福尔科·波尔蒂纳里(Folco Portinari)的女儿,和但丁同岁,1286年和西蒙奈·德·巴尔迪(Simone dei Bardi)结婚,1290年逝世。但丁对她的爱情是精神上的爱情,带有神秘色彩。在她死后,但丁把抒写对她的爱情、寄托对她逝世的哀思以及其他有关的诗,用散文连缀在一起,构成他的第一部文学作品,取名《新生》(约公元1292—1293);歌颂她也是写《神曲》的目的之一。

⑬ 指净火天,即天国。

⑭ 即九重天中最低的、距离地球最近的月天。月天所包覆的众生指地球上除人类以外的一切众生。

⑮ "寥廓的地方"指九重天之上的最高、最广的净火天;"低下的中心"指地狱,它形似上宽下窄的漏斗,从地面通到地心,可以说是地球的中心;根据托勒密天文体系,地球是宇宙的中心,所以地狱也可以说是宇宙的中心。

⑯ 这话来源于亚里士多德的《尼可马克伦理学》卷三第九章。

⑰ "你们的不幸"指地狱里的灵魂的不幸;"这里的火焰"泛指地狱里的酷刑。

⑱ 指圣母马利亚。但丁对她极其崇敬,在《地狱篇》中永不提她的名字。她象征未求预赐的恩泽(grazia preveniente)或慈悲。

⑲ 圣卢齐亚(Santa Lucia,公元281—304)是西西里岛锡腊库扎人,因信基督教受酷刑殉道;她象征启迪人心的恩泽(grazia illuminante);中世纪以她为患眼病者的守护神,但丁自幼目力较弱,又好读书,因而特别敬奉她。

⑳ 拉结是亚伯拉罕的孙子雅各的妻子(见《旧约·创世记》第二十九章),

神学家以她象征冥想生活，以她姐姐利亚象征行动生活。

㉑ 意即贝雅特丽齐尽美尽善，真正体现出造物主的伟大，使所有看到她的人都衷心赞美上帝。

㉒ 可以理解为但丁因写赞美贝雅特丽齐的诗而蜚声文坛，也可以理解为但丁由于爱贝雅特丽齐，道德和精神境界均高出众人之上。

㉓ 这个美妙的比喻把但丁当时的心情变化描写得十分入神。不仅意大利诗人波利齐亚诺在《比武篇》第二章中，塔索在《耶路撒冷的解放》第四歌中受到它的启发，英国诗人乔叟在《特罗伊拉斯和克莱西德》卷二第139节甚至还模拟了它。

第 三 章

由我[1]进入愁苦之城，
由我进入永劫之苦，
由我进入万劫不复的人群[2]中。
正义推动了崇高的造物主，
神圣的力量、最高的智慧、本原的爱
创造了我[3]。在我以前未有造物，
除了永久存在的以外[4]，
而我也将永世长存。
进来的人们，你们必须把一切希望抛开！

我瞥见一座门的门楣上写着这段文字，颜色黯淡阴森；因此我说："老师，我觉得这些话的含义很可怕。"

他像老练的人似的对我说："这里必须丢掉一切疑惧，这里必须清除一切畏怯。我们已经来到我对你说过的地方，你将看到那些失去了心智之善[5]的悲惨的人。"

他拉着我的手，面带喜色，使我感到安慰，随后就把我带到幽冥世界的秘密中。这里叹息、悲泣和号哭的声音响彻无星的空中，使我起初不禁为之伤心落泪。种种奇异的语言，可怕的语音，痛苦的言辞，愤怒的喊叫，洪亮的和沙哑的嗓音，同绝望的击掌声合在一起，构成一团喧嚣，在永远昏黑的空气中不住地旋转，犹如旋风刮起的沙尘。

我觉得恐怖[6]紧箍着我的头，就说："我听见的是什么声音？这些看起来被痛苦压倒的是什么人？"

他对我说："这是那些一生既无恶名又无美名的凄惨的灵魂[7]发出来的悲鸣哀叹。他们中间还混杂着那一队卑劣的天使，这些天使既不背叛也不忠于上帝，而只顾自己。各重天都驱逐他们，以免自己的美为之减色，地狱深层也不接受他们，因为作恶者和他们相比，还会觉得有点自豪[8]。”

我说：“老师，什么使他们这样痛苦，致使他们悲鸣哀叹如此沉痛呢？”

他回答说：“我简单地告诉你。他们没有死的希望[9]，他们盲目度过的一生如此卑不足道，以至于对任何别种命运他们都忌妒[10]。世上不容许他们的名字留下来，慈悲和正义都鄙弃他们，我们不要讲他们了，你看一看就走吧。”

我定睛细看，只见一面旗子飞速回旋奔驰[11]，似乎永远不肯停下来。旗子后面涌来如此漫长不尽的人流，若非亲眼看到，我决不相信死神已经毁掉了这么多的人。我认出其中的几个之后，就瞥见了一个鬼魂，识得他是那个由于怯懦而放弃大位的人[12]。我立刻知道并且认定，这是那一群既为上帝又为他的仇敌们[13]所不喜的卑怯之徒。这些从来没有真正生活过的可怜虫都赤身裸体，被麇集在那里的牛虻和黄蜂蜇来蜇去。蜇得他们脸上流下一道一道的血，流到脚上被可厌的蛆虫所吮吸。

当我纵目向前眺望时，只见许多人在一条大河的岸上，因此我说：“老师，现在请让我知道这些是什么人，据我借这微弱的光所看到的情景，他们似乎急于渡河，是什么规律使他们这样。”他对我说：“等我们在阿刻隆河[14]岸上停住脚步时，你就明白这些事了。”于是，我把眼睛羞惭地低垂着，恐怕我说话他并不高兴，直到我们走到河边，我都闭口无言。

瞧！一个须发皆白的老人驾着一只船冲我们来了，他喊道：“罪恶的鬼魂们，你们该遭劫了！再也没有希望见天日了！我来把你们带到对岸，带进永恒的黑暗，带进烈火和寒冰[15]。站在那儿的活人的灵魂，你离开那些死人吧。”但是，看到我不离开，他随后就说：“你将走另一条路，从别的渡口渡过去上岸，不从这里，一只较轻的船要来载你[16]。”

我的向导对他说：“卡隆[17]，不要发怒：这是有能力为所欲为者所在的地方[18]决定的，不要再问。”铅灰色的沼泽上这个两眼辐射着愤怒的火焰的船夫听了这话以后，毛烘烘的脸上的怒气就平静下来了。

但是,那些疲惫不堪的赤身裸体的鬼魂一听见他这残酷的话,都勃然变色,咬牙切齿。他们诅咒上帝和自己的父母,诅咒人类,诅咒自己出生的地方和时间,诅咒自己的祖先和生身的种子⑲。然后,大家痛哭着一同集合在等待着一切不畏惧上帝的人的不祥的河岸上。魔鬼卡隆怒目圆睁,如同火炭一般,向他们招手示意,把他们统统赶上船去;谁上得慢,他就用船桨来打。

如同秋天的树叶一片一片落下,直到树枝看见自己的衣服都落在地上一样⑳,亚当的有罪孽的苗裔㉑一见他招手,就一个一个从岸上跳上船去,好像驯鸟听到呼唤就飞过来似的。他们就这样渡过水波昏暗的河,还没有在对岸下船,这边就又有一群新来的鬼魂集合。

"我的儿子,"蔼然可亲的老师说,"凡在上帝震怒中死去的人㉒,都从各国来到这里集合;他们急于渡河,因为神的正义鞭策他们,使恐惧化为愿望。善良的灵魂从来不打这里过;所以,如果卡隆生你的气,口出怨言,现在你就会明白他的话是什么意思了㉓。"

他说完了这话,昏黑的原野就发生了那样强烈的地震,如今回想起当时的恐怖,还使我浑身冷汗淋漓。泪水渗透的地上刮起一阵风,风中闪射出一道红彤彤的电光,使我完全失去了知觉;我像睡着了的人似的倒下了。

注释:

① 指地狱之门。

② 指地狱里的灵魂。

③ 说明地狱是三位一体的上帝在自身的正义推动下创造的,"神圣的力量"指圣父,"最高的智慧"指圣子,"本原的爱"指圣灵。

④ 基督教神学家认为,上帝在创造地狱之前,先创造了天使、各重天和土、水、气、火四要素,这些都是永久存在的。天使们被创造后不久,六翼天使卢奇菲罗(Lucifero)就带领一部分天使背叛了上帝,从天上坠落下来。上帝就创造了地狱,卢奇菲罗及其党羽随即堕入其中,变成魔鬼。卢奇菲罗从天上坠落下来,见《旧约·以赛亚书》第十四章、《新约·路加福音》第十章和《新约·启示录》第十二章。

⑤ "心智之善"(il ben dell' intelletto)指见到上帝,即获得所谓"神福的灵见"(visione beatifica)。亚里士多德《伦理学》以至善为人生的最高目的,至善就是福,福乃"思辨的活动",也就是探求真理的活动,所以但丁在

《筵席》第二篇第三章引用他的话:“真理乃心智之善”。中世纪神学家认为上帝乃最高真理,见到上帝,人的心智就完全得到满足,达到了至善的目的。地狱里的灵魂虽然还保有心智,但永远见不到上帝,也就是说“失去了心智之善”。

⑥ 此处有两种异文:波斯科-雷吉奥(Bosco-Reggio)注释本为“error”,释义为“dubbio”(怀疑),牟米利亚诺(Momigliano)注释本和萨佩纽(Sapegno)注释本则为“orror”(恐怖)。译文根据后者。

⑦ 但丁认为人生在世应该有所作为,名传后世,醉生梦死的人可以说是“从来没有生活过”,他们没有为善,所以灵魂不能进天国,但又没有作恶,所以也不沦入地狱深层,而永远留在地狱外围。

⑧ 指在卢奇菲罗叛变时保持中立的天使,这些天使的存在不见基督教经传,大概来源于民间传说。“各重天都驱逐他们”,因为“假如它们接受这类邪恶的天使,他们就会玷污它们的美”(薄伽丘的注释)。“作恶者”指地狱里的叛变的天使,也泛指沦入地狱的罪恶的灵魂,他们和中立的天使或怯懦而无所作为的灵魂相比,会以自己至少还有勇气作恶自豪,如果深层地狱接受中立的天使或怯懦而无所作为的灵魂,他们会不屑与之为伍。

⑨ 意即他们没有第二次死的希望(参看第一章注㊱),因为灵魂是不死的;也就是说,他们不可能通过灵魂灭亡结束自己的痛苦。

⑩ 意即对于沦入地狱深层受苦者的命运他们都忌妒。“盲目度过的一生”意即懵懵懂懂、无声无息的一生。

⑪ 地狱和炼狱中的灵魂所受的惩罚大都根据“一报还一报”(contrapasso)的原则,罪与罚的方式或性质要么相似,要么相反,关系极为密切。无所作为的人和守中立的天使从来没有在任何旗帜下行动起来,因而罚他们跟在前面飞速奔驰的旗子后面永远不停地跑去;他们从来没有受过任何事物的刺激而有所作为,因而罚他们被牛虻和黄蜂螫来螫去,他们怯懦卑下,只配受这些小动物折磨,流下的血和泪,只配被蛆虫吮吸。

⑫ 大多数注释家都认为指教皇切勒斯蒂诺(Celestino)五世(约公元1210—1296)。他出身寒微,出家修道多年,1294年当选为教皇,不久即感到不能胜任;加冕后不到四个月,就在枢机主教卡埃塔尼(Caetani)的怂恿和压力下,宣布退位。野心勃勃的卡埃塔尼继任为教皇,称卜尼法斯八世,他给教会和意大利造成很大的祸患,是但丁深恶痛绝的人。但丁认为,切勒斯蒂诺由于怯懦而退位,为卜尼法斯八世掌权铺平了道路,因而诗中对他表示鄙夷和厌恶,把他当作卑怯无所作为的典型。

⑬ 指魔王卢奇菲罗和魔鬼们。

⑭ 希腊神话中的冥界的河流之一,意即“愁河”,它既是河又是沼泽。《埃涅阿斯纪》卷六描写鬼魂渡此河的诗句,为但丁所借鉴和取法。

⑮ 泛指地狱中的酷刑。

⑯ 指得救的灵魂不渡阿刻隆河,而在流经罗马的台伯河河口集合,由天使驾轻舟运载他们渡过海洋,到达炼狱山脚下(详见《炼狱篇》第二章)。

⑰ 据希腊神话,卡隆是幽冥和夜的儿子,在冥界担任驾船运载亡灵渡阿刻隆河的职务。但丁根据《新约·哥林多前书》第十章中所说"外邦人所献的祭是祭鬼,不是祭上帝",认为异教的神就是《圣经》中所说的鬼,因而在写地狱时,大胆利用异教神话中有关冥界的材料。

⑱ "有能力为所欲为者"指全能的上帝,他所在的地方指净火天。

⑲ "生身的种子"指自己的父亲,这里回过来重复诅咒父母生育自己;这些由于绝望而诅咒一切的话,显然受到《旧约·约伯记》第三章和《旧约·耶利米书》第二十章的启发。

⑳ 这一比喻脱胎于《埃涅阿斯纪》卷六第300—310行,维吉尔用秋天树叶飘落的情景比拟河滩上纷纷请求上船的亡魂数目之多;但丁别出心裁,加以变化,使情景更加鲜明生动。

㉑ 据《旧约·创世记》,亚当是人类的始祖;他的"有罪孽的苗裔"指应该入地狱的人。

㉒ 指有罪临终不肯忏悔,因而不能蒙神赦免的人。

㉓ 卡隆的话暗示但丁是注定要得救的人。

第四章

一声巨雷震破我头脑沉酣的睡梦，我犹如被撼醒的人似的惊醒了；站起身来，把已经恢复视觉的眼睛转向四周，凝神观察，想知道自己在什么地方。事实是，我发现我在愁苦的深渊的边沿①，深渊中聚集着无穷无尽的轰隆的号哭声。它是那样黑暗、深邃、烟雾弥漫，我无论怎样向谷底凝视，都看不清那里的东西。

“现在我们就从这里下去，进入幽冥世界吧，”诗人面无人色，开始说，“我第一个进去，你第二个。”

我觉察到他的脸色，说：“我恐惧时，你总给我安慰，如果你害怕了，我怎么去呢？”他对我说：“这下面的人们的痛苦使我的怜悯之情表露在脸上，你把这种表情看成了恐惧。我们走吧，因为遥远的路程在催促我们。”

说了这话，他就先进去，让我也跟着走进环绕深渊的第一圈②。据我所听到的，这里没有其他悲哀的表现，只有叹息的声音使永恒的空气颤动。这种叹息是一大群一大群的婴儿、妇女和男人并非由于受苦而是由于内心的悲哀发出来的。

善良的老师对我说：“你不问一问你看见的这些灵魂是什么人吗？在你再往前走以前，我得先让你知道，他们并没有犯罪；如果他们是有功德的，那也不够，因为他们没有领受洗礼，而洗礼是你所信奉的宗教之门③；如果他们是生在基督教以前的，他们未曾以应该采取的方式崇拜上帝④：我自己就在这种人之列。由于这两种缺陷，并非由于其他的罪过，我们就不能得救，我们所受的惩罚只是在向往中生活而没有希望⑤。”

我听了他的话以后，剧烈的痛苦袭击了我的心，因为我知道，在这“林勃”中处于悬空状态⑥的，有许多非常杰出的人物。“告诉我，我的老师,告诉我,我的主人,”由于想使克服一切怀疑的信仰得到证明[7],我开始说,“曾经有人或者靠自己的功德或者靠别人的功德从这里出去,随后得享天国之福吗?”他明白了我的隐晦的话,回答说:“我处于这种境地不久[8],就看见一位戴着有胜利象征的冠冕的强有力者[9]来临。他从这里带走了我们的始祖和他儿子亚伯的灵魂[10],挪亚[11]以及立法者和惟神命是从的摩西[12]的灵魂,族长亚伯拉罕[13]和国王大卫[14],以色列[15]和他的父亲、儿子们以及他服务多年才娶到的拉结[16],还有许多别的人,都使他们得享天国之福。我还想让你知道,在他们以前,人类的灵魂没有得救的。”

我们没有因为他说话停止脚步,而仍然从林中走过去,我说的是从密集的灵魂之林里走过去。离开我睡着的地方还没走多远,我就瞥见一片火光把周围的一团黑暗战胜了一半[17]。我们距离那里还有一段路,但并不太远,我还大致看得出,有一些尊贵的人物占有那个地方。“啊,为科学和艺术增光的诗人哪,请问你,这些享有使他们景况与众不同[18]的光荣地位的是什么人哪?”他对我说,“他们为世人所传扬的荣誉,赢得了天上的恩泽,把他们提高到这样的地位。”这时,我听见一个声音说:“向最崇高的诗人致敬吧,他的灵魂离开了这里,现在回来啦[19]。”话音一落,并且沉静下来后,我就看见四位伟大的灵魂向我们走来:他们的神情既不悲哀,也不喜悦。善良的老师开始说:“你看手里拿着那把宝剑、像君主似的走在三个人前面的那一位:那就是诗人之王荷马[20];跟在他后面走来的是讽刺诗人贺拉斯[21];第三位是奥维德[22],最后一位是卢卡努斯[23]。因为他们都和我一样有那一个声音说出来的称号[24],他们就都向我表示敬意,他们这样做,做得好。”我就这样看到那位创作最崇高的诗歌[25]的诗人之王的美好的流派集合在这里,他那种诗歌像鹰一般高翔于其他种诗歌之上。他们在一起谈了一下之后,就转过身来向我表示敬意,对此,我的老师微微一笑;此外,他们还给了我更多的荣誉,因为他们把我列入他们的行列,结果,我就是这样赫赫有名的智者中的第六位。我们就这样一直走到那火光跟前,一面走,一面谈,对于谈的那些事,在这里最好是保持沉默,正如在那里最好是谈一样。我们来到了一座高贵的城堡[26]前,这座城堡有七道高墙环绕,周围有一条美丽的小河防护着。我们如履平地一般渡过了这条小河;我和这几位智者穿过七道门进去,来到一块青翠的草坪上㉗。这里有一群人,目光缓慢、严肃,容颜具有重大的威仪。他们话很少,声音柔和。接着,我们就退到一边,走上空旷、明亮的高地,从那里可以看见所有的人。在对面那块珐琅般的草坪上,那些伟大的灵魂都出现在我眼前,由于看见了他们,如今我内心还感到自豪。

我看见厄列克特拉和许多同伴㉘,其中我认出赫克托尔和埃涅阿斯㉙,戎装鹰眼㉚的恺撒。看见卡密拉和彭特希莱亚㉛;在另一边,看见拉提努斯和他女儿拉维尼亚㉜坐在一起。看见驱逐塔尔昆纽斯的布鲁图斯㉝,还有卢柯蕾齐亚、优丽亚㉞、玛尔齐亚㉟和科尔奈丽亚㊱;看见萨拉丁独自在一边㊲。我稍微抬起眉毛仰望时,看见智者们的大师㊳坐在哲学家族中间。他们大家都注视着他,都向他表示敬意:这里我看见苏格拉底㊴和柏拉图㊵,他们站在其他人的前面离他最近;还有主张偶然乃宇宙的成因的德谟克里特㊶;狄奥格尼斯㊷,阿那克萨哥拉㊸和泰利斯㊹,恩沛多克勒斯㊺,赫拉克利图㊻和芝诺㊼;看见搜集、研究植物特性的优秀搜集家,我说的是狄奥斯科利德㊽;看见奥尔甫斯㊾,图留斯㊿,黎努斯[51]和道德哲学家塞内加[52],几何学家欧几里得[53],还有托勒密[54],希波革拉底[55],阿维森纳[56]和嘉伦[57]以及作出伟大的注释的阿威罗厄斯[58]。我不详细描写所有的人,因为漫长旅程的诗题紧紧驱迫着我,叙述事实时,言辞就往往失之简略。

我们一行六人减为二人,我的睿智的向导由另一条路领着我走出宁静的空气,进入颤动的空气中[59]。我来到没有一线光明的地方。

注释:

① “愁苦的深渊”指地狱。前章末尾说,一道红彤彤的电光使但丁完全失去了知觉,像睡着了的人似的倒在地上;这里说,一声巨雷惊醒了他,他发现自己已经在地狱深渊的边沿;他是怎样到达阿刻隆河彼岸的?注释家有种种不同的猜想,因为诗中没有说明,我们只好存疑。

② 但丁幻想地狱在北半球,是一个巨大无比的深渊,从地面通到地心,形状像圆形剧场或上宽下窄的漏斗,共分九层。“环绕深渊的第一圈”即第一层地狱,名叫“林勃”,未受洗礼而死的婴儿的灵魂和生在基督教以前的、

信奉异教的、因立德、立功、立言而名传后世的人的灵魂都在这一层。他们并不受苦,只是由于不可能进天国而叹息(参看第二章注⑪)。

③ 洗礼是基督教第一圣礼,领受了洗礼才能成为基督教徒。

④ 指生在基督以前的有功德的异教徒。“未曾以应该采取的方式崇拜上帝”,就是说,他们没有像《旧约》中的犹太先哲们那样相信弥赛亚(即救主)将降生,为人赎罪。

⑤ 意即向往天国而又没有希望实现这种愿望。

⑥ 指不能享天国之福而又不受地狱之苦的悬空状态。

⑦ 指有关耶稣基督死后降临地狱,从“林勃”中救出《旧约》中的犹太先哲们的传说,这一传说当时已经成为基督教信条。维吉尔的灵魂在“林勃”,因此,但丁请求维吉尔证实这一信条,但他用措辞婉转隐晦的话来问。

⑧ 维吉尔死于公元前19年,耶稣基督是三十四岁时死的,前后相隔仅五十三年,在注定永久留在“林勃”中的维吉尔看来,这是微不足道的,即使比起基督之死与但丁游地狱时相隔的一千二百六十六年来,也可以说时间很短。

⑨ “强有力者”指基督。为了表示尊敬,但丁在《地狱篇》中不直提基督,在《炼狱篇》中,不以基督一词作韵脚,在《天国篇》中,不以之与其他的词押韵,而与其自身押韵。“戴着有胜利象征的冠冕”大概指教堂中镶嵌画基督像头上饰有十字形图案的光环,十字架象征基督的胜利。

⑩ 指人类的始祖亚当,亚伯是亚当的第二个儿子,他是牧羊的,他哥哥该隐是种地的,他们把各自的供物献给上帝,上帝只“看中了亚伯和他的供物”,该隐气愤不平,杀死了亚伯(见《旧约·创世记》第四章)。

⑪ 挪亚是亚当的第三个儿子塞特的后裔,他“是个义人,在当时的世代是个完全人”;上帝因世人罪恶滔天,准备使洪水泛滥,毁灭世界时,惟独预先命挪亚造方舟,使他全家得免于难(见《旧约·创世记》第六至九章)。

⑫ 摩西是带领以色列人逃离埃及,定居迦南的部落首领,相传他在西奈山从上帝受十诫和各种典章法律,奠定了犹太教的基础(见《旧约·出埃及记》);这里说他“惟神命是从”,因为《旧约·约书亚记》第一章称他为“耶和华的仆人摩西”。

⑬ 亚伯拉罕是以色列人的始祖,原名亚伯兰,他九十九岁时,上帝对他说:“从此以后,你的名不再叫亚伯兰,要叫亚伯拉罕,因为我已立你作多国的父”(见《旧约·创世记》第十七章)。

⑭ 大卫(公元前1013—前973)是犹太部落的首领,以色列人的第一个国王扫罗和非利士人打仗,兵败自杀后,以色列人拥戴他为国王;他赶走非利士人,建立统一的以色列—犹太国家,定都耶路撒冷;他又是诗人,《旧约·诗篇》中的一些诗歌相传是他作的。

⑮ 亚伯拉罕的孙子雅各和天使摔跤，战胜天使后，上帝给他改名为以色列，就是“上帝的战士”的意思（见《旧约·创世记》第三十二章）。雅各的父亲是以撒。雅各一共有十二个儿子。

⑯ 拉结是雅各的母舅拉班的第二个女儿，为了娶到她，雅各为拉班服务十四年之久（见《旧约·创世记》第二十九章）。

⑰ 指下面所说的“高贵的城堡”辐射出的光芒战胜了周围的黑暗，但丁由于在城堡前面，只能看见城堡周围的黑暗有一半被火光照亮，这火光是古代文化或智慧之光的象征。

⑱ 指这些名人的灵魂在光明的“高贵的城堡”中，和“林勃”中其他的灵魂在黑暗中的景况迥然不同。

⑲ 诗中没有讲这话是谁说的，大概出自荷马之口，他代表以他为首的诗人们欢迎维吉尔归来。

⑳ 荷马（公元前九世纪、八世纪间），古希腊诗人，相传为《伊利昂纪》和《奥德修纪》两大史诗的作者；“手里拿着那把宝剑”说明他是写战争的诗人。但丁不懂希腊文，当时荷马史诗又没有完整的拉丁文译本，他只从拉丁作家的书中间接知道荷马。

㉑ 贺拉斯（公元前65—前8），古罗马诗人。这里主要把他作为《讽刺诗集》和《诗简》的作者，称他为讽刺诗人。

㉒ 奥维德（公元前43—公元7），古罗马诗人。但丁从他的作品，尤其从《变形记》中，获得了许多古代文学和神话方面的知识。

㉓ 卢卡努斯（公元39—65），古罗马诗人。但丁曾深入研究他的史诗《法尔萨利亚》（一称《内战记》），在《筵席》第四篇第二十八章中称他为“大诗人”。

㉔ 指四位伟大的灵魂中的一位（大概是荷马）喊出的“诗人”这一称号。全句大意是：由于他们都和我一样是诗人，他们向我表示敬意是得当的，因为他们这样做，也意味着尊重他们自己和诗。

㉕ 指史诗，但丁称这种诗为“悲剧”风格的诗，也就是风格高华的诗。

㉖ “高贵的城堡”在建筑形式上和寓意上都具有中世纪的特征。对于寓意的解释，迄无定论。波斯科—雷吉奥注释本根据《筵席》第四篇第十九章中“凡美德所在即为高贵”这句话，认为“高贵的城堡”象征人的高贵性；七道高墙象征四种道德方面的美德，即谨慎、公正、坚忍、节制和三种心智方面的美德，即聪明、学问、智慧；七道门象征中世纪学校中教授的七艺，前三艺是拉丁文、逻辑、修辞，后四艺是音乐、算术、几何、天文；小河象征达到心灵的高贵性须要克服的障碍，六位诗人凭借自己的才能很容易地克服了这种障碍。

㉗ 大概象征这些伟大的灵魂的美名万古长青。

㉘ 厄列克特拉是传说中特洛亚的奠基者、特洛亚人的祖先达达努斯的母

亲,“许多同伴”指她的后裔。

㉙ 赫克托尔是伊利昂城的主将和最英勇的保卫者,埃涅阿斯是罗马的奠基者(详见第一章注㉕)。

㉚ 形容恺撒的眼睛像鹰眼似的闪射着炯炯的光芒。

㉛ 卡密拉(见第一章注㉞);彭特希莱亚是神话中阿玛松女儿国的国王,赫克托尔战死后,她率军援助特洛亚,被希腊英雄阿奇琉斯杀死。

㉜ 拉提努斯是拉丁姆国王;拉维尼亚是他的女儿,埃涅阿斯的妻子。

㉝ 布鲁图斯全名为卢丘斯·优纽斯·布鲁图斯,是罗马历史传说中的人物。古罗马王政时期最后一个国王塔尔昆纽斯(绰号暴君)的儿子塞克斯图斯奸污了同族柯拉蒂努斯的妻子卢柯蕾齐亚,卢柯蕾齐亚是个贞烈的女性,愤而自杀;布鲁图斯领导罗马人民赶走了塔尔昆纽斯家族,废除王政,建立了贵族共和国(公元前510)。

㉞ 优丽亚是恺撒的女儿,庞培的妻子。

㉟ 玛尔齐亚是古罗马政治家卡托(公元前95—前46)的妻子,关于卡托,《炼狱篇》第一章将另有注。

㊱ 科尔奈丽亚是战胜迦太基名将汉尼拔的罗马名将西庇阿的女儿,在儿子盖约斯·格拉古斯推行改革失败而死后,她退隐,潜心研究希腊罗马文学,但丁在《天国篇》第十五章中以她为高贵女性的典型。

㊲ 萨拉丁是中世纪埃及苏丹国家的君主(公元1174—1194),1187年,他消灭了十字军的主力,随后收复了耶路撒冷;他以慷慨大方闻名四方,但丁在《筵席》第四篇第一章把他列入因慷慨大方而受人赞美的君主中。因为他是伊斯兰教徒,属于另一文化传统,所以“独自在一边”。

㊳ 指古希腊集大成的哲学家亚里士多德(公元前384—前322)。

㊴ 苏格拉底(公元前469—前399),古希腊哲学家。

㊵ 柏拉图(公元前427—前347),古希腊哲学家,苏格拉底的弟子,亚里士多德的老师。

㊶ 德谟克里特(约公元前460—前370),古希腊哲学家,原子论者,认为宇宙是由原子偶然遇合而形成的。

㊷ 大概指古希腊犬儒学派哲学家狄奥格尼斯(约公元前400—前325),但也可能指古希腊自然哲学家、阿波罗尼亚人狄奥格尼斯(约公元前460)。

㊸ 阿那克萨哥拉(约公元前500—前428),古希腊哲学家,种子论者,认为自然界的一切物体均由物质的“种子”构成。

㊹ 泰利斯(公元前七世纪末至六世纪初),古希腊哲学家,主张万物起源于水。

㊺ 恩沛多克勒斯(约公元前490—前430),古希腊哲学家,认为宇宙间火、气、水、土四要素受“爱”和“争”这两种力量推动,在永远不住地互相结合,互相分离。

㊻ 赫拉克利图(公元前六世纪末至五世纪初),古希腊哲学家,他遗留下来的思想片断含有一些朴素的辩证法思想。

㊼ 这里指的究竟是古希腊斯多噶派哲学家芝诺(约公元前335—前263),还是古希腊哲学中埃利亚(在意大利南部)人芝诺,很难确定。

㊽ 狄奥斯科利德(公元一世纪),古希腊名医,著有论植物的医疗效能的书。

㊾ 奥尔甫斯是希腊神话传说中的音乐家和诗人,他的音乐能使顽石起舞,猛兽驯服。

㊿ 马尔库斯·图留斯·西塞罗(公元前106—前43),古罗马政治家、哲学家和散文作家。

51 黎努斯是希腊神话传说中的诗人。

52 塞内加(公元4?—65),古罗马悲剧作家,作为哲学家,他宣扬斯多噶派伦理学。

53 欧几里得(生于公元前330年顷),古希腊数学家,被视为几何学的创始者。

54 托勒密(公元二世纪),古希腊天文学家、地理学家。

55 希波革拉底(约公元前460—前377),古希腊医学家,号称"医学之父"。

56 阿维森纳(公元980—1037),阿拉伯医学家,号称"医中之王"。

57 嘉伦(公元130—200),古希腊医学家。

58 阿威罗厄斯(公元1126—1198),阿拉伯哲学家,他所作的亚里士多德哲学著作的评注,对中世纪西方思想、文化很有影响。

59 "宁静的空气"指"高贵的城堡"范围内;"颤动的空气"指这个城堡范围外充满灵魂叹息声的地方。

第 五 章

我就这样从第一层下到了第二层，这一层的圈子比较小，其中的痛苦却大得多，它使受苦者发出一片哭声[①]。

那里站着可怕的米诺斯[②]，龇着牙咆哮：他在入口处审查罪行，作出判决，把尾巴绕在自己身上，表示怎样发落亡魂，勒令他们下去。我是说，不幸生在世上的人[③]的灵魂来到他面前时，就供出一切罪行：那位判官就判决他该在地狱中什么地方受苦，把尾巴在自己身上绕几遭，就表明要让他到第几层去。在他面前总站着许多亡灵：个个都依次受审判，招供罪行，听他宣判，随后就被卷下去了。

"啊，来到愁苦的旅舍[④]的人，"米诺斯瞥见我，就中断执行这样重大的职务，对我说，"你要想一想，自己是怎么进来的，依靠的是什么人；不要让宽阔的门口把你骗进来[⑤]！"我的向导对他说："你为什么直叫嚣！不要阻止天命注定他做的旅行。这是有能力为所欲为者所在的地方决定的[⑥]，不要再问。"

现在悲惨的声音开始传到我耳边；现在我来到许多哭声向我袭击的地方。我来到一切光全都喑哑[⑦]的地方，这里如同大海在暴风雨中受一阵阵方向相反的风冲击时那样怒吼。地狱里的永不停止的狂飙[⑧]猛力席卷着群魂飘荡；刮得他们旋转翻滚，互相碰撞，痛苦万分。每逢刮到断层悬崖[⑨]前面，他们就在那里喊叫、痛哭、哀号，就在那里诅咒神的力量。我知道，被判处这种刑罚的，是让情欲压倒理性的犯邪淫罪者[⑩]。犹如寒冷季节，大批椋鸟密集成群，展翅乱飞[⑪]，同样，那些罪恶的亡魂被狂飙刮来刮去，忽上忽下，永远没有什么希望安慰他们，不要说休息的希望，就连减轻痛苦的希望也没有。

犹如群鹤在空中排成长行，唱着它们的哀歌飞去[⑫]，同样，我看到一些阴魂哀号痛哭着被上述的狂飙卷来；因此我说："老师，这些受漆

“诗人哪，我愿意同那两个在一起的、似乎那样轻飘飘地乘风而来的灵魂说话。”

黑的空气这样惩罚的,都是什么人哪?”“你想知道情况的那些人之中的第一个,”他随即对我说,“是许多语言不同的民族的女皇帝。她沉溺于淫乱的罪恶那样深,竟然在她的法律中把人人恣意淫乱定为合法,来免除她所遭到的谴责。她是塞米拉密斯[13],据史书记载,她是尼诺的妻子,后来继承了他的帝位,拥有如今苏丹所统治的国土[14]。另一个是因为爱情自杀的对希凯斯的骨灰背信失节的女性[15],她后面来的是淫荡的克利奥帕特拉[16]。你看那是海伦,为了她,多么漫长的不幸的岁月流转过去[17],你看那是伟大的阿奇琉斯,他最后是同爱情战斗[18]。你看那是帕里斯[19],那是特里斯丹[20]。”他还把一千多个因为爱情离开人世的人指给我看,并且一一说出他们的名字。我听了我的老师说出古代的贵妇人和骑士们[21]的名字以后,怜悯之情抓住了我的心,我几乎神志昏乱了。我开始说:“诗人哪,我愿意同那两个在一起的、似乎那样轻飘飘地乘风而来的灵魂说话。”他对我说:“你注意着他们什么时候离我们近些;那时,你以支配他们的行动的爱的名义恳求他们,他们就会来的。”当风刚把他们刮向我们这里时,我就开始说:“受折磨的灵魂们,过来同我们交谈吧,如果无人禁止的话!”

犹如斑鸠受情欲召唤,在意愿的推动下,伸展着稳健的翅膀,凌空而过,飞向甜蜜的鸠巢,同样,那两个灵魂走出狄多所在的行列[22],穿过昏暗的空气向我们奔来,因为我那充满同情的呼唤是如此强烈动人。

“啊,温厚仁慈的活人哪,你前来访问我们这些用血染红大地的阴魂,假如宇宙之王是我们的朋友的话[23],我们会为你的平安向他祈祷,因为你可怜我们受这残酷的惩罚。在风像这里现在这样静止的时候,凡是你们喜欢听的和喜欢谈的事,我们都愿意听,都愿意对你们谈。我出生的城市坐落在海滨,在波河汇合它的支流入海得到安息的地方[24]。在高贵的心中迅速燃烧起来的爱[25],使他热恋上我的被夺去的美丽的身体;被夺的方式至今仍然使我受害[26]。不容许被爱者不还报的爱[27],使我那样强烈地迷恋他的美貌,就像你看到的这样,直到如今仍然不离开我。爱引导我们同死。该隐环等待着害我们性命的人[28]。”他们对我们说了这些话[29]。

听了这两个受伤害的灵魂所说的话,我低下头来,一直没有抬起,诗人对我说:“你在想什么?”我向他回答时说:“哎呀,多少甜蜜的思想,多么强烈的欲望把他们引到那悲惨的关口啊!”接着,我又转身对着他们,开始说:“弗兰齐斯嘉,你的痛苦使得我因悲伤和怜悯而流泪。但是,你告诉我:在发出甜蜜的叹息时,爱通过什么迹象、什么方式使你们明白了彼此心里的朦胧的欲望?”她对我说:“再没有比不幸中回忆幸福的时光更大的痛苦了;这一点你的老师是知道的㉚。但是,如果你有这样热切的愿望,想知道我们的爱的最初的根苗,我就像一面哭,一面说的人那样说给你听。

“有一天,我们为了消遣,共同阅读朗斯洛怎样被爱所俘虏的故事㉛;只有我们俩在一起,全无一点疑惧㉜。那次阅读促使我们的目光屡屡相遇,彼此相顾失色,但是使我们无法抵抗的,只是书中的一点。当我们读到那渴望吻到的微笑的嘴被这样一位情人亲吻时㉝,这个永远不会和我分离的人就全身颤抖着亲我的嘴。那本书和写书的人就是我们的加勒奥托㉞:那一天,我们没有再读下去㉟。”

当这一个灵魂说这番话时,那一个一直在啼哭;使得我激于怜悯之情仿佛要死似的昏过去。我像死尸一般倒下了㊱。

注释:

① 第二层地狱是犯邪淫罪者的灵魂受苦的地方。地狱共分为九层,由上而下,一层比一层小,痛苦则一层比一层大。第一层(“林勃”)中只有叹息的声音,第二层中受苦的灵魂就发号哭的声音。

② 希腊神话中的米诺斯(Minos)是克里特岛的国王,在位时公正严明,死后成为冥界判官。荷马史诗《奥德修纪》叙述奥德修斯游冥界时见到了他:“我就又看到宙斯的显耀儿子弥诺(即米诺斯),他手里拿着黄金的王杖,坐在那里,给鬼魂们宣判;鬼魂们在阴府的大门里,有的坐着,有的站着,请他裁判”(《奥德修纪》卷十一)。维吉尔在《埃涅阿斯纪》中叙述埃涅阿斯游冥界时,沿袭荷马史诗的传统,也把米诺斯作为冥界判官,诗中说:“……在这里,有选任的陪审官指定他们席位,米诺斯任审判官,掌有决定权,他把这些默不作声的灵魂召集起来开会。听取他生前的经历,决定处分”(《埃涅阿斯纪》卷六)。在荷马史诗中,米诺斯作为庄严的王者形象出现,在维吉尔史诗中,则把他描写成具有罗马法官开庭审判时的气派。但丁从维吉尔诗中借用了这个神话中的人物作为地狱判官,但他根据基督教关于异教的神祇皆是鬼物的说法,把米诺斯塑造成有尾巴

的、狰狞可怖的魔鬼形象。

③ 指在地狱里受苦的罪人。他们正如耶稣关于叛徒犹大所说的，“不生在世上倒好”(《新约·马太福音》第七章)，因为这样他们就不至于入地狱。

④ 指地狱。第三章第一句称地狱为“愁苦之城”。

⑤ 这句话是有所本的：“下到阿维尔努斯(罗马神话传说中阴府入口处)是容易的；狄斯(罗马神话中的冥神，亦作冥界)的黑门昼夜开着；但是掉转脚步，再走出来，到阳间的空气里，那是困难和危险的”(《埃涅阿斯纪》卷六)；耶稣登山训众说：“你们要进窄门，因为引到灭亡，那门是宽的，路是大的，进去的人也多”(《新约·马太福音》第七章)。

⑥ 维吉尔对运载亡灵渡阿刻隆河的船夫卡隆说过同样的话(参看第三章注⑱)。

⑦ 即没有一点光明之意。诗人在这里又大胆使用了一个以声觉代替视觉构成的隐喻(参看第一章注⑰)。

⑧ 这些犯邪淫罪者受苦的方式是一报还一报，罪与罚关系极为密切：地狱里的狂飙是他们的情欲的象征；他们生前受情欲驱使，不能自制，死后灵魂就被地狱里的狂飙刮来刮去，永远不得安息。

⑨ 原文是 ruina，注释家对这个词有不同的解释。萨佩纽注释本和波斯科-雷吉奥注释本都认为，指的是耶稣死在十字架上时发生的大地震使地狱里塌方所形成的断层悬崖。犯邪淫罪者的灵魂受审判后，就被卷下这个悬崖，到第二层地狱受苦，所以每逢被狂飙刮到悬崖前面，他们就想起，是神的力量使他们陷入万劫不复的境地，因而诅咒“神的力量”。译文根据这种解释。

⑩ 但丁怎么知道受这种惩罚的是犯邪淫罪者，诗中没有说明；可能是维吉尔告诉他的，也可能是他看到惩罚方式后，自己猜想到的，从诗中的情景看来，后一种可能似乎更大。

⑪ 这里用椋鸟密集成群，展翅乱飞的状况，来比拟大批阴魂被狂飙刮得凌乱翻腾的状况。

⑫ 这个比喻不仅以群鹤的哀鸣来比拟亡魂们的悲号，还以群鹤齐飞时排成行列来比拟其中的一批阴魂结成队形随风飘来飘去，这一批就是那些“因为爱情离开人世的灵魂”(自杀者和被杀者)。

⑬ 塞米拉密斯是传说中的亚述女王(公元前十四世纪或十三世纪)，但丁从公元五世纪历史家奥洛席乌斯(Orosius)的七卷《反异教徒史》中得知她的事迹。书中说她淫荡无度，甚至和她儿子有乱伦的秽行，最后被他杀死。中世纪以她为纵欲淫乱的典型。

⑭ “拥有如今苏丹所统治的国土”这句话不符合历史事实：“如今”指公元1300年但丁游地狱的时间，“苏丹”指当时统治埃及的马木路克王朝的君主；但是，除了埃及以外，马木路克苏丹只占有巴勒斯坦和叙利亚的一

部分,古代亚述王国的本土则属于伊尔汗国,并不在他的版图之内。注释家认为,诗中出现这一历史地理上的错误,是由于但丁把亚述所征服的古巴比伦王国(Babylonia)和埃及尼罗河畔的城市巴比伦(Babylon,即古开罗)混淆了。这种差错无关宏旨,并不使但丁的诗减色。

⑮ 指迦太基女王狄多。伊利昂城被攻破后,埃涅阿斯经历千辛万苦来到迦太基。狄多对他发生了爱情,并且背弃了对临死的丈夫希凯斯所发的永不再嫁的誓言,同他结了婚。后来,埃涅阿斯服从神意,离弃了她,到意大利重建邦国,她因此自杀(见《埃涅阿斯纪》卷四)。

⑯ 克利奥帕特拉(公元前69—前30)是埃及托勒密王朝女王,姿容秀媚,罗马大将恺撒进军埃及时,她深得他的欢心,并且给他生了一个儿子;恺撒被刺死后,执政官安东尼是罗马"后三头"之一,也对她十分迷恋;安东尼在阿克兴角海战(公元前31)中被屋大维击败,她和他一同逃往埃及亚历山大城,在敌军围城时自杀。

⑰ 海伦是斯巴达王墨涅劳斯的妻子,具有绝代姿容。伊利昂城的王子帕里斯渡海来到斯巴达,爱上了海伦,把她拐走。希腊人动了公愤,共同兴师问罪,渡海讨伐特洛亚人。"多么漫长的不幸的岁月流转过去"指经过十年战争才攻破伊利昂城,夺回海伦。荷马史诗《伊利昂纪》集中描述十年战争中的五十一天的事情。

⑱ 阿奇琉斯是《伊利昂纪》中的希腊英雄,武艺高强,所向无敌,由于他退出战斗,希腊大军被特洛亚人击败,后来,他重上战场,杀死了伊利昂城的主将赫克托尔,希腊大军转败为胜。据奥维德的《变形记》和中世纪的《特洛亚传奇》所说,阿奇琉斯爱上了伊利昂城老王普里阿摩斯的女儿波利克塞娜,被诱入神庙,由埋伏在那里的帕里斯用毒箭射死;所以诗中说"他最后是同爱情战斗",结果失败。

⑲ 帕里斯(参看注⑰)是普里阿摩斯的儿子,赫克托尔的弟弟。他娶了河神凯勃伦的女儿奥诺娜为妻,但他骗到海伦后,就离弃了奥诺娜;伊利昂城被攻破时,他被菲洛克特特斯用毒箭射伤;奥诺娜精通医术,他求她医治,遭到拒绝,毒发身死。

⑳ 特里斯丹是法国骑士传奇《特里斯丹和绮瑟》(十二世纪)中的人物,奉命航海去邻国为他叔父国王玛克迎接新娘绮瑟公主,在归途中误饮了为玛克和绮瑟结婚准备的一种神秘饮料,结果对绮瑟发生了永远不变的爱情。玛克发现了他们相爱之后,把他们逐出王宫,但最后宽恕了绮瑟。薄伽丘在《神曲》注释中说,特里斯丹"被国王玛克用毒箭射伤,垂死之际,王后前来探视,他顿时把她搂在怀里,因用力太猛,他和她的心都迸裂了,这样他们俩就一同死去。"

㉑ "骑士"泛指上述的英雄人物,其中只有特里斯丹是骑士,其余的人本来不是骑士,但在中世纪流行的属于古代系统的传奇中都被塑造成骑士的

形象。

㉒ 指狄多等因爱情自杀或被杀者的灵魂排成的行列。

㉓ “宇宙之王”指上帝。“是我们的朋友”意即怜悯我们,肯接受我们的祷告。原文是不现实条件句,表示很想为但丁祈祷,无奈上帝绝不会听地狱里的罪人的祷告。

㉔ “城市”指腊万纳。波河是意大利最大的河,发源于阿尔卑斯山,流入亚得里亚海。“汇合它的支流入海得到安息”这句话流露出说话的灵魂渴望安息而不能如愿的悲哀情绪。她是弗兰齐斯嘉·达·里米尼(Francesca da Rimini),腊万纳的封建主圭多·达·波伦塔的女儿,后来邀请但丁定居腊万纳的小圭多·达·波伦塔的姑母。1275年以后不久,她嫁给里米尼的封建主简乔托·马拉台斯塔为妻,这纯粹是一种政略婚姻,因为简乔托跛脚,相貌丑陋,举止粗野。简乔托的弟弟保罗是个美少年,后来,叔嫂二人私下里相爱,简乔托发现后,当场把他们杀死。这一事件发生在1283—1285年间,曾轰动一时。1282—1283年,保罗曾在佛罗伦萨担任人民首领和维持和平专员的职务,但丁可能在家乡见到过他。所以但丁对他们的痛苦表示深切的同情和怜悯是有特殊原因的。

㉕ 这是“温柔的新体”诗派对爱情的看法,圭多·圭尼采里的诗“爱总逃避到高贵的心里”,但丁的一首十四行诗的第一行“爱和高贵的心是一回事”,都表达了这种思想。在《神曲》中,但丁改变了这种看法,认为爱既可以使人产生高尚的情操,也可以使人犯罪。保罗和弗兰齐斯嘉叔嫂相爱,由于不能以理性克制情欲,反而“让情欲压倒理性”,结果演成悲剧。

㉖ “被夺去的美丽的身体”这句话里,“被夺去”指弗兰齐斯嘉被她丈夫杀死。多数注释家把后面的句子“e' l modo ancor m' offende”和“被夺去”联系起来,认为意即:我被杀方式如今还使我受害,也就是说,在他们俩犯罪时,当场被杀,来不及忏悔,以致死后永远在地狱里受苦。萨佩纽注释本和波斯科-雷吉奥注释本则认为,根据上下文的逻辑关系,这个句子的意义同“使他爱上”(Amor……prese costui)衔接,说明爱得多么强烈。译文根据多数注释家的解释。

㉗ 这种说法来源于安德莱亚·卡佩拉诺(Andrea Cappellano,十二世纪、十三世纪间)的《论爱情》(De amore)一书,对普洛旺斯骑士抒情诗和意大利“温柔的新体”诗派的抒情诗都有影响。弗兰齐斯嘉是宫廷中的贵妇人,当然也接触到这种思想。爱不容许被爱者不以爱还爱,是不符合生活实际的说法,但对她来说,却是不可抗拒的法则;她觉得,既然保罗这样爱她,她就非得爱他不可,这足以表明她的爱是多么强烈。

㉘ 弗兰齐斯嘉预言,她丈夫简乔托(死于1304年,但丁游地狱时还在世)由于犯了杀弟杀妻罪,死后注定在第九层地狱(寒冰地狱)中的“该隐环”受苦。“该隐环”(Caina)得名于第一个犯杀弟罪的该隐(见《旧约·创世

记》第四章），是科奇土斯冰湖划分成四个同心圆形的受苦处之一，凡是出卖和杀害亲属者的灵魂都在此受寒冰封冻之苦。

㉙ 诗中虽是弗兰齐斯嘉一个人说话，但她同时代表保罗，因此这里代词用第三人称复数。

㉚ 维吉尔生前是赫赫有名的诗人，受到罗马皇帝奥古斯丁的敬重和优遇，死后灵魂永远留在第一层地狱里，不能进天国，抚今追昔，自然感到莫大的痛苦。

㉛ 弗兰齐斯嘉和保罗共同阅读的书是法国骑士传奇《湖上的朗斯洛》（十二世纪）。传奇的主人公朗斯洛是布列塔尼王的儿子，幼年被"湖上夫人"窃走养大，送到亚瑟王的宫廷，故称"湖上的朗斯洛"；他是亚瑟王的第一名圆桌骑士，和王后圭尼维尔秘密相爱。书中叙述王后的管家加勒奥（意大利语为加勒奥托）把朗斯洛带到菜园里和王后幽会，他在王后面前比较羞怯，加勒奥劝说王后主动和他接吻，王后就吻了他很久。

㉜ 意即他们决没有料到，这种心心相印的爱，受阅读这部传奇的刺激，会产生什么严重的后果。

㉝ 但丁把传奇中圭尼维尔主动吻朗斯洛改为圭尼维尔的"微笑的嘴"被朗斯洛亲吻，有些注释家认为他所根据的是这部传奇的另一种抄本，但更可能的是为了适应诗中的人物和情境。"微笑的嘴"原文是 riso（笑、微笑），较早的注释家布蒂（Buti）认为这里指"喜悦的面孔"或者指嘴，因为"嘴比面孔的任何其他部分更能显示笑容"；后来的注释家大都同意这种解释；但是，著名的文学批评家德·桑克蒂斯（公元 1817—1883）认为，指的不是具体的嘴，而是微笑，"微笑是嘴的表情、诗意和情感，是某种空灵的东西，看到它在嘴唇间浮动，又仿佛离开了嘴唇，你能看到它，却不能触摸它。"这话的确说出了原诗的妙处。"被这样一位情人亲吻"，意即被朗斯洛这样一位著名的、英勇的骑士情人亲吻。

㉞ 这句话大意是：骑士传奇《湖上的朗斯洛》及其作者在保罗和我之间所起的作用，如同加勒奥托在朗斯洛和圭尼维尔之间所起的作用一样，也就是说，起了诲淫的作用。由于《神曲》在意大利广泛流传，Galeotto（加勒奥托）这个人名后来变成了具有"淫媒"含义的普通名词。弗兰齐斯嘉这句话表明，但丁很重视文艺的教育作用，看到当时宫廷中风行的骑士文学的不良影响，借保罗和弗兰齐斯嘉的悲剧给人们敲起警钟。

㉟ 这句平常的话十分含蓄，为弗兰齐斯嘉的叙述作了耐人寻味的结束，注释家对这句话有不同的解释，译者不敢妄加论断，但是，认为字里行间流露出这位贵妇人羞于出口的隐情的看法，似乎合乎情理。

㊱ 表示突然倒下。原诗 e caddi come corpo morto cadde 连用五个两音节的词，其中四个是由颚音 c 构成的双声，读起来使人仿佛听到死尸突然倒下的沉重声音，这种音韵效果是译文无法模拟的。

第 六 章

那叔嫂二人的悲惨情景引起来的怜悯之情，使我悲痛得昏迷过去，完全不省人事，及至神志清醒过来，不论向哪边转身，向哪边扭过头去看，周围触目皆是新的苦刑和新的受苦者。

现在我已经在第三圈[①]，这里下着永恒的、可诅咒的、寒冷的、沉重的雨；降雨的规则和雨的性质一成不变。大颗的冰雹、黑水和雪从昏暗的天空倾泻下来；这些东西落到地上，使地面发出臭味。残酷的怪兽刻尔勃路斯[②]站在淹没在这里的人们上面，用三个喉咙像狗一样对他们狂吠。它眼睛赤红，黑胡须上沾满油脂，大肚子，手上有爪；它抓那些亡魂，把他们剥皮，一片一片地撕裂。雨下得他们像狗一般号叫；他们用身体的一个侧面掩护另一个侧面；这些悲惨的罪人经常翻身。

大虫[③]刻尔勃路斯看到我们，就张开三个嘴，向我们龇着尖牙；它四肢百骸无不紧张颤动。我的向导张开两只手，抓起满把的泥土，扔到它的食管里[④]。正如那狺狺狂吠着求食的狗，咬着食物后，就安静下来，因为它只顾拼命把食物吞下去，这个对着亡魂们咆哮如雷，使得他们但愿变成聋子的恶魔刻尔勃路斯，它那三副肮脏的嘴脸也这样安静下来了。

我们从那些被沉重的大雨浇倒的阴魂上面走过，脚掌踩在他们那似乎是人体一般的虚幻的影子上。他们统统躺在地上，只有一个阴魂一见我们从他面前走过，就突然坐起来。“啊，你这被引导走过这地狱的人哪，”他对我说，“如果你认得出来，你就认一认我吧：你出世时，我还没有去世。”我对他说：“你所受的苦也许从我的记忆中抹去了你的形象，所以我似乎未曾看见过你。但是，你告诉我，你是谁，被放在这样悲惨的地方，受这种刑罚，如果说别的刑罚比这更重，却再也没有像这样讨厌的了。”他对我说：“你那装满了忌妒的、装得口袋已经冒尖的城市,是我在世时的安身之地。你们市民们管我叫恰科[5]:我由于放纵口腹之欲,犯了有害的贪食罪,像你所看到的这样,惨遭了雨打。悲哀的灵魂并不止我一个,因为所有这些灵魂都是由于同样的罪受同样的刑罚。”他没再说什么话。我回答他说:“恰科,你的苦沉重地压在我的心上,使我流下泪来;但是,如果你知道的话,告诉我,这个分裂的城市[6]的市民们要闹到什么地步;那里有没有正直的人;还告诉我,这个城市之所以这样严重不和,原因何在[7]。”

他对我说:“在他们长期斗争后,要闹到流血的地步[8]。村野党将赶走另一个党,并且使它受到许多损害[9]。以后在三年之内,这个党就得倒台,那个党将凭借着一个目前正持骑墙态度的人的力量重占上风[10]。他们将长期趾高气扬,把另一个党重重地压在底下[11],不管它怎样为此哭泣,感到羞耻。有两个正直人[12],但是那里没有人听他们的话;骄傲、忌妒、贪婪是使人心燃烧起来的三个火星。”他就此结束了他这番沉痛的话。

我对他说:“我还要你指教我,继续向我赠言。法利那塔[13]和台嘉佑[14]是那样值得尊敬的人,雅各波·卢斯蒂库奇[15],阿里格[16]和莫斯卡[17]以及其他把聪明才智用于做好事的人[18],告诉我,他们都在哪里,并且让我知道他们的情况;因为强烈的愿望促使我急于了解,他们是在天国享福,还是在地狱受苦。”

他对我说:“他们是在更黑的灵魂[19]中间;不同的罪恶把他们坠得向地狱的底层沉下去;如果你往下走那么深,你在那里可以看到他们。但是我请求你,回到阳间时,使人们心里回想起我来。我不再对你说什么,不再回答你什么了。”于是,他把直视的眼睛一斜楞[20],看了我一下,然后低下头来:如同其他的盲目的亡魂[21]一般,连头带身子倒下去了。

我的向导对我说:“在天使的号角声响起以前,他不会再醒了;当敌对的掌权者来临时,这些灵魂将重新找到各自的凄惨的坟墓,重新和各自的肉体结合并且具有自己的形象,将听到永恒回荡的宣判[22]。”

我们就这样漫步走过阴魂们和雨水混合成的一片污秽的泥淖,一面走,一面略微谈论着来世;因此,我说:“老师,他们所受的种种苦,在伟大的审判后,将要加重呢?还是将要减轻呢?还是仍旧像现在这样厉害?”他对我说:“重温一下你所学的学问㉓吧,它指出,一件事物越完美,就越感到幸福,这样也就越感到痛苦。虽然这些受诅咒的人绝不可能达到真正的完美,但是在最后审判后,他们期待着比现在更接近完美。”

我们顺着那条路绕了一周,一面走,一面说,所说的话比我重述的要多得多;我们来到了下去的地方㉔:发现大敌普鲁托㉕在这里。

注释:

① 即第三层地狱,生前犯贪食罪者的亡魂在此受苦。有的注释家认为贪食是指嘴馋,讲究吃珍馐美味,有的则认为是指放纵食欲,大吃大喝,简直和野兽相差无几。从诗中的描写来看,第二种说法比较恰当。

② 刻尔勃路斯是希腊神话中看守地狱之门的狗。《埃涅阿斯纪》卷六把它描写成一个巨大的怪物,有三个头,脖子上缠着许多条蛇。但丁把它放在第三层地狱,他的描写别出心裁,使得这个怪物既像狗(尖牙、爪子、吠声),又像人(脸、手、胡须);既是惩罚贪食罪的工具,又是贪食的象征。

③ “大虫”具有贬义,这里用来表明刻尔勃路斯肮脏而又可怕的样子以及但丁对它的厌恶之情。

④ 《埃涅阿斯纪》中,神巫见刻尔勃路斯拦路,就把有蜂蜜的饼扔给它,它吃了以后,就趴在地上不动。但丁笔下的刻尔勃路斯,更突出了它作为狗所特有的贪嘴不择食的习性:尽管它张口龇牙,凶相毕露,维吉尔只消抓起满把泥土扔到它嘴里,它立刻就安静下来。

⑤ 恰科是佛罗伦萨人,生卒年份和生平事迹不详。注释家有的认为恰科(Ciacco)是人名,乃 Giacomo 或 Jacopo 的简称,是这个人物的真名,有的认为 Ciacco 含义是猪,是人们给他起的绰号,迄今仍无定论;不过,即使是绰号,叫惯了也就失去了原有的贬义,所以但丁这样叫他,他自己也不忌讳。

⑥ “这个分裂的城市”指由于内部斗争而陷于分裂的佛罗伦萨。

⑦ 但丁对佛罗伦萨的政治局势和前途异常关心,认为地狱里的亡魂大概能知道未来的事,所以向恰科提出这方面的问题。

⑧ “长期斗争”指窭那蒂家族和切尔契家族之间自从 1280 年开始已达二十年之久的明争暗斗。窭那蒂家族是古老的封建贵族,切尔契家族是“新人”,从乡间来到城市后,暴发致富,成为大银行家和大商人。这两大敌对集团在 1300 年 5 月 1 日(春节)发生冲突,“闹到流血的地步”,切尔契家族的利克维里诺被窭那蒂家族的某一个人砍掉了鼻子,“这是贵尔弗党和我们这个城市的巨大灾难的开始”(迪诺·康帕尼《当代事件记》)。这两大集团成为争夺政权的真正的政党,1301 年夏季有了正式的名称:

窦那蒂集团名为黑党，切尔契集团名为白党。

⑨ “村野党”指白党，因为它的首领切尔契家族来自乡间；1301 年 6 月，黑党在圣三位一体教堂集合，“阴谋策划反对政府”，被执政的白党发现，将其首领统统流放，“除了黑党所受的其他痛苦和压迫以外，罚款的数目也是极大的”（薄伽丘的注释）。

⑩ “目前正持骑墙态度的人”，指教皇卜尼法斯八世。“目前”指 1300 年 4 月恰科在地狱里和但丁交谈的时刻，那时，这位教皇对待两个互相敌对的集团态度还模棱两可，后来决定扶助黑党上台，以实现自己统治佛罗伦萨的政治野心，为此派法国瓦洛亚伯爵查理率领军队到佛罗伦萨（1301 年 11 月），借调解两党争端的名义，以武力帮助黑党战胜白党（1302 年春天），夺取了政权。对白党进行的处罚和放逐，从 1302 年 1 月起一直持续到 10 月，受害者包括但丁自己。从 1300 年 4 月恰科和但丁交谈的时刻算起，到 1302 年 10 月对白党的判罪结束为止，为时不到三年，所以诗中说“在三年之内”。

⑪ “长期趾高气扬”指黑党战胜白党后，长期掌握政权，飞扬跋扈，迫害、压迫白党。

⑫ 这“两个正直人”是谁，注释家有种种不同的说法；有的认为但丁乃其中之一；有的认为“两个”是不定数，泛泛强调正直人在佛罗伦萨为数极少，但丁也很可能在这极少数人之列。薄伽丘说：“这两个人是谁，是难以猜测的。”薄伽丘距离但丁的时代很近，都不能确定这两个人是谁，我们对这个问题只好存疑。

⑬ 法利那塔（Farinata）是吉伯林党的首领，因异端罪在第六层地狱受苦。

⑭ 台嘉佑·阿尔多勃兰迪（Tegghiaio Aldobrandi），1238 年任圣吉米尼亚诺市的主要行政官，1256 年任阿雷佐市的主要行政官，他因鸡奸罪在第七层地狱第三环受苦。

⑮ 雅各波·卢斯蒂库奇（Iacopo Rusticucci）曾和台嘉佑·阿尔多勃兰迪一起调解沃尔泰拉（Volterra）同圣吉米尼亚诺（San Gimignano）的争端，使两个城市言归于好；1254 年任佛罗伦萨政府特使，同托斯卡那的其他城市谈判停战和缔结联盟；因鸡奸罪在第七层地狱第三环受苦。

⑯ 阿里格（Arrigo）姓氏不详，诗中也没有再讲到他。注释家桑蒂尼（Santini）认为是阿里格·蒂·卡沙，因为此人和卢斯蒂库奇及台嘉佑同是沃尔泰拉争端的调停人，在这里和他们二人一同被诗人提及。

⑰ 莫斯卡·朗贝尔提（Mosca Lamberti），1242 年任勒佐市的主要行政官，死于该市。因犯挑拨离间、制造分裂罪，在第八层地狱第九恶囊中受苦。

⑱ “把聪明才智用于做好事”和“值得尊敬”都只是就这些人在政治上对国家有功而言，并非指他们的私德方面。意大利但丁学家马佐尼（Mazzoni）指出：“政治上做好事和被打入地狱之间的矛盾，是一个宏观的范例……

它说明政治上的美德是不足以使人得到永生的：单是人的智慧，善于为国立功的人的豪迈行为，当未受神的恩泽支持使之完善时，是不足以遏制个人的情欲的”(《新讲稿》)。

⑲ “更黑的灵魂”指罪孽更深重的灵魂。

⑳ 恰科原来把眼睛对着但丁，现在身子向污泥中倒下去时，目光还舍不得离开这个要回到阳间的人，所以斜着眼看他。

㉑ 指其他的贪食者的亡魂。因为他们脸朝下趴在泥里，看不见任何东西，又因为他们在地狱里受苦，见不到上帝，所以就物质和精神两方面来说，他们都是盲目的。

㉒ 意思是说，在天使吹起号角，让灵魂们集合，去听候基督对他们的最后审判以前，恰科的灵魂不再从泥里爬起来了。“敌对的掌权者”指基督。“永恒回荡的宣判”指基督在世界末日对一切世人的灵魂最后的判决。

㉓ 指被经院哲学所吸收的亚里士多德哲学原理。但丁诗中的话直接来源于托马斯·阿奎那斯对亚里士多德《灵魂论》的注释。大意是：事物越完美，就越能感到乐和苦；从这一原理可以推断，在最后审判后，人由于灵魂与肉体重新结合而复归完美，乐和苦的感觉也随之增加。虽然入地狱的灵魂决不可能达到只有进天国者才具有的完美性，但在最后审判后，将比以前完美，因此，痛苦也将比以前更甚。

㉔ 指从这里下到第四层地狱。

㉕ 关于“普鲁托”(意大利文 Pluto)注释家有两种不同的解释：有人认为指希腊罗马神话中的财神普鲁图斯(拉丁文 Plutus，意大利文 Pluto)；有人则认为指希腊罗马神话中的冥王普鲁托(意大利文 Pluto，拉丁文 Plutone，这里是简称)，罗马作家西塞罗认为他同“狄斯”(拉丁文 Dis，意大利文 Dite)是一个神的两个名字，因为二者在希腊文和拉丁文都具有“富”的含义。但是，但丁笔下的“狄斯”专指魔王卢奇菲罗，所以译者认为，“普鲁托”指的大概是财神普鲁图斯，但丁把他变成魔鬼，守卫第四层地狱(贪财者和浪费者的灵魂受苦处)。他是人类的“大敌”，因为基督教教义认为，“贪财是万恶之根”(《新约·提摩太前书》第六章)。

第七章

"Pape Satàn,pape Satàn aleppe[①]!"普鲁托用嘶哑刺耳的声音开始喊道。那位洞察一切[②]的高贵的哲人安慰我说:"不要让你的恐惧之情伤害你;因为不论他有什么权力,他都不能阻止你走下这巉岩[③]。"随后就转身对着那副气得膨胀起来的面孔说:"住口,该死的狼[④]! 让你自己的怒火在心中把你烧毁吧[⑤]。我们并不是无缘无故来到这深渊中的:这是天上的意旨,在那里米迦勒曾惩罚那狂妄的叛乱[⑥]。"如同桅杆一断,被风吹胀的帆缠结在一起落下来一样,那残酷的野兽一听这话就倒在地上了。

于是,我们就顺着囊括全宇宙罪恶的地狱[⑦]斜坡再往下走了一段,下到了第四层[⑧]。啊,神的正义呀! 谁积聚了像我所看到的那样多的新的苦难和刑罚? 为什么我们的罪孽这样危害我们? 如同那里卡里勃底斯上面的波涛碰到对面来的波涛就碰得粉碎,这里的人们也必须这样跳他们的圆舞[⑨]。

我们看见这里的人比别处更多,有些人从这边,有些人从那边大喊大叫着用胸部的力量滚动着重物。他们遇到一起,互相碰撞,然后各自就地掉头,往回滚动,一面喊:"你为什么吝啬?"和"你为什么浪费?"他们就这样各自在这昏暗的圈子的一半边环行,又朝着遥遥相对的另一终点走去,彼此还喊出责骂的话;到达这个终点后,他们就都顺着自己走的那半个圈子转回来,再次比武[⑩]。

我的心惨痛得似乎被刺穿了,随即说道:"我的老师,现在给我说明,这些是什么人,我们左边这些削了发的,他们是否全是教士。"他对我说:"他们活在世上时,他们的心灵患了斜视[⑪],使得他们在世上花钱永不适度。每逢他们走到圈子上的两个终点,相反的罪过使他们在那里分离时,他们的吠声[⑫]就把这点说得相当清楚。这些人都是头顶上没有头发的教士、教皇和枢机主教，在他们身上贪婪的行为达到了过火的程度。”

我说：“老师，在这类人当中，我当然应该认得出几个被这些罪恶玷污的人。”

他对我说：“你怀的是妄想：他们生前不明是非，使他们被罪恶玷污，如今使他们面目模糊，无法辨认。他们将永远不停地来回在半个圈子的两头互相碰撞；这一部分人将攥紧拳头，那一部分人将剃光了头发，从坟墓里爬起来⑬。挥霍无度和一毛不拔使他们失去了美好的世界⑭，被判处这种互相冲撞的刑罚：这是怎样的刑罚，我无须用美妙的言辞来说明了。现在，我的儿子，你可以看出，托付给时运女神的、人类互相争夺的钱财，乃短暂的骗人之物⑮；因为，月天之下现有的和已有的一切黄金，都不能使这些疲惫不堪的灵魂中的一个得到安息。”

“老师，”我对他说，“现在还请告诉我：你对我提到的这位时运女神，她是什么呀，手里这样掌握着世上的钱财？”

他对我说：“啊，愚蠢的世人哪，使你们受害的愚昧无知是多么严重啊！现在我要让你接受我关于时运女神的看法。智慧超越一切者⑯创造了诸天，并且给它们指派了推动者⑰，使每一部分的光反射到每一相应的部分，把光分配得均匀⑱。同样，他也给世上的荣华指定了一位女总管和领导者⑲，她及时把虚幻的荣华从一个民族转移给另一个民族，从一个家族转移给另一个家族，人的智慧无法加以阻挠；所以一个民族就统治，另一个民族就衰微，都是根据她的判断而定，这种判断就像草里的蛇似的，为人的眼睛所不能见。你们的智慧不能抗拒她：她预见，判断并且如同其他的神⑳执行各自的职务一样，执行她的职务。她的变化无尽无休，必然性㉑迫使她行动迅速；因此，就常常轮到一些人经历命运变化。她甚至受到应该称赞她的人的很多诅咒㉒，他们错怪她，诽谤她；但她是幸福的，听不见这些，她同其他的最初造物㉓一起转动着自己的轮子，幸福地享受着自身的乐处。现在我们就下到更痛苦的地方去吧；我动身时上升的星，每颗都已往下落了，停留太久是不准许的㉔。”

我们穿过圈子到达对岸㉕，来到一个泉源旁边，泉水汩汩地倾注到被泉水自身冲成的一道沟里流下来。这水与其说是昏暗的,还不如说是黑色的;我们随着这浑浊的流水,由一条崎岖的小路下到另一圈里。这条凄惨的小溪流下去,流到险恶的灰色的陡坡脚下,积成了名为斯提克斯[26]的沼泽。我站着凝眸注视,只见那个沼泽里都是沾满污泥的人,一个个赤身裸体,怒容满面。他们不仅用手,而且用头、用胸膛、用两脚互相殴打踢撞,互相用牙齿把对方的身躯一块一块地咬下来。

善良的老师说:"我的儿子,现在你看见那些被怒火压倒的人的灵魂了;此外我要你确信,水底下还有人叹气,使得这水面上冒泡儿,就像你的眼睛不论转向哪边,都会告诉你的那样。他们陷在烂泥里说:'我们在被阳光照得欢快的温和空气[27]里时,心里生着闷气,郁郁不乐,如今我们在黑泥里烦恼[28]。'他们喉咙里咯咯作响地唱出这支赞歌[29],因为他们无法整字整句地说。"

我们就这样在干燥的陡岸和湿泥之间行走,环绕污浊的沼泽走了一大段[30],眼睛望着那些吞下污泥的人。我们终于来到了一座塔楼脚下。

注释:

① 从上下文来看,这句话表现出普鲁托的愤怒和威胁,含义虽然十分隐晦,但维吉尔显然是懂得的;由于"撒旦(Satàn)"一词在话里出现两次,注释家认为,这是魔鬼普鲁托乞灵于魔王撒旦的祷词,但仅仅是祷词的头一句,因为诗中说:"普鲁托……开始喊道"。根据多梅尼科·圭埃里(Domenico Guerri)的解释,这句话的含义是"啊,撒旦,啊,撒旦,神哪!"这位但丁学家说:"这不是讲话,而是突然脱口而出,普鲁托以此开始表露他的情绪:在惊异中已经含有威胁的意味。"

② 意即维吉尔既懂得普鲁托的威胁的话,又了解但丁的恐惧心情。

③ 指从第三层地狱到第四层地狱去必须走下的悬崖。

④ 维吉尔称普鲁托为"狼",多数注释家认为,这是因为狼象征贪婪,普鲁托在地狱里作为象征贪婪的魔鬼,和狼是一丘之貉。

⑤ 意即发怒也是枉然,不能抗拒天意。

⑥ 指在天上,大天使米迦勒曾讨平以撒旦为首的天使们的叛乱(见《新约·启示录》第十二章)。因为普鲁托乞灵于撒旦,维吉尔就针锋相对地提这件事来慑服普鲁托。

⑦ 意即地狱聚集着所有的罪人和叛逆的天使的一切罪孽。

⑧ 第四层地狱是贪财者和浪费者的亡魂受苦之处。这一层地狱也是个圆形的圈子。贪财者的亡魂成为一队,在这半个圈子,浪费者的亡魂成为另一队,在那半个圈子,各自用胸部使劲滚动着重物。两队亡魂在终点遇到一起,就互相碰撞,互相责骂,然后,各自掉头往回滚动,到达终点时,就又互相碰撞,互相责骂。他们总是这样来回来去地走着,一刻也不能停顿。

⑨ 卡里勃底斯是意大利南部墨西拿海峡中的大漩涡,对面是斯库拉岩礁,爱奥尼亚海的潮水在这里同第勒尼安海的潮水涌到一起,互相冲击,行船十分危险。诗中把这两个海的潮水互相冲击的情景来比拟贪财者和浪费者这两队亡魂互相碰撞的情景。"圆舞"是许多人一起跳的、快速转圈子的集体舞,这里用来比拟亡魂们滚动着重物来回来去地转圈子。

⑩ 意即再次互相碰撞。

⑪ 正如斜眼儿由于视线偏斜,看东西不准确一样,心灵患斜视的人由于心里糊涂,不认识钱财的真正价值和用处,或则爱财入迷,或则挥金如土,各走极端。

⑫ "相反的罪过"指贪财罪和浪费罪。"吠声"是贬词,指亡魂们喊"你为什么吝啬?"和"你为什么浪费?"这两句话。

⑬ 指受最后审判时,贪财者将攥紧拳头从坟墓里爬起来,表示他们是执迷不悟的守财奴,浪费者将剃光头发从坟墓里爬起来,表示他们已经倾家荡产,一贫如洗。

⑭ 指天国。

⑮ 原文是"buffa"。有的注释家认为这个词的含义是"一阵风"或"过眼云烟";有的注释家认为含义是"欺骗",大意是说,世人信赖走红运得来的钱财,但不久就发现自己受了骗。译文根据第二种解释。

⑯ 指无所不知的上帝。

⑰ "推动者"指各级天使。但丁在《筵席》第二篇第四章中说:"〔诸天的〕推动者是同物质分离的实体,即天智(intelligenze),俗名'天使'。"

⑱ 意即九级天使都各自把神的光芒反射在九层天当中的一层上面,使光得以均匀分配。

⑲ 正如指派天使推动诸天运行一样,上帝指派时运女神掌管世上荣华(包括财富、名位、权力等)的不断重新分配,这种分配是人所不能阻挠的。

⑳ "其他的神"指天使们。

㉑ "必然性"是哲学术语,这里指必须遵循天命。

㉒ 指不能享荣华富贵的人们,这些人错误地诅咒时运女神。实际上,他们应该感谢她,因为她不让他们享受荣华富贵,从而使他们认识到荣华富贵是过眼云烟,精神财富才是真正有价值的。这种思想来源于罗马哲学家波依修斯(约公元480—524)的《论哲学的慰藉》。

㉓ “最初造物”指天使们。如同天使转动天体使它们运行一样,时运女神转动她的轮子,使世上的荣华不断转移。当时教堂里的时运女神画像一般是蒙着眼睛、站在一个轮子上,轮子由八部分构成,象征人生的浮沉兴替,其中最著名的是维罗纳的圣泽诺教堂里的时运女神画像。但丁可能受到这幅画像的启发,但他并不认为时运女神是盲目的(蒙着眼睛象征时运的盲目性),而肯定她是同天使一样,秉承上天的意旨而行的。

㉔ 两位诗人起程游地狱时是黄昏时候,众星正从地平线上升起,现在这些星已开始往下落了:这表明时间已经过了午夜。他们不能停留太久,因为游地狱的时间不许超过二十四小时。

㉕ 指圈子的边缘,从那里下到第五层地狱。

㉖ “斯提克斯”(Styx)是希腊神话中环绕阴间的河流。维吉尔在史诗中已经提到这个沼泽:埃涅阿斯游地狱时,神巫对他说:“你面前看到的是科奇土斯深潭和斯提克斯沼泽”(《埃涅阿斯纪》卷六)。但丁沿袭维吉尔史诗,也把它作为地狱里的沼泽。

㉗ 指阳间。

㉘ 在斯提克斯沼泽的黑泥里受苦的都是生前犯愤怒罪者的亡魂。根据基督教教义,愤怒是一种罪过。

㉙ 意即“诉苦的话”;“赞歌”是讽刺的说法。

㉚ “干燥的陡岸”指间隔第四层和第五层地狱的悬崖或陡坡,“湿泥”指斯提克斯沼泽中的泥水。

第 八 章

我接着叙说[①]，早在我们来到那座高塔脚下之前，我们的眼睛就仰望塔顶，因为瞥见那里设置了两个烽火[②]，另有一个塔楼从远处打回信号，远得眼睛几乎望不见它。我转身向着一切智慧之海[③]说："这烽火说明什么？那烽火回答什么？设置这些烽火的是什么人？"他对我说："假如沼泽里的雾气不遮上它，你就已经看得见他们所期待的东西在那污浊的波浪上了。"

弓弦把箭弹出去，迅速穿过空中，绝没有我在那一瞬间看到的一只由一个船夫独自驾驶的小船从水面上向我们驶来那样快，那船夫喊道："现在你[④]来啦，邪恶的亡灵！"

"弗列居阿斯[⑤]，弗列居阿斯，这次你白喊了，"我的主人说，"你能扣留我们的时间，不会长于我们渡过这片沼泽的时间。"如同一个人听到人家使他受到的巨大欺骗以后，就为此感到痛心，弗列居阿斯在被迫压下心头的怒火时，情形正是这样。

我的向导上了小船，随后让我跟着他上去；我上去后，船才像装载着什么的样子[⑥]。我的向导和我刚一上了船，古老的船头就向前行驶，比往常载着别人的时候吃水更深。

我们在这死水的渠道上航行时，一个浑身是泥的人出现在我面前，他说："你是谁呀，没到时候就来了？"我对他说："我来是来了，并不留下；可是，你是谁呀，弄得身上这样肮脏？"他回答说："你看到，我是个受苦的人。"我对他说："可诅咒的亡魂，你留在这里受苦、悲痛吧；因为你虽然浑身泥污，我还是认得你。"一听这话，他就把两只手伸向这小船；因此，我的机敏的老师把他推开，说："滚开，到其他的狗那里去！"随后，用双臂搂住我的脖子，吻我的脸，说："义愤填膺的灵魂哪，怀孕生下你的人有福了[⑦]！那厮在阳间是个狂妄的人；没有善行使他留下美名:所以他的阴魂在这里咆哮如雷。多少人如今在世上以伟大的帝王自居,将在这里像猪一样在泥里趴着,给自己的罪行留下可怕的骂名!”我说:“老师,我很愿意看到,他在我们离开这个湖以前被泡在这汤[8]里。”他对我说:“在你没有看到对岸以前,你就会感到满足:你怀着这种愿望,是该让你称愿的。”少时,我就看到此人被那些浑身泥污的人狠狠地撕裂,使得我如今还为此赞美上帝,感谢上帝。他们大家一齐喊:“痛打腓力浦·阿尔津蒂[9]!”那个狂怒的佛罗伦萨人气得用牙自己咬自己[10]。我们在这里离开了他,所以我不再讲他。

但是,一片悲声震动我的耳鼓,我为此睁大眼睛向前凝望。善良的老师说:“儿子,现在我们临近那座名叫狄斯的城了,城里有罪孽深重的市民和大军[11]。”我说:“老师,我已经看得清楚,那谷地里的城上的塔楼[12]红彤彤的,好像刚从火里取出来的铁一般。”他对我说:“永恒之火从里面烧着这些塔楼,使它们如同你所看到的那样,在这深层地狱[13]里显得通红。”

我们终于来到环卫这块绝望之城的深壕里:在我看来,城墙好像是铁的。我们先绕了个大圈子才来到一个地方,在这里船夫大声喊道:“你们下船,这里是入口!”

我看到城门上有一千多个从天上坠落下来的[14],他们怒气冲冲地说:“这个人是谁,他还没死就走过这死人的王国?”我的睿智的老师示意要单独同他们谈。于是,他们的巨大的愤怒情绪稍微收敛了些,说:“你一个人来,让那个胆敢闯入这个王国的人走开。让他独自由他鲁莽走过的那条路回去:他要是有本领,就让他试一试吧!因为你这个领着他走这样黑暗的道路的人,你得留在这里。”

读者呀,你想一想,我一听到这些可诅咒的话,心里恐慌不恐慌,因为我不相信,我能再回到阳间了。

我说:“啊,我的亲爱的向导啊,你不止七次[15]使得我恢复了信心和勇气,拯救我脱离了面临的严重危险,你可不要让我遭到毁灭呀;如果不许我们再往前走,我们就赶快顺着原路一同回去吧。”那位已经把我领到那里的主人对我说:“不要害怕;因为谁都挡不住我们的去路:那是这样的权威[16]所特许的。你暂且在这里等我,振起萎靡的精神,抱着良好的希望吧,因为我不会把你丢在这地下的世界[17]。”

和蔼的父亲说了这话就走了,留下我在这里,我仍然满腹疑团,“能”与“否”[18]在我的头脑中交战。我听不见他对他们说了什么;但他在那里没有同他们谈多久,他们就一个个争先恐后地跑回城里。我们这些敌人当着我的主人的面关上了所有的城门,把他拒之于城外,他随即转身慢步向我走来。他眼睛瞅着地,眉梢上自信的喜气已经完全消失,叹息着说:“谁拒绝我进入这些愁苦的房子!”他对我说:“你不要因为我烦恼就惊慌起来,因为,无论谁在里面用什么办法阻挡,我都会在这场斗争中获胜。他们这种蛮横行为并不新奇,因为他们在那一道不像这样秘密的门[19]前就已经有过这种举动,那道门直到如今还没有门闩。你曾看到那道门楣上的死的铭文[20]:现在已经有一位从那道门这边下了陡坡,不带向导穿过每个圈子来了[21],要由他来给我们打开这座城。”

注释:

① 前七章均开门见山,直接叙述故事情节,这一章却以“我接着叙说”作为开端,显得很不寻常,因而引起了注释家的猜测和争论。据薄伽丘说,前七章是但丁被放逐以前在佛罗伦萨写成的,原稿留在家里,诗人以为已经散失,几年以后,偶然被发现了,设法送到诗人手里,当时他在卢尼地区玛拉斯庇纳侯爵的宫廷作客(1306);原稿失而复得后,但丁重新继续已经中断的《神曲》写作。因此,有的注释家认为,“我接着叙说”就指接续中断的写作而言。这种说法现在已经不大令人信服。多数注释家认为,这句话的意思是告诉读者:现在要稍微回过头去,接着叙说第七章已经谈起,但在末尾中断了叙说的事。

② 这是报警的信号,表示来了两个人(维吉尔和但丁);中世纪城堡之间惯于举火报警。

③ 指维吉尔。

④ 大概这是这个船夫习惯的喊法,并非专对但丁一个人,况且船夫还没看清来的是两个人。

⑤ 弗列居阿斯是神话中的人物,因为愤恨阿波罗诱奸他女儿,他放火烧毁了得尔福的阿波罗神庙。《埃涅阿斯纪》卷六曾提到他。但丁在诗中使他变成魔鬼,作为斯提克斯沼泽上的船夫和第五层地狱的看守者。由于在盛怒之下烧毁了阿波罗神庙,他又是愤怒的象征。诗中没有描写他的外貌,也没有说明他作为船夫经常执行什么任务。从维吉尔的话里看来,弗列居阿斯驾船把二位诗人渡过沼泽去,是一次例外的行动,他并不

像卡隆那样摆渡亡魂,因为沼泽岸上并没有亡魂集合待渡。他的职务似乎是把亡魂运载到沼泽中间,扔进污泥里,在他所指定的地方受苦。

⑥ 因为但丁是活人,他的体重使船吃水比往常深。《埃涅阿斯纪》卷六有类似的话。

⑦ 意即你的母亲有福了。这话来源于《新约·路加福音》第十一章:"怀你胎的和乳养你的有福了。"借用《圣经》中的词句使维吉尔的话显得更庄严郑重。

⑧ 用"汤"来指污水,带有诙谑的意味。

⑨ 腓力浦·阿尔津蒂是佛罗伦萨贵族,本名腓力浦·德·卡维乔利(卡维乔利是豪强的阿蒂玛利家族的支派),为人豪富奢侈,他的马钉的马掌都不用铁制而用银制,因此,外号叫腓力浦·阿尔津蒂(意大利文 argento 是"银",外号的意思是"银马掌的腓力浦")。早期注释家说,他是黑党,和但丁是政敌,他的兄弟薄伽齐诺曾分到但丁被没收的家产;还有人说,他还打过但丁一记耳光,二人始终互相仇恨。关于他的生平没有传记材料可考,但是薄伽丘的《十日谈》(第九天,故事第八)和萨凯蒂的《故事三百篇》(故事第一百十四)都有关于他的传说。

⑩ 来发泄他无法在别人身上发泄的怒气。

⑪ "狄斯"是古代神话中的冥王的名称之一,维吉尔在史诗中也称冥界为狄斯;但丁认为古代神话中的冥王就是《圣经》中的魔王卢奇菲罗或撒旦,这里所说的狄斯之城即魔王之城;"罪孽深重的市民"指在深层地狱受苦的灵魂;"大军"指成群的魔鬼。

⑫ "塔楼"原文是"meschite",含义为"清真寺";出于中世纪人的宗教偏见,但丁借用这个词指狄斯之城的塔楼;"谷地"指地形由外向内倾斜、构成第五、六层地狱的整个地带。

⑬ "深层地狱"指圈在城墙里面的第六、七、八、九层地狱,即低层地狱。

⑭ 指追随撒旦背叛上帝,从天上坠落到地狱里变成魔鬼的天使们。

⑮ "七次"是不定的数字,指若干次,《圣经》中已有这样的用法。

⑯ 指上帝。

⑰ 指地狱。

⑱ 指维吉尔和魔鬼们谈判能否成功?能否排除障碍继续前进?自己能否回到阳间?

⑲ 相传耶稣基督降临地狱时,魔鬼们曾关上地狱的大门,企图阻止他进去,但他破门而入,从那时起,地狱的大门由于没有门闩,而一直敞开着;这道门比狄斯城的城门靠外,所以说不像后者那样秘密。

⑳ 指第三章开头所讲的铭文。

㉑ 指一位天使已经从地狱的大门走下陡坡,独自穿过第一、二、三、四、五层地狱,来给他们俩开狄斯城的城门。

第九章

看到我的向导折回时，我的畏怯情绪显露在脸上的那种颜色，促使他更快地把自己脸上新显露的颜色收敛起来，藏在心里[①]。他停住脚步，像听什么动静的人似的，凝神注意起来；因为他的眼睛不能透过黢黑的空气和浓重的烟雾看到远处。

“可是，我们必然打赢这场战斗，”他开始说，“除非……答应给我们帮助的是那样的一位嘛[②]。啊，我望眼欲穿，怎么另一位[③]还迟迟没来到这里呀！”

我分明看出，他用后来说的那句话掩盖了已经开头但未说完的那句含义不同的话[④]；但他的话仍然使我害怕，因为我也许曲解了他中断的话，认为它含有比它的命意更不好的意义。

“灵魂所受的惩罚仅限于断绝升天希望的第一圈里，曾经有人来到这悲惨的深谷的底层吗[⑤]？”我提出了这个问题。他回答我说：“我们当中，很少有人做我现在所做的旅行。从前我确实有一次，被常给死尸招魂的残酷的厄里克托[⑥]用咒语召唤，下到了这里。我离开自己的肉体后不久，她就让我进入这道城墙里面，从那里把一个在犹大环[⑦]受苦的亡魂带出来。那是最低的地方，又是最黑暗的、距离环绕着一切运行的那重天[⑧]最远的地方：我熟悉这条路；所以你就放心吧。这片散发着恶臭的沼泽围绕着这愁苦之城，我们现在不经过斗争是进不去的。”

他还说了许多话，但我记不得了：因为我的眼睛已经把我的心神完全吸引到高耸的塔楼的火红的顶上去了，那里霎时间忽然站着地狱里的三个浑身血污的复仇女神[⑨]，四肢和举止和女人一样，腰间缠着深绿色的水蛇，她们的头发都是小蛇和有角的蛇，盘绕在凶恶的鬓角上。他认得清楚她们是永恒悲叹之国的王后[⑩]的侍女，对我说：“你看这三个凶恶的厄里倪厄斯[⑪]。左边这个是梅盖拉；右边哭的那个是阿列克托；

来到城门前，用一根小杖开了城门，没有遇到任何抵抗。

中间的是提希丰涅。”说了这话就沉默了。

她们各自用指甲撕裂自己的胸膛;自己用手掌打自己,用那样大的音声喊叫,吓得我紧紧地向诗人靠拢。“让米杜萨[12]来:我们好把他变成石头。”她们望着下面,大家一齐说,“我们没有报复特修斯进行的攻击,是失策的[13]。”“你向后转过身去,闭着眼睛,因为,如果果尔刚[14]出现,你看到他,就再也不能回到阳间了。”老师这样说;他还亲自把我的身子扳转过去,他不相信我的手,所以又用他自己的手捂上我的眼睛。

啊,有健全的理解力的人哪,你们揣摩在这些神秘的诗句的面纱下隐藏着的寓意[15]吧!

这时,已经从浑浊的水波上传来了轰隆一声充满恐怖的巨响,震得两岸都摇动起来。它和由冷、热空气相激而起的一阵狂风的怒号声一样,这阵风冲击森林,所向披靡,把树枝刮断、吹落、裹走;它卷起尘沙,傲然前进,吓得兽群和牧人仓皇奔逃。

他把捂着我的眼睛的手松开,说:“现在你顺着这古老的沼泽的冒着泡沫的水面,纵目向那烟雾最浓重的地方眺望吧。”

如同群蛙遇到它们的天敌蛇时,纷纷没入水中,各自缩作一团蹲伏在水底一样,我看到一千多个亡魂这样逃避一位步行走过斯提克斯沼泽而不沾湿脚跟者。他时时在面前挥动左手,拨开浓雾;似乎只有这种麻烦使他感到疲倦。我认清他是一位天使,就转身向着老师;老师示意要我肃静,向他鞠躬致敬。啊,看来,他多么愤怒啊!他来到城门前,用一根小杖开了城门,没有遇到任何抵抗。

“啊,被天上逐出的,可鄙之徒,”他在那可怕的门坎上开始说,“你们怀的这种狂妄是从哪儿来的?你们为什么抗拒那非实现不可的意旨[16],而且这样做每次都加重了你们的痛苦[17]?对命运[18]顽抗,有什么用?你们记得,你们的刻尔勃路斯因为这样下巴和脖子上仍然没有皮[19]。”随后,他就转身顺着那条泥污的路回去,没有和我们说话,却显露那样一种神情,像一个人有别的事驱迫、催促着[20],顾不得理睬眼前的人一样。

我们听了那番神圣的言语后,感到放心,就向那座城走去。没有受到任何阻拦,就进去了;我怀有观察这种堡垒的内部情况的愿望,一到里面，就纵目四望，只见左、右两边都是广大的平川，到处都是痛苦的声音和残酷的刑罚。

如同在罗讷河淤滞之处的阿尔[21]，如同在标明意大利边界的、冲刷着它的边境的夸尔纳罗湾附近的普拉[22]，一座座的坟墓使地面起伏不平，在这里，坟墓也到处使地面呈现出这个样子，只是这里情景更为悲惨；因为坟墓周围都散布着火焰，把坟墓统统烧得那样热[23]，工匠无论制造什么都不需要更热的铁。坟墓的盖子全都掀起来靠在一边，从里面发出那样悲惨的哭声，明确地显示出是不幸者和受苦者的哭声。

我说："老师，埋葬在那些棺椁里的、使人听到他们悲叹的那些人们都是什么人哪？"他对我说："这里都是异端祖师和他们各自的宗派的门徒，坟墓里装着的人比你所料想的要多得多。这里同类的和同类的葬在一起，坟墓的热度有的较高有的较低[24]。"

他向右边转过身去以后，我们就从这些受苦处和城墙[25]之间走过去了。

注释：

① 意即维吉尔看到但丁吓得面无人色，就赶快抑制自己的情绪，使脸上刚显露的气愤和苦恼的神色迅速消失。

② "除非……"表明维吉尔心里忽然产生的怀疑，大意是说："除非我对贝雅特丽齐所说上天要给以帮助的话理解得不正确。"但他立刻克服了这种怀疑，中断了自己刚开始的话，因为他想到前来作出诺言的是贝雅特丽齐这样一位极其可靠的、而且又是奉上天之命而来的人物。

③ 指一位天使。

④ 意即用"答应给我们帮助的是那样的一位嘛"这句话掩盖了"除非……"这句中断的话的含义。

⑤ 但丁问：第一层地狱（林勃）中的灵魂是否有人来过地狱的底层。

⑥ 厄里克托是希腊色萨利地方的女巫。古罗马作家卢卡努斯在史诗《法尔萨利亚》卷六中叙述，厄里克托在法尔萨利亚之战前夕，曾应庞培的儿子塞克斯图斯的请求，为一名阵亡战士招魂，使他还阳来预言这次战争的胜负。但丁主要根据这段叙述，虚构出厄里克托曾召唤维吉尔到地狱底层带出一个亡魂之事，以证明维吉尔确实认识那一条路。

⑦ 意即死后不久，就被厄里克托召唤，下到"犹大环"（Giudecca）。"犹大环"是构成第九层地狱的科奇土斯冰湖的四个同心圆之中最靠里的一

个,得名于出卖耶稣的叛徒犹大,凡是出卖恩人者,死后灵魂都在此环受苦。

⑧ 指第九重天,即水晶天,亦名原动天,是托勒密天文体系中的最外层天体;地球是宇宙中心,第九层地狱又在地心,所以说"犹大环"是距离水晶天最远的地方,就地球来说,是最低的地方。

⑨ 据希腊神话,三个复仇女神是阿刻隆河和夜的女儿,象征犯杀人罪者受良心责备产生的懊悔情绪。

⑩ "永恒悲叹之国"指冥界,冥界的王后是普洛塞皮娜。《神曲》中没有提到她的名字。

⑪ "厄里倪厄斯"是三个复仇女神的希腊文总称,其中"梅盖拉"含义是"仇视的","阿列克托"含义是"永远不睡的","提希丰涅"含义是"对杀人罪复仇者"。在但丁诗中,她们象征不能促使人忏悔的那种无益的懊悔情绪。诗中对她们的描写显然受维吉尔的《埃涅阿斯纪》卷六、卷七和卷十二的启发。

⑫ "米杜萨"是希腊神话中三个两肋生翼,头上有无数小蛇的女妖之一,人一看到她的脸,就化为石头。她象征阻止人悔罪的绝望情绪。

⑬ 根据古希腊神话,雅典王特修斯和他的朋友珀里托俄斯一起去冥界,企图拐走冥界王后普洛塞皮娜,但他们失败了,珀里托俄斯被冥界的狗刻尔勃路斯吃掉,特修斯被冥王囚在地府,后来被英雄赫剌克勒斯救出。这句话大意是,当初特修斯攻入地府时,假如对他进行报复,就不会再有人胆敢闯入地府了。

⑭ "果尔刚"(Gorgona)是三个蛇发女妖的通称。

⑮ 诗人在这里提醒读者,要注意领会诗中所含的道德寓意。"神秘的诗句"究竟指有关复仇女神和女妖米杜萨以及维吉尔的失败和但丁的恐惧的诗句,还是指有关天使来临的诗句,或者指这一整段情节的诗句,注释家众说纷纭;现在多数学者都认为指整段情节的诗句。关于其中的道德寓意,萨佩纽所作的注释最为简明扼要:"从整个情节看来,……但丁在面临地狱之行(象征悔悟和解脱罪恶的过程)最困难的一段旅途时,显然要强调指出人在努力自救的过程中将会遇到的、必须克服的最严重的障碍。阻止有罪的人悔罪自新的障碍是种种诱惑(群魔)和内疚,也就是说,对自己过去生活的回忆和懊悔(复仇女神),以及宗教上的怀疑或者绝望(米杜萨)。人的理性(维吉尔)的力量在一定范围内足以打退这一切攻击;但是最终须要有神恩(天使)的帮助才能完成赎罪和得救的过程。"

⑯ 指上帝的意旨。

⑰ "每次"指基督降临地狱以及上面提到的特修斯和下面间接提到的赫剌克勒斯闯入地狱时,魔鬼们抗拒,遭受失败的情况。"加重了你们的痛

苦”指经受了被逐出天国的痛苦后,又遭受新的失败。

⑱ 这里“命运”指上帝的不可改变的意旨。

⑲ 根据古希腊神话,力大无穷的英雄赫剌克勒斯本着命运的意志进入地狱时,冥界的狗刻尔勃路斯曾挡住他的去路;但他把铁链子拴在刻尔勃路斯的颈子上,把它拉了出去(见《埃涅阿斯纪》卷六)。铁链子勒得太紧,磨掉了刻尔勃路斯颈子上的毛,是但丁在维吉尔史诗的启发下想象出来的情景。

⑳ 指天使急于返回天国。

㉑ “阿尔”是法国南部位于罗讷河左岸的城市,附近有许多古罗马时代的坟墓。“淤滞”原文是“stagna”,薄伽丘解释为“入海”,这种解释为格拉伯尔和萨佩纽所采纳,但大多数注释家都认为阿尔并不临海,“stagna”指罗讷河流速减低,变成沼泽,译文根据这种解释译为“淤滞”。

㉒ “普拉”是伊斯的利亚半岛南端的城市,靠近夸尔纳罗湾,附近也有古罗马时代的墓地,但现已不存。“边界”指地理上的边界。普拉现属南斯拉夫。

㉓ 这些坟墓是第六层地狱里的犯异端罪者的灵魂受苦处。由诗中的描写可以想见这些坟墓都是石棺,棺盖可以掀起来。中世纪教会常把创立和信仰异端邪说者活活烧死,这一事实使但丁设想这些人的灵魂入地狱后,永远在被烧得灼热的石棺中受苦。

㉔ 意即同一异端的信徒都葬在一起;坟墓(即石棺)的热度根据异端的严重性的程度而有高低的差别。

㉕ “受苦处”指烧得灼热的石棺;“城墙”原文为“Spaldi”,本义是“雉堞”,这里扩大含义,指整个城墙。

第 十 章

现在我的老师顺着城墙和受苦的地方之间的一条狭窄的小路走去,我跟在他背后。

"啊,有至高的美德的人哪,你从心所欲引导我转过这些万恶的圈子[1],"我开始说,"请回答我,满足我的愿望。可以看那些躺在坟墓里的人吗? 墓盖已经统统掀起来,又没有人看守。"他对我说:"当他们带着留在世上的遗体,从约沙法谷[2]回到这里时,墓盖将统统封闭起来。这一部分就是认为灵魂与肉体一起死亡的伊壁鸠鲁和他的一切信徒[3]的墓地。因此,你向我提出的问题和你没有对我说出的愿望[4],在这个地方很快就会得到满足。"我说:"和善的向导,我并不对你隐瞒我的心愿,除非为了少说话,你不只现在要我这样[5]。"

"啊,托斯卡那人,你活着就走过这火城[6],谈吐这样文雅,愿你高兴在这个地方停留一下。你的口音表明你出生在我那高贵的家乡,对于家乡也许我造成了过多的危害[7]。"这声音突然从其中的一个石棺里发出;吓得我向我的向导靠拢得更近一些。他对我说:"你做什么? 转过身去! 你看那儿法利那塔[8]已经站起来啦;他腰部以上你全都看得见。"

我已经把目光对准他的目光;只见他昂首挺胸直立,似乎对地狱极为蔑视。我的向导的勇敢、敏捷的手把我从那些坟墓中间向他跟前推去,说:"你说话要得体[9]。"

当我来到他的坟墓旁边时,他稍微看了看我,随后就带着几乎是轻蔑的表情问我:"你的祖辈是什么人?"我愿意顺从他的意愿,没对他隐瞒,完全告诉了他;他听了就稍稍抬起眉头[10],随后说:"他们激烈地反对我,反对我的祖先,反对我的党,所以我驱散了他们两次[11]。"我回答他说:"如果说他们被赶走了,他们两次都从各地回来了,您的家族却没有学好那种技术[12]。”

这时，那敞开着的墓里，在他旁边又出现了一个幽魂[13]，只露出下巴以上：我想，他是挺身跪在那里。他向我周围张望，似乎想看一看另一个人是否和我在一起；当他的猜想破灭之后，他哭着说：“如果你是凭着崇高的天才来游历这黑暗的牢狱的话，那我儿子在哪里？他为什么不和你在一起[14]？”我对他说：“我不是凭自己来的，在那边等着的那个人引导我走过这里[15]，或许能到达您的圭多曾不屑于去见的人面前[16]。”他的话和受苦的方式已经使我知道了他的姓名；所以我的回答才那样明确[17]。

他突然一跃而起，喊道：“怎么？你说‘他曾’？他已经不在人世吗？甜蜜的阳光不照射他的眼睛了吗[18]？”当他觉察到我稍微迟疑了一下，没有回答，他身子就又向后倒下，不再从墓中出现[19]。

但是，请我停留的那另一位豪迈的人却神色不变，既不转动颈部，也不弯腰[20]；他接续前面的话说：“如果他们没有学好那种技术，这比这火床更使我痛苦[21]。但是，不等到统治此地的王后脸上再放五十次光，你就会知道，那种技术是多么难学[22]。愿你迟早能回到甜蜜的世界，请告诉我，为什么那里的人民在一切法令中对我的家族那样残酷[23]？”我回答他说：“鲜血染红阿尔比亚河水的可怕的大屠杀[24]，使得在我们的圣殿里作出这样的决定[25]。”他摇了摇头，叹息着说：“那并不是我一个人干的，假如没有理由的话[26]，我当初是决不会和其他的人一同行动的。但是，在人人都同意毁灭佛罗伦萨的地方，就只我一个人当场挺身而出来保卫它[27]。”“愿您的后代迟早能过安定的生活，”我恳求他说，“请您把那个在这里缠住我的头脑的结子给我解开[28]。如果我没有听错的话，你们似乎能预见未来的事，对于现在就不然了。”他说：“我们就像远视眼一样，看得见距离我们远的事情；至高的主宰仍然给我们这点光明。当事情临近或者已经发生时，我们的智力就完全无用了；如果别人不给我们带来消息，我们对于人世间的情况就一无所知[29]。所以，你就可以想见，未来之门一旦关闭，我们的知识就完全灭绝了[30]。”这时，我觉得对自己的过错非常懊悔，说：“现在就请您告诉那个倒下的人：他儿子还在人世，如果说我起先没有回答他的问题，请告诉他，那是因为我当时正在思索您现在给我解答了的疑问。”我的老师已经叫我走开;因此我请求这个鬼魂快些告诉我,都是谁和他在一起。他对我说:“我和一千多人躺在这里㉛:这儿里面有腓特烈二世㉜和那位枢机主教㉝;其余的人我不讲了。”

他说罢,就隐身于墓中不见了,我回味着那些对我来说不祥的话㉞,转身向那位古代诗人走去。他移步前行;然后,一面这样走着,一面对我说:“你为什么怅惘?”对这个问题我回答得明确,使他满意。“你要把你所听到的那些对你不利的话记在心里,”那位哲人命令我说,“现在你注意听这话,”他伸起手指说,“当你到了那美丽的眼睛闪耀着温柔的目光洞察一切的圣女面前时㉟,你会从她口里知道你的人生旅程。”随后,他就向左边走去。

我们离开了城墙,顺着一条通到山谷的小路走向中心地带,山谷里的臭气熏得上面都很难闻㊱。

注释:

① “有至高的美德的人”指维吉尔,他象征理性,根据亚里士多德学说,理性是人的至高的美德。“万恶的圈子”指各层地狱,其中都是有罪的灵魂。“从心所欲”很费解,萨佩纽认为,大概指维吉尔在这层地狱里不像通常那样引导但丁向左转,而向右转(参看第七章末尾)。

② “约沙法谷”是耶路撒冷附近的一个山谷,上帝将在那里进行最后审判,届时灵魂和肉体将合在一起前往受审。

③ 伊壁鸠鲁(公元前 341—前 270),古希腊哲学家,伊壁鸠鲁学派创始人。他的学说出现在基督教以前,严格说来,不能说是教会所谓的异端。但是中世纪人把他看成否定灵魂不死的哲学家;否定灵魂不死就从根本上否定了基督教,因此,但丁认为他的学说是异端邪说,把他和“他的一切信徒”都放在第六层地狱里。“他的一切信徒”主要指但丁时代的否定灵魂不死的人们,并非泛指古代伊壁鸠鲁派哲学家;这些人的灵魂在烈火烧红的坟墓里受苦,是当时教会对信异端者施以火刑的反映。异端兴起的目的主要是反对教会,吉伯林党斗争的锋芒又主要指向教皇的世俗权力,人们受贵尔弗党宣传的影响,把二者混为一谈,也称吉伯林党为伊壁鸠鲁派。

④ 指但丁想知道坟墓里的鬼魂中有没有自己的同乡,尤其想知道佛罗伦萨吉伯林党首领法利那塔(见注⑧)是否在那里,此人死后十九年(公元1283)被宗教裁判所宣布为信异端者,他的遗体埋葬在教堂地下,又被挖

出。当时但丁已经十八岁,对此事印象深刻。他在第二层地狱曾向恰科打听法利那塔的灵魂在哪里,足见他对这个人物的命运异常关心。

⑤ 多数注释家认为大意是:我只是为了少发问,免得麻烦你,才没有说出自己的愿望,因为不仅现在,而且在其他的场合(例如,在走近阿刻隆河时),你已经示意给我,不要急于发问。但是波雷纳(Porena)指出,这里"non pur mo"的含义是"不久以前",不能照字面解释为"不只现在",因为维吉尔当时并没有向但丁示意,要他抑制住自己的好奇心。译文根据多数注释家的解释。

⑥ 托斯卡那(Toscana)是但丁的家乡佛罗伦萨所在的地区。"火城"指城楼被火烧得通红的狄斯城。

⑦ "高贵的家乡"指佛罗伦萨;"造成了过多的危害"指法利那塔通过激烈的党派斗争和蒙塔培尔蒂(Montaperti)之战使佛罗伦萨遭受巨大的损害。

⑧ 他的全名是法利那塔·德·乌伯尔蒂(Farinata degli Uberti)。1216年,佛罗伦萨内部开始分裂成贵尔弗和吉伯林两个敌对的党派,乌伯尔蒂家族属于吉伯林党。1234年,法利那塔成为吉伯林党的首领。1248年,他领导吉伯林党战胜贵尔弗党,并把后者逐出佛罗伦萨。1251年,贵尔弗党返回家乡,斗争的烈火再次燃起,他失败后,和自己的家族以及其他吉伯林家族遭到流放。后来,他在锡耶纳组成全托斯卡那吉伯林联军,得到西西里王曼夫烈德的支援,在1260年蒙塔培尔蒂之战击溃佛罗伦萨贵尔弗军,胜利返回家乡,再次把贵尔弗党驱逐出去。1264年,他死在佛罗伦萨。

⑨ 原文是"conte",对这个词的含义有种种不同的解释:帕罗狄(Parodi)的释义是"恰当","得体";巴尔比(Barbi)的释义是"体面","尊贵";戴尔·隆格(Del Lungo)的释义是"清楚","明确"。译文根据帕罗狄的解释。

⑩ 这个动作通常表示凝神回忆;这里却不然,因为法利那塔的话表明他对往事记忆犹新;根据诗中的具体情景来看,大概表示这位吉伯林党首领听到但丁的祖辈是贵尔弗党时,心中顿时产生的愤恨情绪。

⑪ "驱散"(dispersi)意即通过放逐,消灭了贵尔弗家族在佛罗伦萨的政治势力。

⑫ 但丁针对法利那塔的话,当面向他指出,贵尔弗家族虽然两次遭到放逐,但每次都能返回家乡,作为吉伯林党首领的乌伯尔蒂家族却不然;因为1266年本尼凡托之战后,支持吉伯林党的霍亨斯陶芬王一蹶不振,贵尔弗党于1267年重新回到佛罗伦萨,吉伯林家族再次遭到放逐,其中乌伯尔蒂家族的主要成员永远未能返回家乡。

⑬ 此人是但丁的知己朋友诗人圭多·卡瓦尔堪提(Guido Cavalcanti)的父亲卡瓦尔堪台·卡瓦尔堪提(Cavalcante Cavalcanti)。据薄伽丘说,他是一位俊美、豪富的骑士,接受伊壁鸠鲁的学说,不相信人死后灵魂不死,

认为人生最大的幸福是肉体的快乐；他属于贵尔弗党，在政治上是和法利那塔相敌对的；1267年，贵尔弗党返回佛罗伦萨后，为巩固依然不稳的和平局面而使敌对的家族联姻，法利那塔的女儿就和卡瓦尔堪提的儿子圭多订了婚。这两位亲家都信仰伊壁鸠鲁派异端邪说，死后在同一个坟墓里受苦。

⑭ 卡瓦尔堪台从但丁和法利那塔的对话中听出他是自己的儿子圭多的朋友但丁，以为他活着游历地狱是凭崇高的天才，寻思自己的儿子圭多也有崇高的天才，理应和但丁同来，一发现他并不在但丁身边，不禁连声追问起来；他的话里表示出焦急不安的情绪和对儿子的热爱与自豪感。

圭多·卡瓦尔堪提（约公元1255—1300）是"温柔的新体"诗派的主要代表之一，在哲学思想上深受阿拉伯哲学家阿威罗厄斯的影响；薄伽丘说："他倾向于伊壁鸠鲁派学说，老百姓中间传说，他进行哲学思考，只是为了探索能否设法证明上帝不存在。"在政治上，他是白党的首领之一。1300年6月24日，佛罗伦萨政府（当时但丁是六名行政官之一）由于黑白两党发生流血冲突，危及社会秩序，下令流放两党首领，他被流放到萨尔扎纳，不久因病获准还乡，8月底病死。《神曲》中虚构的地狱、炼狱、天国旅行开始于1300年4月8日，当时他还活着。

⑮ 但丁说明自己活着游历地狱，并非凭个人的天才，而是靠上天的特殊恩惠，由维吉尔做向导，才能实现的。

⑯ 根据旧的注释，当译为："在那边等着的那个人（指维吉尔）引导我走过这里，或许您的圭多曾轻视他。"这样译法在字面上讲得通，但是圭多为什么轻视维吉尔，实在费解。过去的注释理由都很勉强。帕利阿罗（Pagliaro）提出的新解释颇能自圆其说，译者根据这种解释把这两句诗译成："在那边等着的那个人引导我走过这里，或许能到达您的圭多曾不屑于去见的人面前。"这里"曾不屑于去见的人"指贝雅特丽齐，她象征神学，圭多信仰伊壁鸠鲁派异端，当然鄙视神学。"或许"表明但丁由于旅程艰苦、遥远，还不敢说一定能到达贝雅特丽齐面前。

⑰ 但丁听到他的话，又看到他和信仰伊壁鸠鲁派异端者在一起受苦，就知道他是自己的朋友圭多的父亲，所以回答得那样"明确"，并且对他使用尊称"您"。

⑱ 但丁在答话里使用过去时"ebbe a disdegno"（曾不屑于），表示那已经是过去的事，言外之意是：现在也许不再这样。卡瓦尔堪台因为但丁的话里使用过去时，误认为自己的儿子圭多已死，但又不愿相信这是事实；内心的矛盾驱使他连声追问起来。"甜蜜的阳光"这一美妙的词语表达出卡瓦尔堪台作为伊壁鸠鲁学说的信徒在黑暗的地狱里对光明的人世间的向往。

⑲ 但丁听了卡瓦尔堪台的话以后，对于他不知道他儿子现在的情况感到惊

奇，寻思地狱里的鬼魂莫非对现世的情况一无所知？在第三层地狱受苦的恰科(见第六章)所说的话，却证明他既了解佛罗伦萨的现状，又预知它的未来。但丁由于思索这个问题，没有立刻回答他。他误认为但丁迟疑不答证明圭多已死，顿时悲痛得倒在墓中不再起来，足见他的父子之情异常深厚。

⑳ 法利那塔的形象和卡瓦尔堪台的形象形成鲜明的对比：前者上半身露出在石棺中，“昂首挺胸直立，似乎对地狱极为蔑视”；后者跪在石棺里，“只露出下巴以上”，而且感情脆弱，一见但丁迟疑不答，就以为自己的儿子已死，顿时悲痛得倒下去；法利那塔却无动于衷，神色不变，因为他正细想但丁关于吉伯林党和乌伯尔蒂家族的命运的话。

㉑ 注释家彼埃特罗波诺(Pietrobono)指出：这句话概括了法利那塔的性格；他的党派热情在地狱里依然存在，如同在世时一样。最使他痛苦的事是政治上的失败，这种痛苦比在烈火燃烧的石棺中受苦还难以忍受。

㉒ “统治此地的王后”指冥界王后普洛塞皮娜(Proserpina)。据古代神话，她和冥界女神赫卡特(Hecate)是同一女神，赫卡特是月神狄安娜(Diana)的化身之一，所以普洛塞皮娜又是月神，这里指月亮不等到她“脸上再放五十次光”，意即不等到月亮再圆五十次，也就是说，不到五十个月，或者说，在五十个月内。“你就知道那种技术是多么难学”，指但丁被放逐后难回故乡。但丁于1302年遭到放逐，曾和白党流亡者一起试图用武力打回佛罗伦萨，1304年6月初彻底失败。他所虚构的地狱旅行是1300年4月8日开始的，到1304年6月初共计五十个月。法利那塔的预言和古代一切其他的预言、谶语一样，措辞隐晦，带有神秘色彩。

㉓ “那里的人民”指佛罗伦萨人。贵尔弗党彻底战胜吉伯林党后，宣布乌伯尔蒂家族为“共和国敌人”，把他们的家宅夷为平地，在历次颁布的准许流亡者还乡的法令中，都把这一家族排除在外。

㉔ “阿尔比亚河”是蒙塔培尔蒂附近的小河；“可怕的大屠杀”指1260年9月4日蒙塔培尔蒂之战，全托斯卡那吉伯林联军击溃佛罗伦萨贵尔弗军，使它伤亡惨重，当时的一位参战者写道：“一切道路、小山和每一条河都好像一道巨大的血河。”法利那塔和他的家族对这次胜利起了决定性作用，应对那次“大屠杀”负主要罪责。

㉕ 对于“在我们的圣殿里”，注释家有种种不同的解释：薄伽丘说：“‘在我们的圣殿里’指在我们的元老会议中，在制定新的法令、法规和法律的地方”；巴尔比认为，“在我们的圣殿里”纯粹是比喻，意即在佛罗伦萨；戴尔·隆格则把“在我们的圣殿里”解释为在教堂里，也就是说，在佛罗伦萨人民会议上，当时这种会议在教堂中举行。牟米利亚诺认为具体指圣约翰洗礼堂，当时行政官们在那里集会。

㉖ 重要的理由是他和所有其他的流亡者都渴望返回家乡。

㉗ 指蒙塔培尔蒂之战胜利后，全托斯卡那吉伯林党的首领们在恩波里(Empoli)会议上都主张通过决议，把佛罗伦萨夷为平地，只有法利那塔一个人坚决反对，他当场严正声明，“如果除他以外别无一人的话，只要他一息尚存，他都用剑来保卫它”(见维拉尼的《编年史》卷六)，结果，使佛罗伦萨免遭毁灭。由于他的爱国行为，但丁对他十分敬重，称他为“豪迈的人”(magnanimo)，在和他对话中使用尊称“您”。法利那塔提到自己在会议上力排众议，坚决保卫佛罗伦萨时，流露出由于自己对家乡的功绩被抹杀，家族受到不公正的待遇而感到的内心痛苦；他的话反映了但丁自己遭到放逐后的痛苦心情。

㉘ 意即请给我解答我百思不得其解的疑难问题：地狱里的灵魂为什么只知道未来的事，而不知道现在的事？

㉙ “至高的主宰”指上帝。“我们”究竟单指伊壁鸠鲁派异端的信徒，还是包括地狱里一切其他的罪人在内？对此注释家意见分歧。有的学者认为，伊壁鸠鲁派异端的信徒只承认现世，否定灵魂不死和来世，上天就让他们只知道未来的事，不知道现在的事，作为对他们的惩罚，因此他们断定“我们”单指这种罪人的灵魂。这种论断很有说服力，因为实际上其他的罪人中也有既知未来，又知现在者，例如犯贪食罪的佛罗伦萨人恰科。

㉚ 因为最后审判日就是世界末日，再也无所谓“未来”，那些灵魂的知识当然也就完全灭绝了。

㉛ “一千多”是不定数，表示人数众多。

㉜ 指西西里王和神圣罗马皇帝腓特烈二世(公元1194—1250)。萨林贝涅·达·巴马(Salimbene da Parma)在《编年史》中说：“他(指腓特烈二世)确实是伊壁鸠鲁学说的信徒，所以凡是他自己或者他的学者们能够从《圣经》中找到的可以说明死后没有来世的材料，他都搜集起来。”但丁虽然在《论俗语》中和《地狱篇》第十三章中称赞他是值得尊敬的君主，在《筵席》中称赞他是优秀的逻辑学家和学者，但由于他信仰伊壁鸠鲁派异端，仍然把他的灵魂放在地狱里。

㉝ 指奥塔维亚诺·德·乌巴尔迪尼(Ottaviano degli Ubaldini)。他出身显赫的吉伯林家族，1240—1244年任波伦亚主教，1245年起任枢机主教，死于1273年。他在当时深受人们敬畏，通常一说枢机主教，不提姓名，人们就知道指的是他。他虽然站在教皇一边对腓特烈二世进行过斗争，但由于家庭出身关系仍然忠于吉伯林党。早期注释家雅各波·德拉·拉纳(Jacopo della Lana)说：“他(指奥塔维亚诺)乃世俗之人，十分热中尘世的事物，似乎不相信现世之外还有来世。”据早期注释家本维努托·达·伊牟拉(Bevenuto da Imola)说，奥塔维亚诺曾说过这样的话：“假如有灵魂，我也已经为吉伯林党丧失它一千次了。”

㉞ 指法利那塔预言但丁将被放逐、难回故乡的话。

㉟ 指贝雅特丽齐。但是后来但丁并不是从她口里,而是从自己的高祖卡治圭达(Cacciaguida)口里得知自己的人生旅程的(见《天国篇》第二十七章)。在《神曲》这样的长篇史诗中,难免出现前后不一致之处。

㊱ “山谷”指第七层地狱;“中心地带”指第六层地狱的中心地带;“上面”指两位诗人所在的地方。

第十一章

我们来到了一道由崩塌的大块岩石形成的圆形高岸[①]的边沿上，下面有成堆的鬼魂受更残酷的惩罚。我们在这里由于深渊中发出的臭气[②]过于可怕，就退到一座大墓的盖子后面，我瞥见上面有铭文写着："我看守被浮提努斯引诱离开了正路的教皇阿纳斯塔修斯[③]。"

"我们得慢点下去，先让嗅觉稍微习惯于这种讨厌的气味，以后就不在乎它了。"老师这样说。我对他说："你找到什么补偿的办法，以免时间白白过去。"他说："你瞧，我正在想这个呢。"接着，他开始说："我的儿子，这道石岸里边有三个小圈子[④]，一个比一个靠下，像你离开的那些一样，里面全都充满了可诅咒的鬼魂；但是为了你以后一看到他们就知道他们的情况，你且听我说明，他们是怎样和为什么被囚在那里的[⑤]：

"一切获罪于天的恶意行为，都是以伤害为目的，凡是这种目的都用暴力或者欺诈伤害别人。但因为欺诈是人类特有的[⑥]罪恶，它更为上帝所憎恶；所以欺诈者在底层地狱，受更大的苦。

"第一个圈子[⑦]里全是犯暴力行为罪者；但是因为暴力能施加于三种不同的对象，所以又分成三个环。对上帝，对自己，对邻人都能施加暴力，我是说，施加于他们本身和他们的所有物，关于这点你将听到明确的解说。暴力施加于邻人是使他横死和重伤，施加于他的所有物是破坏、放火和进行有危害的掠夺；因此，凡是杀人者、蓄意伤人者、破坏者和强盗都各成一队，在第一环里分别受苦。

"人们能施加暴力于自身和自己的财产；因此，凡是自寻短见离开人世的人，赌博荡尽自己的家产，在应当快乐的地方哭泣的人[⑧]，都要在第二环里进行无用的忏悔[⑨]。

"暴力可施加于上帝：心里否定他存在，亵渎他，蔑视自然和她的恩惠[10];因此,最小的一环给所多玛和卡奥尔以及心里蔑视上帝、口里说出来的人打上它的烙印[11]。

“刺伤每个良心的欺诈[12],能施加于信任自己的人,也能施加于对自己并不信任的人。后一种方式的欺诈显然只切断自然所造成的爱的纽带[13];因此,第二个圈子里麇集着伪善、谄媚、妖术惑人者、诈骗、盗窃、买卖圣职、诱淫者、贪官污吏[14]以及诸如此类的污垢。

“前一种方式的欺诈忘掉了自然所造成的爱以及后来加上的从而产生特殊信任的爱[15];因此凡是叛卖者都在位于狄斯所在的宇宙中心的那个最小的圈子里[16]受永恒之苦。”

我说:“老师,你解说得很清楚,把这个深渊和其中的人划分得很明确。但是,请告诉我:那些在泥沼里的人[17],那些被风刮着跑的人[18],那些被雨打的人[19],那些碰到一起,就用那样粗鲁的话互相责骂的人[20],如果上帝对他们震怒的话,那他们为什么不在这红城[21]之内受惩罚呢?如果他不震怒的话,那他们为什么受那种苦呢?”

他对我说:“你的悟性为什么这样偏离常轨?不然的话,你的心想到什么别的地方去啦?你不记得,你的《伦理学》里详细阐明放纵、恶意和疯狂的兽性这三种为上天所不容的劣根性的那些话吗[22]?不记得放纵为什么得罪上帝较轻,受到责罚较轻吗?如果你好好想一想这个道理,回忆一下上面那些在城外受惩罚的都是什么人[23],你就会明白为什么把他们和这些凶恶的人[24]分开,为什么神的正义锤打他们,怒气较轻。”

“啊,驱散一切障眼的云雾的太阳啊[25],你解除了我的疑团,使我如此心满意足,觉得怀疑的乐趣不下于理解[26]。请你还稍微回到你讲高利贷伤害神的恩惠那一点上,”我说,“把疑问的结子给我解开。”

“哲学[27],”他说,“不只在一处教导懂哲学的人:自然来源于神智和神工[28];如果你细心翻阅你的《物理学》[29],从头翻过不多的几页,就会看到书中说,你们的艺术尽可能摹仿自然[30],就像徒弟摹仿师傅一样;所以你们的艺术可以说是上帝的孙子[31]。如果你想得起《创世记》开头的话,人是必须靠此二者[32]维持生活和前进的。但因为高利贷者走另一条路,他就轻蔑自然本身和它的摹仿者,把希望寄托在别的事物上[33]。可是现在我想往前走了,你跟着我走吧:因为双鱼星已经在地平线上闪烁,北斗星已经横卧在西北风的方向[34],再往前走一段路才能从这悬崖上下去。"

注释:

① 指第六层和第七层地狱之间的悬崖峭壁,这一道悬崖峭壁的岩石已经塌方,第十二章一开始就讲到塌方的原因和情况。

② 象征地狱深层的鬼魂们罪行的丑恶。

③ "我"指大墓。"教皇阿纳斯塔修斯"指阿纳斯塔修斯二世,他于公元 496 年当选为教皇,498 年死去,在位时,正当东西教会分裂之际,他力图寻求和解的途径,于 497 年派遣两名主教去君士坦丁堡见东罗马皇帝,准备进行谈判。大约在这同时,他还亲切地接见了忒萨洛尼卡副主祭浮提努斯,而此人却是君士坦丁堡主教阿卡丘斯所主张的基督只有人性而无神性的异端的信徒。这件事引起了坚决不妥协的正统派教士们的不满和抗议,从而产生了阿纳斯塔修斯被浮提努斯引诱,离开了正统的教义,相信阿卡丘斯异端的传说(这种传说一直到十六世纪都被视为历史事实)。

④ 指最后三层地狱(即第七、八、九层),因为地狱呈上宽下窄的漏斗形,所以这三层地狱一层比一层小,正如但丁已经走过的前面那六层地狱一样。

⑤ 维吉尔利用站在阿纳斯塔修斯墓的盖子后面躲避臭气的时间,给但丁说明深层地狱的结构和罪恶的类别,使他一看到受苦的鬼魂,就知道他们犯的什么罪,而不必多问。
《神曲》中关于地狱里所惩罚的罪行的类别和轻重问题,主要以亚里士多德伦理学和罗马法为理论根据。

⑥ 兽类只有力气,惟独人类赋有理性和智力;兽类只能以暴力伤害,人类则除暴力外还可用欺诈手段,欺诈是滥用理性和智力,乃人类特有的罪恶,因而比用暴力伤害更为上天所不容。

⑦ 指第七层地狱。

⑧ 赌博输得倾家荡产的人,在世上为丧失的家产而悲泣,在那里,他们本来是能快乐的,如果他们不犯这种罪。
赌博荡尽家产者跟在第四层受苦的挥霍浪费者不同:后者的罪在于花钱无节制,并不一定落得倾家荡产,也不损害他人;前者则怀有损人利己之心,因而罪孽更为深重。

⑨ 入地狱后忏悔是无效的,因为为时已晚,得不到上帝的宽恕。

⑩ 指施加暴力于上帝之物:自然与人工(指生产劳动);施加暴力于自然者是犯鸡奸罪者,施加暴力于人工者是高利贷者。原文"sua bontade"含义

模棱两可,可指上帝的恩惠,也可指自然的恩惠;译文根据后一种解释,因为注释家齐门兹(Chimenz)讲得好:"自然的恩惠在于像母亲似的教给人怎样去'遵循她',摹仿她,这就是通过劳动去生产(如同她本着天意所做的那样)生活所必需的财富,在于慈祥地以其果实赋予劳动。"高利贷者由于靠金钱生利息增加财富,就犯了蔑视生产劳动的罪。

⑪ 指第三环。"所多玛"是巴勒斯坦的一座古城,由于居民犯鸡奸(违反自然的性行为)罪而为上帝用天火烧毁,这里指犯鸡奸罪者。"卡奥尔"是法国南部的城市,在中世纪,居民好重利盘剥,因而人们通常用卡奥尔人来指高利贷者。"打上它的烙印"指用火雨来烧那些渎神者、高利贷者和犯鸡奸罪者,使他们带上伤痕。

⑫ 对于这句话的含义注释家有种种不同的解释:

(1)托玛塞奥(Tommaseo)认为:"欺诈是那样一种罪恶,连心肠最硬的人的良心都会悔恨自己有这种行为。"

(2)巴尔比指出:"在欺诈中总有理性干预,总意识到它是罪恶,因此良心总受到伤害。当人们犯放纵罪或暴力罪时,理性可能昏沉到这样程度,以至于完全没有它的干预,在这种情况下,良心可能不觉得受到伤害;但在欺诈中良心不可避免地受到刺伤。"

(3)纳尔迪(Nardi)认为:欺诈总离不开算计,总要明确什么是达到不正当的目的的最适当的手段;因此,欺诈总伤害进行抗拒的道德良心,在这个意义上诗中指的是欺诈者自己的道德良心中的冲突,他的道德良心受了"刺伤"。

(4)齐门兹认为这句话的含义是:每个(不欺诈的)人的道德良心,对于欺诈比对于一切其他的罪行,都更觉得受到严重伤害。

(5)帕里阿罗(Pagliaro)认为:这句话"意思是说,运用理性来做欺骗人的坏事,是那样滥用理性,以至于使人对于这种滥用感到懊悔,如同对于一种共同的罪行一样……因为欺诈是人'特有的罪恶'"。

⑬ 指人类之间的友爱关系,也就是但丁所谓"人与人自然是朋友"(《筵席》第一篇第一章)。

⑭ 这里有意识地把抽象名词和具体名词混杂在一起,以免诗句韵律失之单调。

⑮ 欺诈对自己信任的人,不仅割断人与人之间自然友爱的纽带,还割断另外加上的一种由特殊关系(亲属、共同的祖国、好客的习俗、个人的恩德等)造成的爱的纽带,这种爱的纽带产生特殊的信任。犯这种罪的是形形色色的叛卖者。

⑯ 指最靠下面的最小的第九层地狱,这层地狱位于地球中心,也就是宇宙中心,是冥王狄斯(即魔王撒旦或卢奇菲罗)所在的地方。

⑰ 指第五层地狱里沉没在斯提克斯沼泽的污泥浊水中受苦的犯愤怒

罪者。

⑱ 指第二层地狱里被狂风刮来刮去的犯邪淫罪者。

⑲ 指第三层地狱里被“永恒的、可诅咒的、寒冷的、沉重的雨”浇打的犯贪食罪者。

⑳ 指第四层地狱里分成两队各自滚动着重物前进,碰到一起时就互相责骂的犯贪财罪者和犯浪费罪者。

㉑ 指城墙被烧得通红的狄斯城。

㉒ 指亚里士多德的《尼可马克伦理学》(Etica Nicomachea)。但丁对这部著作进行过深入的研究,掌握其精神实质,所以维吉尔称这本书为“你的《伦理学》”。书中论三种罪恶的劣根性的话在第七卷第一章。

诗中提到其中有关三种罪恶的劣根性的论断,目的仅在于借助亚里士多德《伦理学》的理论权威,来说明“放纵”比“恶意”和“疯狂的兽性”罪恶较轻。“放纵”是无节制地享受以身体需要为基础的乐趣(食欲、性欲)或享受本身为情理所许可的乐趣(如对财富的欲望)而陷于邪淫、贪食、贪财或浪费。“放纵”不以伤害为目的,所以罪恶较轻。

应该指出,这三种罪恶的劣根性并不能完全概括地狱中罪恶的类别,因为但丁另外还以罗马法作为罪恶分类的依据。更重要的是:但丁是在写一部史诗,而不是在写哲学论文,他的诗的世界是由许多引起愤怒或怜悯的具体的罪人表现出来的,而不是用抽象的概念来说明的。

㉓ 意即在狄斯城外上面那六层地狱受苦的鬼魂都是犯什么罪的人。

㉔ 指犯形形色色的欺诈罪者。

㉕ 维吉尔作为理性和哲学的象征,驱散人心里的疑云,犹如太阳驱散遮蔽人的目光的云雾一样。

㉖ 因为怀疑促使但丁发问,从而得以聆听维吉尔的讲述,这种乐趣并不下于理解道理时的乐趣。

㉗ 指亚里士多德哲学。

㉘ “神智”和“神工”指上帝的心智和他的创造活动。

㉙ 指亚里士多德的《物理学》。

㉚ 原话是“人工尽可能摹仿自然”,人工意即人的劳动技术,也包括我们所说的艺术。

㉛ 自然是上帝的女儿,艺术就是上帝的孙子。

㉜ 即必须靠自然和人工。《旧约·创世记》开头讲到上帝命令自然根据人的需要生长万物,同时又命令人类靠劳动生活。诗中所指的有关的话是:“耶和华上帝将那人(指亚当)安置在伊甸园,使他修理看守”(《创世记》第二章15节),“你(指亚当)必须终身劳苦,才能从地里得吃的”(第三章17节),“你必须汗流满面才得糊口”(第三章19节)。

㉝ 高利贷者另走一条与上帝所指定的根本不相同的道路,他不追求自然的

果实，而追求金钱的果实（利息），就犯了蔑视自然本身的罪，他不劳而获，就犯了蔑视她的摹仿者——人工（即生产劳动）的罪；他由于把希望寄托在其他事物，即重利盘剥上，就犯了蔑视自然和生产劳动的罪，也就犯了间接施加暴力于上帝的罪。

㉞ 但丁游地狱时是春天，太阳早晨在白羊宫升起；双鱼星座在白羊星座升起之前约两小时出现在地平线上，这说明当时已经是 4 月 9 日早晨四点来钟。在这同时，北斗星将没于天的西北角。地狱中昏黑不见天日，用星宿的方位和转移来表示时间，当然出于诗人心中的估计，但有时也能起到一定的艺术上的作用。正如注释家牟米利阿诺所说："这种纯粹是想象出来的满天星斗在地狱的不可思议的穹隆上闪光的景象，这种在永恒的世界（译者按：指地狱）表示钟点（午夜后三时）的办法，产生一种奇妙的效果。"

第十二章

我们为了走下岸去而来到的地方山石嶙峋,又因为那里还有那样的东西[①],任何人一看到这个地方都会望而却步。

犹如那次或是因地震或是因地基支撑不住而发生的山崩,冲击特兰托以下的阿迪杰河左岸[②],塌方从山顶开始,从那里一直到平地,崩塌的岩石给山上的人提供了一条勉强可以下山的路。我们走下深谷的路也像这种路一样:断岸的边沿上,伸开四肢趴着假牛肚里怀孕而生的、成为克里特岛的耻辱的怪物[③]。他看见我们,就像怒火中烧的人似的自己咬自己。我的圣哲向他喝道:"你大概以为,到这儿来的人是在世上把你置之死地的雅典公爵吧? 滚开,畜生,因为这个人并不是受了你姐姐的教导[④]来的,而是来看你们所受的惩罚。"

犹如公牛受了致命的打击时,挣脱套索,不知道往哪儿跑,只是东蹿西跳;我看到米诺涛尔也变成这样。

那位机敏的向导喊道:"快跑到通道口去;趁他盛怒时,你正好下去。"于是,我们就取路踩着那些石头堆下去,石头由于承受新奇的重量[⑤]在我脚下常常滑动。

我一面走,一面想;他说:"你大概是在想我刚制服的那只发怒的野兽所看守的这座崩塌的悬崖吧。现在我要告诉你,那一次我去深层地狱[⑥]经过这里时,这座悬崖还没有塌下来。但是,如果我记得不错的话,确实在他来到这里,从狄斯手中夺去最上面的一个圈子里的大批猎物[⑦]以前不久,这个又深又污秽的峡谷[⑧]四面八方震动得那样利害,我以为宇宙感觉到爱了,有人认为[⑨],由于爱,世界常常变成混沌;在那一瞬间,这古老的巉岩在这里和别处[⑩]都出现了这样的塌方。但是,你把眼睛注视下面,因为其中煮着用暴力伤害他人者的那条血水河[⑪]已经离着我们很近了。"

啊,盲目的贪欲和疯狂的怒火呀,在短促的人生中那样刺激我们为恶,然后在永恒的来世这样残酷地浸泡我们[12]!

我看到一道宽沟,正如我的向导所说的那样,弯曲得呈弧形,因为它环绕着整个平原[13];高岸脚下和这道宽沟之间,有许多肯陶尔[14]排成一队奔跑,他们带着箭,如同通常在世上出去打猎时一样。看到我们下来,他们就都站住了,有三个从队里走出来,拿着预先选好的弓箭;其中一个从远处喊道:“你们走下山坡的人是来受什么苦的?就在那儿说出来,不然,我就拉弓。”我的老师说:“等我们走到奇隆[15]跟前时,我们要向他回答:你的性情总是这样暴躁,这使你遭殃[16]。”

接着,他推了我一下,说:“那是为美丽的得伊阿尼拉而死的、自己为自己报了仇的涅索斯[17]。中间那个俯视自己的胸膛的,是教养阿奇琉斯的伟大的奇隆[18];另外一个是满腔怒火的福罗斯[19]。他们数以千计围着那道沟走,看到任何一个鬼魂从血水里露出身子,超过了他的罪孽规定的限度[20],就用箭来射。”

我们走近那些飞快的野兽:奇隆拿了一支箭,用箭尾把胡须向后拨到两腮上。他露出了大嘴后,对伙伴们说:“你们觉察出后面那个人脚碰着什么,什么就动吗?死人的脚平常不会这样。”我的善良的向导已经站在他面前,头部只达到他那两种性质[21]互相衔接之处的胸膛,回答说:“他的确是活人,而且是这样孤零零的一个人,我必须带他来看这黑暗的深谷[22];引导他来这里是由于必要,而不是为了娱乐。那样一位圣女中止了唱哈利路亚[23],委派我担负这个崭新的使命;他不是强盗,我也不是强盗的鬼魂。但是,我以我在这样荒野的路上迈步前进所凭借的那种力量[24]的名义要求你,把你的伙伴当中派一个给我们,我们可以跟他一起走,让他把可以涉水渡河的地方指给我们,并且把这个人驮在背上渡河,因为他不是能在空中飞行的灵魂。”

奇隆向左边转身,对涅索斯说:“你转回头,像他们所说的那样给他们带路,如果另一队碰见你们,你就叫他们让路。”

于是,我们跟这个可靠的护卫一起顺着沸腾的红水河的河岸向前走去,河里被煮的人发出高声号叫。我瞥见有的人被血水一直淹没到眉毛。庞大的肯陶尔说:“这些是杀人流血、掠夺臣民财产的暴君。他们在这里为自己的残酷的暴行抵罪;这里是亚历山大[25]和使西西里经历悲惨的年月的狄奥尼西奥斯[26]。那个额上有那样黑的头发的是阿佐利诺[27];另一个头上有金黄色的头发,那是奥庇佐·达·艾斯提,他在世上确实是被他的忤逆不孝的儿子害死的[28]。"

于是,我转身向着诗人,他说:"现在让他当你的第一个向导,我当第二个。"又稍微向前走了一段路,肯陶尔停住了脚步,下面有一群人,似乎头部一直到喉咙都露出那道沸腾的河水的水面。他指给我们看一个独自在一边的孤魂,说:"他在上帝的怀抱里刺穿了那颗如今仍然在泰晤士河上受尊敬的心[29]。"接着,我看到把头部甚至整个胸膛都露出水面的人;这些人当中我认出了许多。越往前走,那条血河就越浅,以至于只煮着脚;我们就在这里过河。

"正如你所看到的,从这边走去[30],这沸腾的河水越来越浅一样,"肯陶尔说,"我要你相信,从那边走去[31],河底越来越深,直到在暴君们注定受苦而呻吟的地方达到最高的深度为止。在这里神的正义刺痛那个号称世上的鞭子的阿提拉[32]以及皮鲁斯[33]和塞克斯图斯[34];还永远不停地从在大路上那样行凶作恶的里涅尔·达·科尔奈托和里涅尔·帕佐的眼里挤出泪[35]来,煮得他们眼泪夺眶而出。"

说罢,他就掉头往回走,重新从浅处渡过河去。

注释:

① 指下面所说的半人半牛的怪物米诺涛尔,这里暂时不讲明,从而引起读者的好奇心。

② 指公元883年顷在意大利北方城市特兰托以南发生的山崩,这次山崩使阿迪杰河左岸的悬崖坍塌,岩石一直滚落到河床上,形成名为兹拉维尼·迪·玛尔科(Slavini di Marco)的断崖(在罗维雷托镇以南三公里处)。"地基支撑不住"指受河水侵蚀冲刷,地基塌陷。有人认为但丁曾亲身到过这个地方,有人认为他对这个地方的描写以哲学家大阿尔伯图斯(Albertus Magnus)的《论大气现象》(De Meteoris)一书中的话为依据,大概后一种说法更为可靠。

③ 指古希腊神话中半人半牛的怪物米诺涛尔。克里特岛的国王米诺斯的王后帕西淮爱上了一头公牛,为了达到她的目的,她钻进一只木制的母牛肚里,把公牛引来和她相会,结果生了这个怪物。因为他是人和兽杂

交生的,所以诗中称之为克里特岛的耻辱。

关于米诺涛尔的职责和象征意义,注释家意见分歧。有的认为他是吃人的怪物,所以但丁把他作为惩罚暴力罪的第七层地狱的看守者;有的认为他并不是第七层地狱的看守者,也不是暴力的象征,而是被放在第六层和第七层地狱的交界处,作为无明火的象征,把守那座崩塌的悬崖。格拉伯尔(Grabher)认为米诺涛尔作为半人半兽的怪物,象征人性的兽性化,也就是说,象征疯狂的兽性,这种兽性刺激人犯下在第七层地狱里受惩罚的暴力罪。在古代的圆形雕饰和雕刻中,米诺涛尔都是人身牛首,但丁把他塑造成人首牛身,也说明这个怪物的寓意就是这样。这种看法比较恰当。

④ “雅典公爵”指英雄忒修斯,他从雅典带着童男童女来到克里特岛上给国王米诺斯进贡,国王把童男童女送到一座迷宫里供怪物米诺涛尔吞食。国王的女儿阿里阿德涅公主爱上了忒修斯,送给他一个线球,教他将线球的一端拴在迷宫的入口处,然后捯着线通过错综复杂的路到米诺涛尔那儿去,还给他一把魔剑来斩这个怪物。忒修斯顺着线走进迷宫深处,用剑杀死米诺涛尔,救出童男童女,然后和公主一起逃跑。公主和米诺涛尔是一母所生,所以诗中说她是他的姐姐。维吉尔告诉他,但丁来地狱里是为了看罪与罚的真实情况,并非像忒修斯当年那样,受了阿里阿德涅的教导前来杀害他。

⑤ 因为但丁是活人,他的身体有一定的重量。活人来到地狱里是不寻常的事,所以他的体重是“新奇的重量”。

⑥ 指维吉尔受女巫厄里克托的召唤,到地狱的底层去把一个亡魂带出来,路过这里(参看第九章注⑥)。

⑦ 指耶稣基督死后从“林勃”中救出《旧约》中的犹太先哲们(参看第四章注⑦、注⑧)。

⑧ “又深又污秽的峡谷”指地狱。耶稣基督被钉死时,上天震怒,“地也震动,磐石也崩”(《新约·马太福音》第二十七章),这次地震使地狱里一些地方塌方。

⑨ 指古希腊哲学家恩沛多克勒斯(参看第四章注㊺),他认为宇宙的存在是由于四种要素(土、水、气、火)因互相憎恨而处于不和谐状态,一旦四种要素之间由于爱占了优势而出现和谐状态,宇宙就回归于混沌。但丁从亚里士多德的《形而上学》一书中获得有关恩沛多克勒斯学说的知识。

⑩ 指第五章注⑨所说的“断层悬崖”;有的注释家认为也指将在第二十一章中提到的“断桥”(在伪善者受苦的“恶囊”中),但维吉尔似乎不知道此桥已断。

⑪ 指弗列格通(Phlegethon)河。在《埃涅阿斯纪》中,它是冥界中的火焰河,但丁把它改变为血水河,借以象征施加暴力伤害他人所流之血。河名将

在第十四章中出现。

⑫ 这里所说的“贪欲”和“怒火”不是作为促使人犯放纵罪的激情而言，而是指促使人犯暴力杀害罪的劣根性：“盲目的贪欲”使人掠夺别人的财产，“疯狂的怒火”使人伤害别人的生命。“这样残酷地浸泡我们”意即把我们浸泡在沸腾的血水里来煮，当年用暴力伤害、掠夺他人的生命财产所流的血，如今变成惩罚这种罪人的工具。

⑬ “宽沟”指血水河的河床。河床呈弧形，因为它形成了地狱的第七圈（即第七层地狱）的第一环，也就是最靠外的一环。“整个平原”指整个第七圈而言。

⑭ 肯陶尔（Centaur）是古希腊神话中的半人半马的怪物。但丁把这种怪物作为暴力的象征，同时又使他们看守、监视犯以暴力伤害他人罪者的鬼魂。

⑮ 奇隆是这队肯陶尔的首领，古罗马诗人奥维德和斯塔提乌斯都把他描写成一位聪明的教育家、医生、天文学家和音乐家，和其他肯陶尔不同，具有突出的人性。

⑯ “你”指名字叫涅索斯的肯陶尔。据古希腊神话传说，英雄赫剌克勒斯和妻子得伊阿尼拉来到欧厄诺斯河边时，他让涅索斯驮着她过河，自己先涉水过去。涅索斯在半渡时，迷恋得伊阿尼拉的绝世之美，情不自禁，大胆拥抱她。赫剌克勒斯在对岸听到她呼救，看到这种情景，勃然大怒，一箭射去，射穿了他的胸膛。维吉尔说涅索斯由于性情暴躁而遭殃，指的就是这件事。

⑰ 涅索斯临死时，用谎言欺骗得伊阿尼拉，让她收集从他的伤口流出的鲜血，用这血来染她丈夫的内衣，说他穿上后，除她以外，就永远不会再爱别的女性。她不知这是毒计，照他所说的去做。赫剌克勒斯穿上这件有毒的内衣后，因疼痛难忍，自焚而死。涅索斯就这样“自己为自己报了仇”。

⑱ 荷马史诗《伊利昂纪》第十一卷中称奇隆是最正直的肯陶尔，英雄阿奇琉斯曾受到他的教养。斯塔提乌斯在《阿奇琉斯纪》中也讲到他教养阿奇琉斯。“俯视自己的胸膛”形容奇隆沉思默想的状态，说明他是个严肃的、有头脑的肯陶尔。

⑲ 维吉尔在《农事诗》第二卷中称福罗斯为“狂怒的肯陶尔”。

⑳ 犯暴力罪者都根据其罪行的性质和轻重被指定在沸腾的血水河较深或较浅的地方受苦，不许他们离开指定的地方，把身子露出水面超过限定的程度。

㉑ 指人性和马性，即胸膛以上为人形，胸膛以下为马形。维吉尔的头部只达到奇隆的胸部，可见这个肯陶尔身躯异常高大。

㉒ 指地狱。

㉓ “哈利路亚”(alleluia)是希伯来文,含义是赞美主。这句话的意思是:贝雅特丽齐从对神唱赞美诗的天国来到“林勃”,委派我担负这个特殊的使命。

㉔ 指上帝。

㉕ 多数注释家认为指马其顿王亚历山大大帝(公元前356—前323在位)。有的注释家以但丁在《筵席》和《帝制论》中有赞美亚历山大大帝的话来反对此说,认为这里指的是希腊色萨利地方菲莱(Pherae)城的僭主亚历山大(公元前四世纪);此说理由并不充足,因为但丁对一些其他的历史人物也称赞其某一方面的功德,但仍然把他们放在地狱里(例如神圣罗马皇帝腓特烈二世)。诗中只提“亚历山大”而不加任何说明,当然应指赫赫有名的亚历山大大帝(早期注释家薄伽丘和本维努托·达·伊牟拉已经指出这一点),菲莱的僭主亚历山大虽是残酷的暴君,比起亚历山大大帝来,显然是微不足道的,但丁似乎不可能舍巨人而取侏儒作为暴君的典型。

㉖ 指希腊移民在西西里岛上建立的叙拉古(Syracuse)城邦的僭主老狄奥尼西奥斯(公元前432—前367),他被一些古代作家视为惨无人道的暴君的典型。

㉗ 指伯爵阿佐利诺(或埃采利诺)·达·罗马诺(Azzolino〔或Ezzelino〕da Romano,公元1194—1259)。此人是神圣罗马皇帝腓特烈二世的女婿,帝国在意大利北方的代表和吉伯林党的支柱。历史学家乔万尼·维拉尼说,他多年用武力和暴政统治整个特雷维吉(Trevigi)边区和帕多瓦城以及伦巴第地区大部分,是基督教世界自古以来最残酷、最令人恐怖的暴君。

㉘ 指斐拉拉侯爵奥庇佐二世。他是狂热的贵尔弗党徒,死于1293年,当时传说是被他儿子阿佐(Azzo)八世用羽毛枕头闷死的。但丁的目的显然是想郑重地揭发并证实这一事件。这是非常勇敢的行为,因为阿佐八世1308年才死。此外,在《论俗语》第一卷和《炼狱篇》第五章中,都有谴责阿佐八世的话,足见但丁对他憎恨之深。“忤逆不孝的儿子”原文是“figliastro”,这个词也可以译为“私生子”,如果按照这样解释,但丁就不仅揭发了阿佐杀父的事实,而且指出了他是奥庇佐的私生子。

㉙ “孤魂”指盖伊·德·孟福尔(Guy de Montfort)。他父亲累斯特伯爵西蒙·德·孟福尔(Simon de Montfort)率领英国骑士领主反对英王亨利三世,于1265年被王子爱德华(继位后称爱德华一世)打败杀死。盖伊为了给父亲报仇,1272年在意大利维台尔勃(Viterbo)城的圣西尔维斯特罗(San Silvestro)教堂内利用做弥撒的时机,当着法国国王腓力三世和西西里王查理的面,刺死英王爱德华一世的堂兄弟亨利。这一骇人听闻的罪行由于是在教堂中(“上帝的怀抱里”)发生的,引起了极大的公愤。诗

中说盖伊是“孤魂”，指的就是他处于彻底孤立的状态。维拉尼在《编年史》（卷七第三十九章）中说，亨利的心被收藏在一只金杯中，安放在泰晤士河的伦敦桥桥头一根圆柱的顶上。

“受尊敬”原文是“si cola”，旧注释家都这样解释；现代注释家则理解为“滴血”，认为但丁用这一形象性词藻来表明暗杀者尚未受到惩罚和报复。历史事实是：盖伊被逐出教会，逃往其岳父家，后来被教会赦免，重新为西西里王服务，在 1282 年 8 月 31 日西西里人民以晚祷钟声为号的起义战斗中被俘，1291 年死在墨西拿。译文根据旧注释家的释义。

㉚ 指在两位诗人和涅索斯顺着河所走的这一段路上。

㉛ 指从他们渡河的地方朝另一方向顺着河走去。

㉜ 民族大迁徙时期，匈奴王阿提拉（公元 433—453）曾入侵高卢和意大利，使人民深受其祸，中世纪传说称他为“世上的鞭子”。

㉝ 有的注释家认为指厄皮鲁斯王皮鲁斯（公元前 319—前 272），他穷兵黩武，对臣民和敌人均极残暴；有的注释家则认为指阿奇琉斯的儿子皮鲁斯，他异常残酷，《埃涅阿斯纪》卷二生动地描写特洛亚城破后，他在老王普利阿姆斯眼前杀死老王的儿子波利特斯，接着又杀死老王的惨无人道的行为。看来，诗中所说的皮鲁斯多半指的是他。

㉞ 塞克斯图斯是罗马大将庞培的儿子，卢卡努斯的史诗《法尔萨利亚》卷六叙述他在地中海上的海盗行径。

㉟ 这两个人都是当时的恶名远扬的大强盗，经常在佛罗伦萨和罗马之间的大路上以及罗马乡间杀人越货。

第十三章

涅索斯还没有到达对岸,我们就开始走过一座不见任何一条小路痕迹的森林。树叶不是绿的,而是黝黑的颜色;树枝不是直溜光滑的,而是疙疙瘩瘩,曲里拐弯的;树上没有果实,只有毒刺。那些出没于柴齐纳和科尔奈托[①]之间、憎恨已经耕种的地方[②]的野兽,也找不到这样荒野、这样繁密的树林作为藏身之地。

污秽的哈尔皮[③]在这里做窝,她们曾向特洛亚人预言他们未来的灾难,用这种丧气的话吓得他们离开了斯特洛法德斯岛[④]。她们有宽阔的翅膀,人颈和人面,脚上有爪,大肚子上长着羽毛;正在那些怪树上哀鸣。

善良的老师开始对我说:"在你再往深处走以前[⑤],你先要知道,你是在第二环了[⑥],而且直到你走到那可怕的沙地为止,都是在这一环里。所以你好好地看吧;这样,你就要看到我说你也不会相信的事。"

我听见处处发出哭声,却看不见哭的人;因此,我完全陷于迷惘中而止步不前。现在我认为当时他是认为我认为[⑦],从那些枝柯中间传来的这许多声音,是隐藏起来的、我们所看不见的人们[⑧]发出来的。所以老师说:"如果你把这些树当中的一棵上的小枝子随意折断一根,你的猜想就会统统打消[⑨]。"于是,我把手稍微向前一伸,从一大棵荆棘上折下了一根小枝子,它的茎就喊道:"你为什么折断我?"它被血染得发黑后,又开始说:"你为什么撕裂我?难道你没有一点怜悯之心吗?我们从前是人,如今已经变成了树:假如我们是蛇的灵魂,你也应该比方才手软些呀[⑩]。"

犹如一根青柴一头燃烧时,另一头就滴答着水,往外冒出气来,吱吱嗞嗞地作响,那根折断的树枝的伤口也像这样说出话来,同时又流出血来[⑪];看到这种情景,我不觉撒手丢掉树枝,像害怕的人似的站在那里。

“啊,受到伤害的灵魂哪,假如他能相信他仅只在我的诗[12]里所看到的情况,他是不会伸手伤害你的;但由于这是一件令人不能相信的事,我才敦促他采取了这种使我自己也痛心的行动。不过,你告诉我你是谁吧,因为他是许可回阳间去的,这样,他回去后,就可以在世上恢复你的名誉,以此来稍稍补偿你所受的损害。”

树干说:“你用这样甜蜜的话引诱我,使得我不能沉默下去;如果我稍微多谈一点,希望你们不感到厌烦。我是握着腓特烈[13]的心的两把钥匙的人,我那样柔和地转动这两把钥匙去锁和开他的心,结果他几乎所有的人都不得参与他的机密[14]。我那样忠于这光荣的职责,以至于为之失眠和停止了脉搏[15]。淫荡的眼睛永不离开恺撒的住处的那个娼妓,作为普遍的祸根和宫廷的罪恶,燃起所有的人心中的怒火来反对我,怒火中烧的人们又那样燃起奥古斯都心中的怒火,致使欢欣的荣誉变成悲惨的哭泣。我的心激于愤懑的反抗情绪,想以死来逃避人们的愤怒和轻蔑,致使我对自己这正义的人做出了不正义之事[16]。我以这棵树的奇异的树根对你们发誓:我对于我的那样值得受人崇敬的君主从来没有不忠的行为。如果你们当中有一个回到世上,就给我恢复受忌妒的打击而依然扫地的名誉吧。”

诗人稍微等了一下,然后说:“既然他沉默了,你不要错过时机:说话吧,如果你愿意再问什么,你就问他吧。”我听了这话,就对他说:“你认为可以使我的愿望得到满足的事,就请你再去问他吧;因为我心里不胜怜悯,不能再问了。”

因此,他又开始说:“被幽囚的灵魂哪,但愿人家自愿为你办到你的话里所求的事,希望你再告诉我们,灵魂怎样被拘禁在这些疙疙瘩瘩的树里,如果你能够的话,还告诉我们,曾经有什么人的灵魂脱离开这样的肢体没有。”

于是,树干使大劲吹气,随后气就变成了这些话:“我将简短地回答你们。当凶狠的灵魂离开自己用暴力挣脱的肉体时,米诺斯就把它打发到第七谷里[17]。它落在树林里,并没有给它选定地方;而是命运把它甩到哪儿,就在哪儿像斯佩尔塔小麦[18]似的发芽;它长成幼苗,然后

我把手稍微向前一伸，从一大棵荆棘上折下了一根小枝子，它的茎就喊道："你为什么折断我？"

长成野生植物:哈尔皮们随后就吃它的叶子,给它造成痛苦,并且给痛苦造成窗口⑲。我们将像其他的灵魂一样去取回我们的遗体,但是谁都不能再穿上它,因为,重新占有自己狠心抛弃的东西,是不合理的⑳。我们将把自己的遗体拖到这里,挂在这凄惨的树林中,每个都挂在它自己的、曾与它为敌的灵魂㉑长成的荆棘上。”

我们以为这个树干还有别的话要对我们说,正在注意听时,忽然被一阵嘈杂的声音所惊动,犹如猎人觉察到野猪和猎狗向自己埋伏的地方跑来,听到猎狗的吠声和树枝刷刷响的声音一样。看哪,左手边两个鬼魂光着身子,被抓得遍体鳞伤,正在那样拼命地奔逃,把树林里的枝柯都给碰断了。前面的那个喊道:“现在快来吧,快来吧,死啊㉒!”另一个觉得自己太落后了,喊道:“拉诺,你的腿在托波附近比武时可没有这样灵便哪㉓!”大概是因为跑得喘不过气来了,他㉔蜷伏在一丛灌木里,同灌木合为一体。他们后面,树林里满都是黑狗,如同挣脱了锁链的猎狗一般,饥不择食,迅速奔跑。它们张嘴把牙齿咬进那个蜷伏着的鬼魂㉕的身子,把它一片一片地撕下来,然后把凄惨的肢体叼走。

我的向导拉着我的手,把我带到那一丛灌木跟前,它正从流血的伤口徒然发出哭声。“啊,雅各波·达·圣安德烈亚呀,你拿我作掩护有什么用啊?对于你的罪恶的一生我有什么责任哪?”我的老师站在他前面往下看着他㉖时,说:“你是谁呀,从这样折断的枝柯的一端流着血说出这些悲哀的话?”他对我们说:“啊,灵魂们哪,你们来到这里看见使我的嫩枝和我分离开的这种残酷的暴行,请你们把这些嫩枝收集在这不幸的灌木底下吧。我是那个城市的人,这城市以施洗礼者代替了它最初的保护神;所以那个保护神为这件事将经常用他的法术使它悲哀㉗,要不是阿尔诺河的通道旁边还保留着他的神像的一些残余的话,后来那些在被阿提拉烧毁后残留下来的废墟上重建这座城市的市民们,就会劳而无功㉘。我把我的房子给自己做成了绞刑架㉙。”

注释:

① 指托斯卡那的近海沼泽地(Maremma toscana)。柴齐纳(Cecina)是一条小河,在里窝那(Livorno)以南流入第勒尼安海,近河有同名的小城。科

尔奈托(Corneto)是契维塔韦基亚(Civitavecchia)附近的一个小城,第十二章注㉟所说的那两个强盗之一就来自这个小城。北至柴齐纳城或者柴齐纳河,南至科尔奈托城,在但丁的时代是一片灌木丛生、荒无人烟的沼泽地,野猪和狼等野兽经常出没其间,如今大部分已经开垦为良田。

② 意即野猪和狼等野兽逃避有人烟的地方。

③ “哈尔皮”希腊文意为抢夺者,是神话中的鸟身人首的妖怪的通名。《埃涅阿斯纪》卷三叙述埃涅阿斯率领特洛亚人抵达斯特洛法德斯岛时,遭到哈尔皮的袭击;“她们抢去了菜肴,把她们接触到的一切统统染污”,所以但丁在诗中用“污秽”来形容她们。

④ 指最老的一只名叫凯莱诺的哈尔皮向特洛亚人预言,他们只有饿得吃桌子的时候,才能重建城邦。

⑤ 意即深入树林里去以前。

⑥ 意即在第七层地狱的第二环,这里是对自己施加暴力的人(自杀者)和对自己的财产施加暴力的人(倾家荡产者)的鬼魂受苦的地方。下文“那可怕的沙地”是第三环。

⑦ 原文是“Cred' ïo ch' ei credette ch' io credesse”;动词 credere(认为,以为,相信)在主句 cred' ïo 中是现在时,指但丁在写诗时认为;在从句 ch' ei credette 中是过去时,指维吉尔在同但丁一起在树林里时认为;译成中文,只好加上“现在”和“当时”来表明时间的不同。

这一句诗是异常矫揉造作的。但丁在这里为什么写出这样的诗句?意大利但丁学者窦维狄奥(D' ovidio)认为,但丁的目的在于借此使读者在听到本章的主要人物彼埃尔·德拉·维涅的声音以前,就先认识到此人的文笔风格的特点。这种看法当时为大多数意大利和外国注释家所接受。后来美国但丁学者葛兰津特(Grandgent)指出,但丁在这里有意地或者无意地使用了彼埃尔·德拉·维涅的矫揉造作的公文体文笔。利奥·史皮策(Leo Spitzer)则认为,这句诗明确地表现出但丁遵照维吉尔的话注意去看稀奇的事物,但只听到哭声时,不觉陷于迷惘中,和维吉尔的思想交流一时中断的情况;这行拙笨的、结结巴巴的诗句是但丁精神上这种隔阂和混乱状态的拟声法的写照(versione onomatopeica)。

⑧ 这行诗被一些注释家解释为“……这许多声音是隐藏起来不让我们看见的人发出来的”;萨佩纽驳斥这种解释,他认为,假如那些人故意隐藏起来,不让但丁和维吉尔看见的话,他们也就会默不作声了。译文根据萨佩纽的解释。

⑨ 意即你关于哭声的来源的猜想也就会完全打消。

⑩ 这段情节受到《埃涅阿斯纪》卷三有关普利阿姆斯最小的儿子波利多鲁斯的故事的启发。但是但丁诗中和维吉尔诗中的共同之处仅在于树说话和流黑血这一点,诗中的整个气氛则是各不相同的。

⑪ 这个比喻直接取材于实际生活,用青柴一端燃烧时的情况来比拟自杀者的鬼魂变成的树木从树枝折断后的伤口一面说话一面流血的异常现象,是十分贴切而又通俗的。

⑫ 指《埃涅阿斯纪》卷三中所讲的波利多鲁斯的故事(见注⑩)。

⑬ 这个说话的人是彼埃尔·德拉·维涅(约公元1190—1249);"腓特烈"指神圣罗马皇帝兼西西里王腓特烈二世(见第十章注㉜)。彼埃尔·德拉·维涅出身微贱,曾在波伦亚大学学习法律。1221年开始供职于腓特烈二世的宫廷,由于才能出众,忠于职守,从1230年到1247年,一直是腓特烈的左右手。1246年,被任命为西西里王国宰相,达到了权势的顶峰。1248年,腓特烈在巴马附近为北方城市联军所败,性情变得猜忌多疑,彼埃尔·德拉·维涅也失去了他的信任,1249年,受谋反事件的牵连,或许也由于嫉贤妒能的奸臣的谗害,被捕入狱,受到弄瞎眼睛的非刑处罚,"由于此事他在狱中悲痛得情愿速死,有人说他是自杀而死的"(维拉尼的《编年史》卷六)。

彼埃尔·德拉·维涅是最早用意大利文写诗的人之一;他的拉丁文书札词藻华丽浮夸,文笔矫揉造作,颇能代表当时宫廷的文风。

⑭ 彼埃尔用两把钥匙的比喻来表明他能左右皇帝的心:一把是开他的心的钥匙,另一把是锁他的心的钥匙。彼埃尔运用这两把钥匙去锁和开他的心时,都使他感到温和愉快,从而避免遭到拒绝,结果彼埃尔就成为他惟一亲信的大臣。

⑮ 托玛塞奥(Tommaseo)认为这句诗的意思是:"先失去安宁,然后丧命";彼埃尔·德拉·维涅由于忠心耿耿地执行自己的光荣的职责,自然博得了皇帝的欢心,同时也引起了其他朝臣的忌妒和怨恨,到后来落到悲愤自杀的下场。这种解释比把"脉搏"解释为"健康"(注释家们通常这样解释)更为妥帖。

⑯ 这里"娼妓"是"忌妒"的人格化;"恺撒的住处"指皇帝的宫廷;"奥古斯都"和"恺撒"都是皇帝的同义词;诗的大意是:忌妒作为人类共同的祸根(魔鬼由于忌妒而诱惑亚当夏娃犯罪)和宫廷中特别流行的罪恶,一直在皇帝的宫廷起着破坏作用;它激起了其他大臣们对我的愤恨,他们又用谗言陷害我激起皇帝对我的愤恨,致使我落到身败名裂的下场。我的心被愤懑的反抗情绪所驱使,幻想以死来逃避世人的愤怒和轻蔑,以至于犯下了自杀罪,我本来是清白无辜的,这样一来,却对自己做出非正义的事,因为自杀是违背基督教伦理的行为。在这里彼埃尔·德拉·维涅揭露自己的自杀行为的内在矛盾和这种行为的根本原因。但丁虽然对于彼埃尔忠诚无辜遭到谗害深为同情,并且为他申冤,恢复名誉,却仍然让他作为犯自杀罪者在地狱里受苦,正如对于保罗和弗兰齐斯嘉惨遭杀害不胜怜悯,却仍然让他们俩作为犯邪淫罪者在地狱里受苦一样。

⑰ 指第七层地狱。

⑱ 一种生长极快的小麦。

⑲ 意即造成伤口,从这些伤口发出痛苦呻吟和哭泣的声音。

⑳ 意即在最后审判日,自杀者的灵魂将像其他的灵魂一样前去受审,各自把遗体拖回地狱,但是不能像其他的灵魂一样和遗体合而为一,因为自杀者用暴力把灵魂和肉体分割开来,如果他们使二者重新结合在一起,那是不合理的事。

㉑ 因为自杀者的灵魂用暴力和肉体分离,所以说与肉体"为敌"。这三行诗简洁有力地写出荒凉的丛林中一棵棵树上挂着死尸的阴森恐怖的景象。

㉒ 说这话的人是锡耶纳人拉诺(Lano),全名是阿尔科拉诺·马科尼(Arcolano Maconi)。他参加了所谓"浪子俱乐部"(详见第二十九章注㉝),在这个小团体中吃喝玩乐,挥霍无度,落到倾家荡产的结局。1288年,在锡耶纳和阿雷佐的战争中,他中了敌人的埋伏而死。因为他生前用暴力毁掉自己的家产,死后灵魂堕入第七层地狱。他被黑狗跟踪追逐,不堪其苦,渴望第二次死。但灵魂不可能死,他的呼喊无济于事。

㉓ 这个鬼魂是帕多瓦人雅各波·达·圣安德烈亚(Jacopo da Santo Andrea)。1237年,他做腓特烈二世的扈从,1239年,被阿佐利诺·达·罗马诺的刺客杀死。据早期注释家拉纳(Lana)说,他继承了巨大的家产,但他是个挥霍无度的败家子,一时心血来潮,想看大火熊熊燃烧的情景,竟然让人放火烧毁自己的一座别墅,他站在安全的地方观看。他这句话是讥讽拉诺在战场上跑得不如现在快,以致丧命。话里"比武"(la giostra)一词原义是娱乐性的武艺比赛,这里用来指"打仗",带有讽刺色彩。此外,这句话还流露出他害怕被黑狗追上咬伤,忌妒拉诺跑得比自己快的意思。

㉔㉕ 指雅各波·达·圣安德烈亚。

㉖ 这个人是谁,无法考证;诗中只强调他是佛罗伦萨人。

这句诗原文是:Quando'l maestro fu sovr' esso fermo,用 sovra(=sopra)而不用 davanti,表明这一丛灌木比较矮小;介词 sovra 含义是在其所支配的宾语上面而又不互相接触,译文很难简明地表达这种含义,只好采用迂回的说法,这就不免与原文高度凝练的风格大相径庭。

㉗ 佛罗伦萨在异教时代以罗马神话中的战神玛尔斯为保护神,改信基督教后,以施洗礼者圣约翰代替玛尔斯,作为保护本城的圣者,因为这件事得罪了战神,他就"经常用他的法术",即战争来祸害佛罗伦萨(使它不断地内讧并和邻邦打仗)。

㉘ "阿尔诺河"是一条流经佛罗伦萨的河,"通道"是河上的"古桥"(Ponte Vecchio)。佛罗伦萨人改信基督教后,将战神庙改为圣约翰洗礼堂,战神像被移到阿尔诺河边的一座塔楼上,相传公元542年,佛罗伦萨城被东

哥德王托提拉焚毁时(但丁根据中世纪史书的错误记载,把他和匈奴王阿提拉混淆起来),神像落入河中。在查理大帝时,佛罗伦萨城被重建起来,人们传说,要不是当时把残破的神像从河里打捞出来,放在“古桥”桥头的话,这座城市是建不成的。

㉙ 意即他是在自己家里自缢而死的。

第十四章

被爱乡心所驱使，我把散落下来的嫩枝收集起来，还给了声音已经喑哑的幽魂。

从那里我们来到第二环和第三环的边界，在这里看到正义对罪人的可怕的惩罚方式。

为了把奇特的事物讲清楚，我说，我们来到的地方是一片地面上没有任何植物的旷野。那凄惨的树林形成了一个花环围绕着它，正如那惨苦的壕沟形成了一个花环围绕着树林一样；我们就在这片旷野的紧边上停止了脚步。地面是一片又干燥又厚的沙漠，和卡托脚踏过的[①]没有什么不同。

啊，上帝的惩罚啊，凡是读了描写映入我眼帘的情景的诗句的，都应该多么畏惧你呀！

我看见许多群裸体的鬼魂，他们都哭得十分凄惨，似乎受着不同方式的惩罚。有些人在地上仰卧着[②]，有的蜷作一团坐在那里[③]，有的不住地走[④]。绕着圈子走的人最多，躺着受苦的人最少，但他们的舌头最容易说叫苦的话[⑤]。

整个沙地上空飘落着一片片巨大的火花[⑥]，落得很慢，好像无风时山上纷飞的雪花似的。犹如亚历山大在印度那些炎热地带所见的飘落在他的军队身上的火焰[⑦]一样，落地后依然完整，为此，他采取了措施，让他的军队用力踏地，因为单独的火焰更容易扑灭：永恒的火雨就像这样落下来；沙地如同火绒碰上火镰一样被火雨燃起来[⑧]，使得痛苦加倍。那些受苦者的手永不休息地挥舞着，一会儿从这儿，一会儿从那儿拂去身上的新火星。

我开始说："老师啊，除了那些在大门口[⑨]出来阻挡我们的事物顽梗不化的魔鬼外，你是能战胜一切的，请问，那个巨大的鬼魂[⑩]是谁呀？

他似乎对于受火烧毫不在乎,面上带着轻蔑和凶恶的神色躺在那里,似乎火雨并不使他痛苦似的。”那个鬼魂知道我向我的向导问的是他,就喊道:“我活着是什么样的人,死了还是什么样的人。即使朱庇特使他的铁匠[11]累得精疲力竭,在我的末日,他曾在盛怒之下从这个铁匠那里拿到锐利的雷电把我击中,即使他像在弗雷格拉之战[12]时那样呼喊:‘好伏尔坎,帮忙啊,帮忙啊!’使蒙吉贝勒的乌黑的锻炉旁其他的铁匠们[13]一个一个的都累得精疲力尽,并且用他的全部力量向我投掷雷电,他也不可能对我实现称心如意的报复[14]。”

一听这话,我的向导就用极大的声音说:“啊,卡帕纽斯,你的傲气没有消灭,这正是对你的更重的惩罚;除了你自己的怒气外,任何苦刑对于你的狂妄都不是适当的惩罚[15]。”我从来没有听到过他用这样大的声音说话。

接着,他就转过身来,和颜悦色地对着我,说:“那是围困忒拜的七王之一;他以往蔑视上帝,现在似乎还是这样,似乎并不尊重他;但是,正如我对他所说的,他的轻蔑态度是他的心胸的十分适当的装饰[16]。现在你跟着我走吧,还要当心,脚不要踩在灼热的沙子上;而要始终紧挨着树林走去。”

我们一直沉默着,来到了从树林里涌出一条小河[17]的地方,河水的红色至今还使我毛骨悚然。如同那条发源于布利卡梅,流出后,河水被有罪的女人们分用的小河[18]一样,这条小河穿过沙漠往下流去。河底、河两边的斜坡以及堤岸都是石头做的;我看得出,这里就是穿过沙漠的路[19]。

“自从我们由那一道不拒绝任何人迈过门坎的大门[20]进来后,在我指给你看的一切其他的事物中,你的眼睛还没有见过像现在这条使它上空落下来的火焰统统熄灭的小河这样值得注意的。”我的向导这样说;因此,我请求他把他已经引起我的食欲的食物赐给我[21]。

于是,他说:“在大海中央有一块已经荒废的国土,叫克里特,在它的国王统治下,世人原先是纯洁的。那里有一座原先有水、有草木,欣欣向荣的山,叫伊达[22];如今是一片荒凉,如同废品一样。瑞阿选定这山作为她的小儿子的可靠的摇篮,在他哭时,为了把他隐藏得更好,她让在那里发出喧天的声响[23]。山中挺然屹立着一个巨大的老人，他肩膀向着达米亚塔，眼睛眺望着罗马，好像照自己的镜子似的。他的头是纯金造成的，两臂和胸部是纯银做的，胸部以下直到腹股沟都是铜的；从此往下完全是纯铁做的，只有右脚是陶土做的；他挺立着，主要是用这只脚，不是用另一只脚支撑体重。除了金的部分以外，每一部分都裂开了一道缝，裂缝里滴答着眼泪，汇合在一起，穿透那块岩石。泪水流入这一深渊，从一层悬崖落到另一层悬崖[24]，形成了阿刻隆、斯提克斯和弗列格通；然后由这道狭窄的水道流下去，一直流到不能再往下流的地方，形成了科奇土斯[25]；那是什么样的沼泽，你自己会看到的，所以在这里就不讲了。”

我对他说：“如果跟前这条小河是像你说的这样发源于我们的世界，为什么现在它在这个边缘上才出现在我们眼前[26]？”

他对我说：“你知道这个地方是圆的，虽然你一直向左走下这座深渊已经走得很远，你还没有走完整个圈子；所以，如果有什么新的事物出现在我们眼前，不应该使你脸上显出惊奇的神色[27]。”

我又说：“老师，弗列格通和勒特[28]在哪里？因为这一条河你没有提到，关于那一条，你说它是这泪雨形成的。”

“你提出的问题的确都使我高兴，”他回答说，“但是那条红水沸腾的小河应该解答了你的问题之一[29]。勒特河你以后会看到的，但它是在这深渊之外，在灵魂们通过忏悔解脱罪过后前去洗净自己的地方[30]。”接着，他说：“现在是离开这座树林的时候了；你注意跟着我走：没有被火烧热的、从它的上空落下来的火雨全都熄灭的河岸，形成了一条可以通行的路。”

注释：

① 指利比亚沙漠。公元前 47 年，罗马政治家卡托（他在乌提卡自杀，因而历史学家称他为乌提卡的卡托，以免和他的曾祖老卡托混淆）在法尔萨利亚之战败北后，率领庞培军队的残部越过这个沙漠，同努米底亚王尤巴的军队会师（事见史诗《法尔萨利亚》卷九）。

② 指渎神者（施加暴力于上帝者）。

③ 指高利贷者（施加暴力于人工者）。

④ 指犯鸡奸罪者(施加暴力于自然者)。

⑤ 正如他们生前最容易说渎神的话一样。

⑥ 火雨来源于《旧约·创世记》第十九章中的话:“当时耶和华将硫磺与火从天上耶和华那里降与所多玛和蛾摩拉。”

⑦ 在一封伪托亚历山大致其师亚里士多德的信里,他讲到入侵印度时,降了一场特大的雪,他不得不命令兵士用力踏地开路。下了这场雪后,空中又降下火焰,他命令用衣服来扑灭飘落的火焰。大阿尔图斯的《论大气现象》一书中提到这封信,但他把信中所讲的两件事实混为一谈。但丁诗中这段话显然是根据他的说法。

⑧ 火雨落在沙地上把沙子烧得灼热,如同取火用的火镰打在火石上,发出火星,点着火绒一样。

⑨ 指狄斯城的城门(参看第八章)。

⑩ 此人名叫卡帕纽斯,是“七将攻忒拜”的故事中的七将之一,他登着云梯攻城时,狂妄地夸口说连众神之父朱庇特都不能阻止他,被朱庇特用雷电击毙(事见史诗《忒拜战纪》第十卷)。

⑪ 指朱庇特和朱诺的儿子伏尔坎,他司火,善锻铸,和独眼巨人们一起为朱庇特制造兵器。

⑫ 指古代神话中所说的朱庇特等奥林普斯山上的神和提坦神(早一代的神或巨人们)之间在弗雷格拉平原(在希腊色萨利地方)进行的一场战斗。《忒拜战纪》第十卷也提到这次战斗。

⑬ 西西里岛的埃特纳火山,中世纪叫做蒙吉贝勒,这一名称来源于阿拉伯文。据古代神话传说,这座火山是铁匠神伏尔坎和独眼巨人们的锻炉。“其他的铁匠们”指独眼巨人们。

⑭ 意即朱庇特不可能看到我屈服而觉得喜悦。朱庇特是异教的神,对于基督教信徒来说,是虚妄的,但丁把一个亵渎异教的神的人打入地狱,似乎讲不通。关于这一点,注释家牟米利亚诺说:“这是古典文化施加于但丁的压力的又一证明:在斯塔提乌斯的《忒拜战纪》中上阵的人物诱惑了他的想象力,他没有注意到由此产生思想上的不谐和。甚至一般读者也注意不到这一点,因为这段诗写得完全成功……”注释家雷吉奥则认为,卡帕纽斯不敬神自然是对异教的神朱庇特不敬,但是调和异教文化和基督教文化是整个中世纪的特点。但丁本着这种精神,采取了古代神话中这个人物,作为基督教所谓的渎神罪的典型。

⑮ 意即除了受火雨烧身的刑罚外,又加上怒火中烧而又无可奈何的内心痛苦,这种永不熄灭的怒火正是对卡帕纽斯的狂妄无比适当的惩罚。

⑯ “装饰”(fregi)是讽刺话,显然是诗人受韵脚“pregi”的启发巧妙地想出来的词藻。

⑰ 指弗列格通河,但维吉尔没有说出它的名称。

⑱ “布利卡梅”(Bulicame)是位于维台尔勃城以北六公里的小湖,湖中有含硫磺的温泉,泉水颜色发红,流出后成为小河,那里的妓女们分用这条河的水洗衣服、洗澡。“有罪的女人们”(peccatrici)指妓女们。有的注释家认为,传统文本中的“peccatrici”应作“pettatrici”,含义是“梳麻女工们”,她们利用小河的水泡麻。译文根据传统文本。但丁用这条水色发红、水温很高的小河来比拟地狱中的弗列格通河,使读者印象更深。

⑲ 因为在石头做的河岸上走可以避开火雨和热沙。

⑳ 指地狱之门,因为被基督打破后,一直敞开着(参看第八章注⑲)。《埃涅阿斯纪》卷三也有这样的话:“下到阿维尔努斯(传说是阴府入口处)去是容易的,黝黑的冥界大门是昼夜敞开的。”

㉑ 意即我请求他解答他已经引起我的好奇心的问题:那条小河有什么值得这样注意?但丁常用“食物”和“渴”来比拟求知欲。

㉒ 这几行诗脱胎于《埃涅阿斯纪》卷三中的诗句:“在大海中央有一座伟大的朱庇特的岛,叫克里特,上面有真正的伊达山……”“大海”指地中海。据说,克里特岛的第一个国王是朱庇特的父亲萨图努斯,他在位时期是传说中的“黄金时代”,那时,世人是纯洁无罪的。“伊达”是克里特岛上最高的山。

㉓ “瑞阿”是萨图努斯的妻子,朱庇特的母亲。当初曾有预言:萨图努斯注定要被他的儿子推翻;为了使预言不应验,瑞阿一生下男孩,就被他吃掉;生下朱庇特后,她把一块石头裹在襁褓里,哄骗他说是刚生下的婴儿,然后带着朱庇特逃到克里特岛,把他藏在伊达山的山洞里。孩子哭时,她就命令她的祭司们用铙钹、兵器的响声和唱歌、喊叫的声音淹没哭声,使萨图努斯不能发现他。

㉔ 但丁对克里特岛的老人巨像的构思,显然受到《旧约·但以理书》第二章有关尼布甲尼撒王之梦的话的启发:“王啊,你梦见一个大像,这像甚高,极其光耀,站在你面前,形状甚是可怕。这像的头是精金的,胸膛和膀臂是银的,肚腹和腰是铜的,腿是铁的,脚是半铁半泥的。”关于这一老人巨像的寓意,过去的注释家认为,它象征古代人(如奥维德在《变形记》卷一中)所说的人类经历的黄金时代,白银时代,青铜时代和黑铁时代,也就是说,象征人类从淳朴的状态逐渐堕落的过程。“达米亚塔”是埃及的一个城市,这里代表古代文化发源地的东方。老人像背朝着过去的文明世界,面向着帝国和教会中心的罗马。铁做的左脚象征帝国,体重不放在这只脚上,意即帝国的威信大减,陶土做的右脚象征腐化堕落的教会。金做的头没有裂缝,因为人类在黄金时代,也就是说,在犯“原罪”以前,享受的是完美的幸福。现代注释家提出了不同解释,但比较牵强,说服力不及旧注。

在但丁的构思中,真正独出心裁之处是老人像的裂缝中滴下来的泪水汇集在一起,流入池中,形成地狱里的河流。“穿透那块岩石”指老人巨像脚下的岩石;“深渊”指地狱;“悬崖”指从一层地狱下到另一层地狱去的悬崖。泪水象征种种使人的灵魂堕入地狱的罪恶,泪水汇成河流入地狱,意即世上的罪恶和痛苦统统汇合在地狱里。

㉕ 意即泪水汇合成河后,就继续往下流;“这道狭窄的水道”指这道小河(即弗列格通河)的水道;“不能再往下流的地方”指地球的中心;“科奇土斯”是巨大的冰湖,所以这里把它叫做“沼泽”。

㉖ 意即既然地狱里的河流都来源于克里特岛的老人流的泪,为什么我们只在这里看到这条小河,而在已经走过的几层地狱里都没看到它呢?“边缘”指第七层地狱的第三环,即最靠里的一环,它是这一层地狱的边缘。其实但丁在第四层地狱和第五层地狱之间已经看到过一条小河,并且说明这条河形成斯提克斯沼泽(参看第七章倒数第三段)。这种前后不一致之处大概是由于一时遗忘或者由于对地狱里的河流的来源变更了想法。

《神曲》中地狱里的河名都来源于维吉尔等古代诗人的作品,这些作品并没有明确描写河流的地形如何。但丁想象克里特岛的老人巨像的裂缝里滴下的泪水汇合成了一条河,这条河从一层地狱流到另一层地狱,有时扩大成环形的湖泊,在流程中出现了不同的名称(阿刻隆、斯提克斯、弗列格通、科奇土斯)和不同的形态(水、泥、沸血、冰)。这是绝大多数注释家一致的看法。巴尔比反对此说,认为巨像上的每道裂缝滴下的泪水“各自汇集起来,分别穿透岩石流下去,一道裂缝的泪水形成阿刻隆,另一道裂缝的泪水形成斯提克斯,第三道裂缝的泪水形成弗列格通,第四道裂缝的泪水形成眼前这条流成科奇土斯湖的小河。”

㉗ 意即地狱的深渊是圆形的,但丁虽然一直向左一层一层地走下这圆形的深渊,走了很远,但他每层都只走了一段路,并没走完整个圈子,所以如果有什么从未遇见的事物出现,那是不足为奇的。

㉘ 这一条河指勒特河,那一条河指弗列格通河。

㉙ 意即你提出的问题都使我高兴,因为表明你有强烈的求知欲;但是那条红水沸腾的小河应该把弗列格通河在何处的问题解答得很清楚,因为那条河正是弗列格通河(弗列格通〔Phlegethon〕含义是火焰河)。

㉚ 指炼狱山顶上的地上乐园。“勒特”(Lethe)含义是“忘川”,灵魂喝了河水,便忘记生前的一切,在古代神话中,原是冥界的河之一,但丁把它放在地上乐园里。

第十五章

现在我们顺着一道坚硬的堤岸离开那里向前走去,小河的水蒸气遮住上空,使河水和两岸落不上火雨。如同圭参忒和布鲁嘉[①]之间的佛兰芒人怕潮水向他们冲来,筑堤把海拦住;又如在卡伦塔纳感到热以前[②],帕多瓦人沿着勃伦塔河筑堤保护他们的城市和砦堡:这两道河堤也造得像那些堤一样,虽然,不论建造者是谁,他造的既没有那些堤那样高,也没有那样厚。

我们已经离开树林那么远了,即使我回头望,我也望不见它在哪里,这时,我们遇到一队鬼魂沿着河岸走来,每一个都望着我们,如同黄昏时分在一弯新月下一个人望着另一个人一样;他们那样用力皱着眉头向我们凝视,犹如老裁缝穿针时凝视针眼一样[③]。

在那一伙人这样凝视下,我被一个人认出来了,他拉住我的衣裾,喊道:"多么奇怪呀!"当他把胳膊向我伸出时,我定睛细看他的烧伤的脸,那被烧得破了相的面孔并没有能够阻止我的眼力认出他来;我伸手向下面指着他的脸[④],回答说:"您在这里吗,勃鲁内托先生?"他说:"啊,我的儿子啊,如果勃鲁内托·拉蒂诺[⑤]离开自己的队伍,转身同你一起走一会儿,但愿你不觉得讨厌。"我说:"我全心全意请求您这样做;如果您想让我同您一起坐下的话,只要这位和我同行的人许可,我就这样做。""啊,儿子啊,"他说,"这一群当中不论谁,只要停留片刻,以后就要躺一百年,火雨打在他身上,他也不能挡开[⑥]。所以,你向前走吧:我在你身边跟着走;然后,回到我的一面走一面哀叹自己受永恒惩罚的队伍里去。"

我不敢走下河岸去和他并肩而行;但我一直像毕恭毕敬的人似的低着头走。他开始说:"什么命运或[⑦]天命在你的末日到来以前把你带到这冥界来啦?这位给你带路的是谁呀?"

我回答他说："在这上面的世界，在明朗的人间，当我还未到人生的预点时，我迷了路，走进了一个山谷。昨天早晨我才掉过头来离开了那里：当我正要退回到那个山谷里去时[8]，这位出现在我面前，引导我由这条路回家。"[9]

他对我说："如果我在美好的人世时判断得正确的话，你要是追随着自己的星前进，不会达不到光荣的港口[10]。假如我死得不那么早，看到上天对你这样优惠，我会支持你的事业的[11]。但是那些来源于古时从菲埃佐勒迁下来的家族、仍然带有山和岩石气质的、忘恩负义、心肠邪恶的市民[12]，由于你的善行[13]将与你为敌；这是理所当然的，因为在酸的山梨树中间，甜的无花果树是不可能结果的。世上自古相传，称他们为盲人[14]；他们是贪婪、忌妒、狂妄的人：你当心不要沾染上他们的习气。你的命运给你保留着这样的光荣：这个党和那个党都将对你感到饥饿[15]；但是青草将距离山羊很远[16]。让菲埃佐勒的畜生们自己互相作为饲料吧[17]，如果在他们那样的粪堆里，还生出一些体现那些在建造这万恶之巢时留在那里的罗马人的神圣种子复活的植物，让那些畜生不要触动它们吧[18]。"

"假如我的愿望已经完全得到满足的话，您会直到现在还没有从人生中被放逐出去[19]；因为，您在世上时时教导我，人怎样使自己永垂不朽[20]：您那亲切、和善的、父亲般的形象已经铭刻在我的记忆里，现在使我感到伤心；我活在世上一天，就一定要在我的话里表明，我多么感谢您的教导。您关于我的前途所说的话，我都记下来，和另一个人的话一起保留给一位能解释这些话的圣女去解释，如果我能到达她面前的话[21]。现在我只想向您表明这点心迹：只要我的良心不责备我，无论时运女神怎样对待我，我都准备承受。这类预言对于我的耳朵来说并不新奇；所以，让时运女神爱怎样转动她的轮盘就怎样转动吧，让农夫爱怎样挥动他的锄头就怎样挥动吧[22]。"

我的老师听了这话就向右边回头注视我，然后说："边听边记下来的人，是善于听的人[23]。"

我仍然一面走，一面和勃鲁内托先生谈下去[24]，问他，他的最著名的和职位最高的[25]同伴们都是什么人。他对我说："知道一些人，是好的,关于其他的人,我们还是不谈好,因为时间太短,不能说那么多话。简要地说,你要知道,他们都是神职人员[26]中大名鼎鼎的大文人,在世上被同一罪行所玷污。普利珊[27]和那群悲惨的人一起走,弗兰切斯科·德·阿科尔索[28]也在其中;那个被'众仆之仆'从阿尔诺调到巴奇利奥内,并且在那里遗留下用于邪行而过劳的神经的人[29],你也能看到他,假如你想看这样恶心的丑类[30]的话。我是想多讲一些的,但是我不能再走,也不能再谈了,因为我看见那里从沙地上升起了一片新的烟雾[31]。一群我不能跟他们在一起的人往这里来了。请允许我把使我永垂不朽的《宝库》推荐给你,此外,我别无所求。"

随后,他就掉头像那些参加维罗纳越野赛跑争夺绿布锦标[32]的人似的往回跑,并且像其中的得胜者,而不像失败者[33]。

注释:

① "圭参忒"(Guizzante)是中世纪从欧洲大陆去英国的佛兰德尔港口 Wissand(或 Guitsand)的意大利文名称,在加来(Calais)西南,现属法国;"布鲁嘉"(Bruggia)是佛兰德尔东部的商业城市,当时有许多意大利商人,特别是佛罗伦萨商人来这里做生意,现属比利时。佛兰德尔沿海地势低洼,居民筑成防浪堤,以抵挡海潮冲击。但丁用这两个地名大致标志出佛兰德尔防浪堤的西南和东北两端(相距约 120 公里)。

② "卡伦塔纳"(Garentana)指中世纪卡伦齐亚(Garinzia)公爵领地,勃伦塔(Brenta)河发源于此地的阿尔卑斯山中,流经帕多瓦,注入亚得里亚海。在卡伦塔纳山中春暖雪融,勃伦塔河水暴涨以前,帕多瓦居民就沿河修筑堤坝,以防洪水泛滥成灾。

③ 这两个比喻用得十分贴切。第一个比喻说明对面来的鬼魂们在未来到但丁和维吉尔跟前时,眼睛望着他们,如同晚上的行人在新月的微光下互相注视一样;第二个比喻说明,那些鬼魂来到他们跟前时,凝眸端详他们,如同老眼昏花的裁缝穿针时,觑着眼睛,力图把线对准针眼一样。两个比喻起到互相补充的作用:前者生动地写出在光线微弱的条件下,看一定距离之外的事物的一般情况;后者具体地描绘出注视和辨认近处的事物的情景。

这两个比喻还起到另一种作用:使无照明设备的中世纪城市的夜晚和手工业工人在店里劳动的情景浮现在读者的想象中,从而为但丁与勃鲁内托·拉蒂尼相遇的场面准备了适当的气氛。

④ 原文是"chinando la mano a la sua faccia",意即:但丁认出那个鬼魂是谁

后,向他伸出一只手表示亲切的姿态,斯卡尔塔齐-万戴里(Scartazzini-Vandelli)注释本说得更为明确:"伸手向下用食指指着那个引起了他的惊奇的人。"有的学者(例如萨佩纽)主张采用较晚的抄本中的异文"chinando la mia a la sua faccia"(把我的脸低下去,挨近他的脸),认为这种姿态更自然,更适合当时那种场面。但是其他的学者认为,那个鬼魂在沙地上走,但丁在河岸上走,地势较高,诗中既然说他"定睛细看他的烧伤的脸",他势必把头低下去,如果采用这个异文,意思就略嫌重复。

⑤ 勃鲁内托·拉蒂尼或拉蒂诺(Brunetto Latini 或 Latino),1220 年顷生于佛罗伦萨,贵尔弗党政治家和著名的学者。1260 年,他在出使卡斯提王国的归途中,得知贵尔弗党在蒙塔培尔蒂之战大败的消息,留在法国,直到 1267 年,本尼凡托之战后,贵尔弗党重新掌权,他才回到佛罗伦萨,任共和国政府秘书长等要职,1294 年死去。在法国流亡期间,用法文编写了一部百科全书性质的著作,取名《宝库》(Li Livres dou Tesor),后来又将内容压缩,用意大利文写出一篇未完成的训世诗,取名《小宝库》(Tesoretto)。但丁对这两部书都很熟悉,《小宝库》采用寓意的旅行形式,对但丁影响尤深。但丁曾从勃鲁内托·拉蒂尼学过修辞学,包括当众演说和写拉丁文书信的艺术;由于得到他的教益,也由于他对共和国有功而对他非常尊敬,和他说话时,用"您"来称呼。

⑥ 如果犯鸡奸罪的鬼魂站住,就得受更重的惩罚:躺在灼热的沙地上,被火雨打击,无法遮挡(有的注释家理解为"无法用手给自己扇一扇风"),如同犯渎神罪的鬼魂所受的惩罚一样。

⑦ 这里"或"并不意味着非此即彼,而是表明命运和天命二者的同一性,因为诗人在第七章中已经指出时运女神是上帝的使者。

⑧ "山谷"指第一章所讲的幽暗的森林。"当我正要退回到那个山谷里去时"指被母狼逼得退向幽暗的森林。

⑨ 意即走上得救的正路。

⑩ 关于"自己的星"注释家有种种不同的解释。有的认为泛指但丁诞生时吉星高照,有的认为具体地指但丁诞生时,太阳在双子宫,根据占星学家的说法,受双子星的影响的人,生来就有文学天才,但丁自己在《天国篇》第二十二章中也承认自己的才华受惠于这一星座。但是联系下句中"光荣的港口"来看,这里所说的"星"不是指占星学上的星,正如注释家波斯科所指出的,"这个形象化的比喻不是占星学方面的,而只不过是航海方面的。这星是给航海家导航的星:如果他们按照它指示的方向走,就会到达港口。勃鲁内托简单地告诉但丁:如果你随着你的星,如果你不偏离你的道路,如果你准确地掌着你的生活之舵奔向你给自己确定的目的,你是不会达不到的。""光荣的港口"指永垂不朽的美名。

⑪ 勃鲁内托·拉蒂尼死于 1294 年,当时但丁才二十九岁,还只是一位知名

的抒情诗人,尚未参加政治活动。"上天对你这样优惠"指但丁生来就有很高的天才。"支持你的事业",波斯科认为,不是指在文学创作方面,而是在公共生活和政治活动方面。联系下面所说的"你的善行"(tuo ben far)来看,波斯科的解释是正确的。

⑫ 指佛罗伦萨人。根据古代传说,罗马激进派领袖喀提林(Catilina)鼓动菲埃佐勒城的居民背叛罗马,喀提林战败后,菲埃佐勒被夷为平地。恺撒为了不让菲埃佐勒重新兴起,在阿尔诺河边另建了一座新城,名佛罗伦萨,城市的居民大部分是迁来的菲埃佐勒人,小部分是罗马人,"所以佛罗伦萨人经常处于战争和内讧状态,这也没有什么奇怪的,因为他们是高贵的、有德行的罗马人和粗野的、凶悍好战的菲埃佐勒人这样两种互相对抗和敌视的、习俗也不相同的民族的后裔"(维拉尼《编年史》卷二第三十八章)。菲埃佐勒位于佛罗伦萨城北两座小山之间。薄伽丘对"带有山和岩石气质"的解释是:山气质指粗野,岩石气质指顽梗不化,不易接受文明习俗。根据杰利(Gelli)的解释,"忘恩负义"指佛罗伦萨人将要对但丁以怨报德;"心肠邪恶"指他们将要把但丁所做的一切好事硬说成是为了不正当的目的。

⑬ "善行"泛指但丁在公共生活和政治活动中以共和国的利益为重,一贯正直不阿;由于坚持正义,引起人们的敌视,无辜遭到流放。

⑭ 根据历史学家维拉尼的记载,东哥德王托提拉(见第十三章注㉘)为了征服佛罗伦萨,特意派使者去该城,声言要和佛罗伦萨人做朋友,佛罗伦萨人信以为真,让他进城,这样他就一举将佛罗伦萨占领并且摧毁,"因此,以后佛罗伦萨人在谚语中一直被称为盲人"(维拉尼《编年史》卷二第一章)。一些早期注释家则认为,佛罗伦萨人被称为盲人,是由于曾受到比萨人的欺骗:比萨远征巴利阿里群岛时,佛罗伦萨曾派军队守卫该城,事后,比萨人把两根残破的斑岩石柱用红布包裹起来送给佛罗伦萨作为报酬,佛罗伦萨人没有察觉,当作完好的石柱收下来。

⑮ 意即佛罗伦萨人对你的敌视,倒是命运保留给你的光荣;但丁自己在著名的寓意和道德诗《三位女性来到我的心边》中也说:"我认为,我所遭受的放逐是我的光荣。"

"这个党和那个党"指黑白两党;"对你感到饥饿",十四世纪的一些注释家理解为黑白两党都想把但丁争取到自己一边,这种解释也为一些现代注释家所接受。但是,萨佩纽的看法恰恰相反,认为这句话的含义是:"(黑白两党)都想吃掉你,都想发泄他们对你的仇恨。黑党在对诗人宣布判刑时先这样,后来,诗人和那一伙'邪恶、愚蠢的伙伴'(指白党)决裂时,白党又这样。"根据上下文来看,萨佩纽的解释是正确的。

⑯ 这句比喻的含义是:但丁将远远地离开他们,遭不到他们的迫害。

⑰ 这句是"山羊"和"青草"的比喻的延伸,意即让那些反对你的佛罗伦萨

人互相吞食,互相残杀吧。

⑱ “粪堆里”指在污浊的佛罗伦萨社会;“万恶之巢”指佛罗伦萨城;全句的含义是:让那些万恶的佛罗伦萨人不要迫害建立佛罗伦萨时留在那里的高贵的罗马人的后裔。但丁认为自己是古罗马血统,而用“菲埃佐勒的畜生们”来指大部分佛罗伦萨人。

⑲ 原文是不现实条件复合句,含义是:假如上天完全满足了我的心愿的话,那您现在就还在人世呢。

⑳ 但丁这句话似乎和《宝库》一书的十四世纪意大利文译本中的话相呼应:“荣誉赋予有功德的人以第二生命,也就是说,在他死后,他的善行留下的声誉表明他仍然活着。”

㉑ “另一个人的话”指从法利那塔口里听到的预言;“圣女”(原文是“donna”,尚未找到恰当的译法)指贝雅特丽齐;“如果我能到达她面前的话”,流露出没有把握的意思,这并非怀疑上帝特许的天国之行,而是对自己的力量感到信心不足。

㉒ 注释家对这两句话有不同的解释:布蒂(Buti)理解为:“命运和人们爱怎么做就让他们怎么做吧,因为我是要坚持下去的(意即我的目的将一直坚定不移)”;牟米利亚诺认为,第二句以谚语形式补充第一句,似乎带有轻蔑的意味,表示但丁对时运女神转动轮盘就像对农夫干活一样毫不在乎。

㉓ 对这句格言式的话有种种解释;萨佩纽认为:“大概维吉尔只是想说:谁把听到的事物铭刻在心里,把它记住为了将来之用,谁就是善于听的人”;维吉尔“想简单地赞美但丁决计把勃鲁内托的预言记在心里,从而使自己遇到事变不至于毫无准备”。这种解释似乎最恰当。

㉔ 意即但丁并没有因为维吉尔插话而停止同勃鲁内托交谈。

㉕ 原文是“più sommo”,根据多数注释家的解释译成“职位最高的”;但丁在《神曲》中常用著名的和职位高的人物作为美德和罪恶的典型。

㉖ 原文是“Cherci”=Chierici,即 ecclesiastici(教会中人);译为“教士”或“僧侣”似乎都不恰当,姑且译为“神职人员”。

㉗ 普利珊(Priscian,拉丁文 Priscianus),公元六世纪前半期著名的拉丁文法家,他的十八卷《拉丁文法教程》(Institutio de arte grammatica)是中世纪学校通用的课本。没有任何文献证明他曾犯鸡奸罪。由于早期注释家说他是个叛教的僧侣,有些学者就认为但丁把他跟公元五世纪创立异端教派的主教普利希利阿努斯(Priscilianus)混淆了,此人的罪状之一是鸡奸罪。然而这种说法没有足够的说服力。诗中显然以普利珊和弗兰切斯科·德·阿科尔索作为著名的文人学者犯鸡奸罪的实例,公元六世纪的文法家普利珊是名副其实的大学者,诗中所指的只能是他,关于他的罪行,但丁必有所本。

㉘ 弗兰切斯科·德·阿科尔索(Francesco d' Accorso,公元1225—1293)是著名的法学家,波伦亚大学教授,1273年,应英王爱德华一世之聘,去牛津大学任教,1281年回国,后来死在故乡波伦亚。

㉙ 此人的姓名是佛罗伦萨人安德烈亚·德·摩奇(Andrea de' Mozzi),他出身贵族,曾奉教皇尼古拉三世之命,做贵尔弗党与吉伯林党之间的调解人,1287年任佛罗伦萨主教,1295年被教皇卜尼法斯八世调往维琴察(Vicenza)做主教,当年或次年初死去。早期注释家说他是道德败坏和愚蠢无知的人;他被调离佛罗伦萨,据说是由于秽行败露;"(上帝的)众仆之仆"(servo de' servi,拉丁文 servus servorum〔Dei〕)意即上帝的最低下的仆人,教皇以此自称,这里指教皇卜尼法斯八世;阿尔诺河是流经佛罗伦萨的河,这里指佛罗伦萨;巴奇利奥内(Bacchiglione)是流经维琴察的河,这里指维琴察。"在那里遗留下用于邪行而过劳的神经"意即死在维琴察。但丁用这个主教作为高级神职人员犯鸡奸罪的实例加以鞭挞。

㉚ 原文是"tal tigna";"tigna"是一种令人厌恶的头疮,用来比拟行为丑恶的人。

㉛ 指另一群鬼魂向这里走来,在沙地上掀起的尘土。

㉜ 维罗纳越野赛跑创始于1207年,每年四旬斋期间的第一个星期日在圣卢齐业村附近的平川上举行,优胜者获得一块绿布作为锦标。

㉝ 勃鲁内托跑得"像其中的得胜者",意即像其中最快的人;"而不像失败者"这句话也不是多余的,因为注释家们说,最后到达终点的人得到一只公鸡,成为观众嘲笑的对象。

第十六章

我已经来到一个地方，在那里听见泻入另一个圈子[1]的流水的淙淙声，犹如蜂房发出的嗡嗡的响声，这时有三个鬼魂一起飞跑着离开了在火雨的酷刑下走过的队伍。他们向我们走来，每个都喊："你站住吧，看你的服装，你似乎是我们那万恶的城市[2]的市民。"

哎呀，我看到他们四肢上被火烧的新的和旧的创伤多么可怕呀，只要一回想起来，还感到难过。

我的老师注意他们的喊叫，转过脸来向着我，说："现在等一等，对他们应该毕恭毕敬，要不是由于这个地方的特性使火雨降下来的话，我就要说，你更应该急忙走近他们。"

我们刚一站住，他们就又开始唱起他们的旧歌[3]来；当他们来到我们跟前时，三个人就共同排成一个圈子。如同裸体的、身上涂油的角斗的人们[4]，在交手互打互冲以前，通常都先注意窥测进攻的有利时机，他们三个都一面团团转着走，一面像这样用目光盯着我，因此，脖子和脚转动的方向相反[5]。

其中的一个开始说："如果这松软的沙地的凄惨景象和我们烧得发黑的没有须眉的面孔，引起了你对我们和我们的请求的轻蔑，愿我们的声誉能使你乐意告诉我们，你是什么人，迈着活人的脚步这样安全地在地狱里行走。你看见我正踩着他的脚印走的这个人，虽然赤身裸体，烧得没有毛发，身分却比你所料想的要高：他是贤良的郭尔德拉达[6]的孙子，名叫圭多·贵拉；他曾用智与剑屡建功勋[7]。在我后面踩着沙子走的这个人，是台嘉佑·阿尔多勃兰迪，他的话在世上本应被人们听从[8]。我，这个同他们在一起受苦的人，是雅科波·卢斯蒂库奇，我的凶悍的妻子实在比什么都使我受害[9]。"

假如火烧不着我的话，我就已经跳下去，来到他们中间了，我想，我的老师会允许我这样做的;但是,因为那样做我会被烧坏烤煳,恐惧之情战胜了使我渴望拥抱他们的善良的愿望。于是,我开始说:“当我从我这位主人对我所说的话里[10]想象出,向我们走来的是你们这样的人时,你们的情况在我心里引起来的,并不是轻蔑,而是悲痛,这种悲痛扎根在心里那样深,将会迟迟不能完全消释。我是你们那个城市的人,经常怀着敬爱之情听人讲你们的业绩和你们的光荣的名字,并且自己也对人讲。我是丢下苦胆,去寻求我的诚实的向导所许给我的甜果的;但是我得先下到中心去[11]。”

“愿你的灵魂能长久支配你的肢体[12],”他接着说,“愿你的美名在你身后能永放光芒,请告诉我们,廉耻[13]和勇武是一如既往留在我们的城市里,还是已经在那里绝迹;因为方才同我们一起受苦、现在正同我们的伙伴们一起在那里走的葛利摩·波西厄尔[14]所说的话使我们非常痛心。”“新来的人和暴发的财,佛罗伦萨呀,在你的内部产生了骄傲和放恣,使得你已经为此而哭泣了[15]。”我仰面向天这样喊道;那三个人认为这话就是我的回答,他们便像听到真情实况的人那样面面相觑。

他们都回答说:“如果你随时都这样乐于回答问题使人家满意,如果你这样直爽地说出自己的真心话,你真幸福啊!因此,祝愿你逃出这幽冥世界,回去重新看见美丽的星辰,当你高兴地说‘我已经到过那里[16]’时,请你务必向人们提起我们的姓名。”他们说罢,就拆散共同排成的圈子,飞奔而去,他们的腿快得犹如翅膀。

还不到说一声“阿门”的工夫[17],就不见他们的踪影了;因此,我的老师认为应该离开那里了。我跟着他走,我们没走多远,就听到水声距离我们那样近,我们如果说话,简直谁都听不见谁说什么。如同从蒙维佐峰往东数起,在从亚平宁山脉左坡流下去的河当中,那第一条有自己的河道的河[18]——流到平原以前的上游它叫做阿夸凯塔河,流到福尔里就失去了这个名称[19]——在高山圣贝内戴托修道院上边,本来应该为一千座悬崖[20]所接受,却从一座悬崖上倾泻下来,发出轰轰的水声;我们发现那血红的河水从一道峭壁流下,发出同样的轰轰的水声,以至于顷刻间就会把耳朵震聋。

我腰间系着一条绳子,有一次我曾想用它来捕捉那只毛皮五色斑斓的豹[21]。我遵照我的向导的命令,从身上把它完全解下来以后,就把它绕成一团递给了他。随后,他就转身向右,从距离边沿稍远的地方把它扔进下面那个深谷里[22]。我暗自想道:"我的老师这样注意地目送着这不同寻常的信号,一定会有新奇的事物出现作为反应。"

啊,人们在那些不仅看到行动,而且以自己的智力看出内心思想的人跟前,应该多么小心谨慎哪!他对我说:"我所期待的和你心里想象的东西[23]马上就会上来;它一定会马上出现在你眼前。"

对于貌似虚妄的真理,人总应该尽可能闭口不谈,因为那会使他无辜而蒙受耻辱[24];但是在这里我却不能保持沉默;读者呀,我用这部喜剧[25]的诗句——但愿这些诗句能够长久受人喜爱——向你发誓:我看到浓重、昏暗的空气中有一个会使每颗镇定的心都感到惊奇的怪物游上来,就像有时为了解开被海里的暗礁或者别的东西挂住的船锚而下到水里的人[26],伸直上身,缩回两脚,游回来时一样。

注释:

① 指第八层地狱。弗列格通河顺着悬崖峭壁从第七层流到第八层地狱,形成水声轰轰的瀑布。

② 指佛罗伦萨。

③ 指他们重新哭起来。

④ 他们不敢站住,在和但丁交谈时,不得不排成一个圈子,一面团团转着走,一面注视着但丁。

比喻中所说的角斗的人们,有些注释家认为指古代诗人们所描写的摔跤运动员,例如,《埃涅阿斯纪》卷三所描写的特洛亚式的运动会上的摔跤者:"我们……在这阿克提姆城的海滩上举行了特洛亚式的运动会。我的同伴们脱去衣服,用橄榄油涂在身上玩起我们特洛亚人传统的摔跤游戏……"因为这个比喻异常鲜明生动,使人觉得它来源于现实生活,所以另有一些注释家认为其中所说的角斗的人们指中世纪的神意裁判会上的角斗者。所谓神意裁判,就是在没有足够的确凿的证据来判决某一案件的情况下,由诉讼的双方各选一名角斗者去角斗场和对方的角斗者搏斗,谁得胜就意味谁所代表的那一方有理。但是这种角斗者并不赤身上阵,与比喻中所说的不完全符合。注释家雷吉奥认为,但丁在选择这一比喻时,可能把古代诗人所描写的角斗者的形象同中世纪的神意裁判的习俗混合起来了。

⑤ 这个比喻的意义在于用角斗者凝眸窥测进攻的有利时机的神态,来比拟

那三个鬼魂把视线集中在但丁的面孔上的神态。他们一方面须要注视着但丁,同时又须要像跳圆舞似的转圈子,所以,直到转完半个圈子为止,头扭动的方向总是和脚走的方向恰恰相反。

⑥ 郭尔德拉达(Gualdrada)是德高望重的佛罗伦萨贵族贝林丘内·贝尔提(Bellicione Berti)的女儿,被当时的历史家誉为贞洁贤淑的女性的典型。她是圭多·贵拉的祖母。

⑦ 圭多·贵拉(Guido Guerra,约公元 1220—1270)四世是佛罗伦萨的一位世袭的伯爵,在神圣罗马皇帝腓特烈二世的宫廷度过少年时代,后来一反家族传统,成为佛罗伦萨和全托斯卡那贵尔弗党的支柱;1255 年统帅佛罗伦萨贵尔弗军作战,将吉伯林党逐出阿雷佐;1260 年蒙塔培尔蒂之战后,被迫流亡;1266 年,率领流亡的贵尔弗党人参加本尼凡托之战,建立殊勋,被安茹伯爵查理一世任命为托斯卡那总督;1267 年返回家乡。但丁通过"他曾用智与剑屡建功勋"这一警句概括了他一生在文武两方面的功业。

⑧ 台嘉佑·阿尔多勃兰迪出身于佛罗伦萨有势力的阿狄玛里(Adimari)家族,政治上属于贵尔弗党;是"聪明的骑士,作战英勇,享有很大的权威"(维拉尼《编年史》卷六第七十七章)。1266 年,作为共和国军队的司令官之一,曾劝告共和国政府不要出兵对锡耶纳作战,但未被听从,结果,招致蒙塔培尔蒂之战的惨败。所以诗中说:"他的话在世上本应被人们听从。"也有许多注释家认为诗中 Voce 一词含义是名声,把这句诗理解为,由于他曾提出这个明智的忠告,"他的名声在世上应受人重视"。

⑨ 雅科波·卢斯蒂库奇是出身低微的平民,但家里很有钱,据早期注释家说,他属于卡瓦尔堪提集团,1254 年曾作为佛罗伦萨政府特使同其他托斯卡那城市谈判结盟和订约的问题。对于"我的凶悍的妻子实在比什么都使我受害"这句话,注释家们一致认为,这大意是说,他的妻子为人凶悍难处,使得他转好男色,以致死后堕入地狱受苦。

⑩ 指本章第三段中维吉尔的话。

⑪ "苦胆"和"甜果"都是比喻,前者指罪孽之苦,后者指天国之福;"诚实的向导"指维吉尔,他曾保证给但丁带路,走过地狱和炼狱,然后把他交给贝雅特丽齐,由她带路去天国,他这话是真诚可靠的。"中心"指地球的中心,即魔王卢奇菲罗所在的地狱底层。这句诗利用比喻说明从地狱走向天国的旅程,同时又表达出离开罪孽、趋向善与美德的寓意。

⑫ 意即愿你长寿。

⑬ 原文为"cortesia"。但丁对这个词的含义有明确的解释:"cortesia 和 onestade(廉耻)完全是一回事。因为古时宫廷里流行着美德和优良的风尚,正如今天情况恰恰相反一样,所以这个词来源于那时的宫廷,cortesia 的含义就等于说是宫廷的作风"(《筵席》第二篇第十章)。译文根据这种

解释采用“廉耻”一词。但丁以廉耻和勇武来概括构成人的高贵品格的文武两方面的一切美德。

⑭ 葛利摩·波西厄尔，据薄伽丘说，是“宫廷中的骑士，为人很有教养，举止文雅；他和其他像他那类的人常做的事情，是为豪门贵族谈判和约，谈判联姻，有时还讲有趣的、正经的故事使疲倦者精力恢复，鼓舞他们去做光荣的事。”不仅如此，他还是《十日谈》第一天第八个故事中的人物，这表明他的名声流传下来了。他大概死于1300年前不久或许就在年初，作为新入地狱的亡魂给同乡的鬼魂们带来了有关佛罗伦萨的最新消息。

⑮ “新来的人”指从乡间来到城里落户的人，这些人靠经营商业和放高利贷很快就发了大财，他们得势以后，骄傲放恣，穷奢极侈，破坏了佛罗伦萨原先崇尚廉耻和勇武的优良风尚，使诗人感到十分痛心，不禁仰天慨叹。

⑯ “那里”指地狱，这句话的意思是说，当你回到阳间，高兴地回忆地狱之行的时候。因为但丁乐于满足别人的愿望，能做到直言不讳，所以那三个佛罗伦萨人请求他回到阳间后向人们提起他们的姓名。诗人“设想入地狱的人都爱好传播自己的名声，因为他们觉得，名声流传下来，自己就似乎仍然活在世上；这样设想同时也是为了使别人以他们为鉴戒而不做坏事”（布蒂的注释）。

⑰ 指极短的时间。

⑱ 蒙维佐（Monviso即Monte Veso）峰是意大利西北边境的科奇阿尔卑斯山脉（Alpi Cozie）的最高峰，波（Po）河发源于此地。从蒙维佐峰往东去，有许多条河从亚平宁山脉的左坡流下去，一般都流入波河，在但丁时代，其中“第一条有自己的河道的”，也就是不流入波河而直接注入亚得里亚海的河是蒙托内（Montone意即山羊）河。

⑲ 上游名阿夸凯塔（Aquacheta意即静水）河，流到福尔里（Forli）始名蒙托内河。

⑳ 这句诗的含意异常晦涩，注释家提出种种不同的解释，迄今尚无定论。有一种解释这样说：蒙托内河上游的阿夸凯塔河水在爱米利亚（Emilia）地区的亚平宁山脉中的高山圣贝内戴托修道院（San Benedetto dell'Alpe）附近从一座悬崖上倾泻下来，形成巨大的瀑布，由于水量很大，发出轰隆巨响，假如从一千（这里是“许许多多”的意思）座悬崖流下来，形成许多的小瀑布，就不会有这样巨大的水声了。这种解释似乎最确切，译文根据这种解释。

为了把虚构的地狱之行所见所闻描绘得异常真切，使人读后如身临其境，但丁常用世上的、尤其是意大利的景物来比拟地狱中的景物。这里用阿夸凯塔河在圣贝内戴托修道院附近形成的大瀑布的轰轰的水声，来比拟弗列格通河的血红的水从第七层地狱边沿的峭壁上向第八层地狱奔流直下发出的轰轰的水声。

㉑ 这条绳子显然具有象征意义，因为诗中把它和第一章提到的那只具有象征意义的毛皮五色斑斓的豹联系在一起。但其寓意何在，则众说纷纭，主要有三种说法：(1)布蒂和彼埃特罗波诺等人认为指方济各会修士的腰带，但丁少年时代曾做过方济各会的小修士(frate minor)，但未出家。这种腰带象征洁身禁欲，用它来制伏象征肉欲的豹是说得通的；但是巴尔比指出，方济各会修士的腰带是皮带，不是绳子，与诗中所说的不符合，以此来驳斥这种解释；(2)早期注释家都认为这条绳子象征欺诈(或者一种特殊形式的欺诈——伪善)；在这个意义上，可能是邪淫者行淫所使用的手段，也可能是用来迫使欺诈者为自己的目的效劳的手段；(3)现代注释家中，纳尔迪(Nardi)认为它象征正义和纯洁；卡莱提(Caretti)认为它象征正义；菲古莱里(Figurelli)认为它象征民法和道德法则；牟米利亚诺认为它象征制伏肉欲(豹)和欺诈(其化身是将要出现的怪物格吕翁)的法律；波斯科(Bosco)认为它象征人的制伏肉欲和欺诈的意志。

㉒ 维吉尔转身向右，为了用右手把绳子扔下去；"边沿"指第七层地狱的边沿，他"从距离边沿稍远的地方"把它扔出去，以便使大劲扔得远些，免得被深谷边上突出的岩石挂住；"深谷"指构成第八层地狱的深谷。

㉓ "你心里想象的东西"指但丁寻思将要出现的新奇的事物，"想象"原文是"Sogna"(梦想)。

㉔ 大意是：对于那些过于离奇、貌似虚构的事实，应该尽可能不讲，因为在这种情况下，讲的虽然是事实，并没有瞎说，却容易被人指责为说谎而蒙受耻辱。

㉕ 《神曲》原名《喜剧》(La Commèdia)，这里喜剧并没有戏剧的含义，因为中世纪对于戏剧主要是表演性艺术的概念已经非常模糊，惯于根据题材内容和语言风格的不同，把叙事体的文学作品也称为悲剧或喜剧。但丁因为自己的史诗叙述从地狱到天国，从苦难到幸福的历程，结局圆满，又因为它不像《埃涅阿斯纪》那样用拉丁文写成，风格高华典雅，而是用意大利俗语写成，风格平易朴素，所以取名为《喜剧》。薄伽丘在《但丁赞》(Trattatello in Laude di Dante，公元 1357—1362)一文中，对这部作品推崇备至，称它为"神圣的《喜剧》"。1555 年的威尼斯版本第一次以《神圣的喜剧》为书名，后来被普遍采用。中文本通称《神曲》。

㉖ 指水手。但丁用水手下海排除障碍物后，伸直上身，缩回两腿，借水的浮力，游回海面上来的情景，来比拟那个会使每颗镇定的心都感到惊奇的怪物从深谷里的浓重、昏暗的空气中游上来的情景。

第十七章

“你瞧，那只翻山越岭，摧毁城墙和武器的尖尾巴的野兽[①]！瞧那个放臭气熏坏世界的怪物！”我的向导开始对我这样说；他向它示意，要它靠近我们所走的大理石路的尽头上岸。那个象征欺诈的肮脏的形象就上来了，把头和躯干伸到岸上，但没有把尾巴拖上岸来[②]。它的面孔是正直人的面孔，外貌是那样和善，身体其余部分完全是蛇身；它有两只一直到腋下都长满了毛的有爪子的脚；背上、胸部和左右腰间都画着花纹和圆圈儿[③]。鞑靼人和突厥人[④]织成的织物，都未曾有过比这更多的色彩、底衬和花纹，阿剌克涅[⑤]也没有织出过这样的布。

犹如有时小船停在岸边，一部分在水中，一部分在陆上，犹如在贪食嗜酒的德意志人那里，海狸摆好架势，准备作战[⑥]，那只最坏的野兽就这样趴在那道把沙地围起来的石头边沿上[⑦]。它的整个尾巴悬空摇摆着，尾巴尖上那个像蝎子的钩子一般作为武器的毒叉向上弯曲着。

我的向导说：“现在我们的路得稍微拐点弯儿，向趴在那儿的那只恶毒的野兽走去。”于是，我们向右边走下堤去[⑧]，为了完全避开沙地和火雨，紧挨着边沿走了十步。当我们来到野兽跟前时，我瞥见再往前不远有一群人[⑨]靠近深渊坐在沙地上。

我的老师在这里对我说：“为了使你能把自己在这一圈的经历完完全全地带回去，你去看一下他们的情况。你在那里说话要简短，在你回来以前，我要同这只野兽谈一下，让它允许我们借助它的强壮有力的肩膀。”

这样，我就独自一人继续顺着第七圈的边沿前行，走到那些受苦的人们坐的地方。他们的痛苦正从他们的眼睛里迸发出来[⑩]；他们向这边、向那边挥动自己的手，时而用来抵御火雨，时而用来抵御灼热的土地。狗在夏天被跳蚤或者狗蝇或者牛虻咬时，有时用嘴，有时用爪子来抵御，和这种情景没有什么不同[11]。我把目光投射到那些受落下来的火雨烧身之苦的人们当中的一些人的脸上之后，我连一个都不认识他们；但是我看到每个人脖子上都挂着一个有某种颜色和某种图案的钱袋，他们的眼睛似乎都在饱看自己的钱袋[12]。当我东张西望地来到他们中间时，我看到一个黄色的钱袋上有狮子形象和姿态的天蓝色的图案[13]。当我把我的目光的车向前推进[14]时，我就看到一个血红的钱袋，上面呈现出一只比奶油还白的鹅[15]。一个以一头天蓝色的、怀胎的母猪作为自己的白色小钱袋上的图案的人[16]对我说："你在这壕沟里[17]做什么？你现在就走开吧；因为你还是活人，我要你知道，我的邻人维塔利阿诺[18]将来到这里，坐在我左边。我是帕多瓦人，同这些佛罗伦萨人在一起：他们屡次用震得我耳朵要聋的声音喊叫：'让那个带着上面有鸟喙的钱袋的伟大骑士来吧！'"他说罢，就把嘴一咧，像舔鼻子的公牛似的伸出舌头来。[19]我怕再待下去会使告诫我不要久留的老师生气，就离开了那些受苦的鬼魂往回走。

我找到了我的向导，他已骑上那只凶恶的动物的臀部，对我说："现在你要坚强勇敢，今后要凭借这样的阶梯[20]下去；你骑在前面吧，因为我愿意坐在中间，为的使它的尾巴不能伤害你。"

犹如患三日疟的人临近寒颤发作时，指甲已经发白，只要一看阴凉儿，就浑身打战，我听到他对我说的话时，就变得这样；但是羞耻心向我发出它的威胁，这羞耻心使仆人在英明的主人面前变得勇敢。

我坐在它那巨大的肩膀上，心里真想说："你抱住我吧。"可是声音出乎我意料地发不出来。但我一骑上去，这位在别的危险境地中曾救助过我的老师，就用双臂抱住我，扶住我；他说："格吕翁，现在开动吧：圈子要兜得大，降落要慢；要想到你所承载的新奇的负担[21]。"

犹如小船离开岸时徐徐后退，那怪物就这样离开了那里；当它觉得自己可以完全自由转动时，就把尾巴掉转到胸部原来所在的地方，像鳗鱼似的摆动伸开了的尾巴，还用有爪子的脚扇风。当法厄同撒开了缰绳，致使天穹至今还看得出被烧的痕迹[22]；当可怜的伊卡洛斯觉察到腰间的羽毛由于黄蜡融化而脱落下来[23]，听见父亲向他喊："你走错路了！"我想，他们的恐惧都不比我看到自己四面悬空，下临无地，除了那只野兽,什么都看不见时的恐惧更大。那只野兽慢慢地、慢慢地游去;它盘旋着降落,但我并不觉得,只是感到风迎面和从下边吹来。

我从右边已经听到旋涡[24]在我们下面发出可怕的轰隆声,因此,我伸出头去,向下面望了一眼。这时,我对于降落更觉得害怕,因为我看到了火光,听到了哭声;我为此浑身发抖,两腿紧紧地夹住兽背。后来,我才看到——因为起初没有看到——那野兽已经在降落和盘旋,因为四面八方的种种苦刑的情景越来越近。

犹如猎鹰飞了很久,没有看到诱饵[25]或鸟儿,使得鹰猎者说:“哎呀,你下来啦[26]!”它飞起时那样快,现在疲惫不堪地兜了一百个圈子飞回来,落在离它主人远远的地方,露出气愤不满的神气;格吕翁就这样把我们放下来,放在紧挨着悬崖峭壁脚下的地方[27],卸下了我们的身体的负担以后,它就像箭离弦似的不见了。

注释:

① 野兽指格吕翁(Geryon)。根据古希腊神话,格吕翁是一个巨人,居住在西方日没处的厄律提亚(Erythia)岛上,没有一个凡人敢和他作战,半神半人的英雄赫剌克勒斯(Heracles)为了抢走他的宝贵的牛群,在和他搏斗中杀死了他。在《埃涅阿斯纪》卷六,他作为“三个身子的、若隐若现的怪物”在冥界大门里出现在埃涅阿斯面前。古代神话和维吉尔的史诗都没有把他描写成欺诈者。在中世纪传说中,他才变成一个残忍狡诈的国王,装出一副诚恳和善的面孔接待客人,随后就狠毒地杀害他们。在古代神话、维吉尔史诗和中世纪传说中有关的描写的基础上,但丁凭借丰富的想象力,重新塑造了格吕翁的形象,把他作为第八层地狱的守护者和欺诈的象征。“翻山越岭,摧毁城墙和武器”表明欺诈由于惯用阴谋诡计而具有难以抵抗的力量,它既能越过一切天然的障碍,又能突破任何人为的防御。“放臭气熏坏世界”表明世人到处遭受欺诈之风的污染和毒害。

② 这句话的寓意是:欺诈总隐瞒自己的目的。

③ “花纹和圆圈儿”象征欺诈者欺骗人所使用的种种阴谋、诡计、花招和圈套。

④ 指中世纪居住在波斯及其邻国的鞑靼人和突厥人,以善于织色彩鲜艳、花纹美丽的织物驰名。

⑤ 据古代神话,阿剌克涅(Arachne)是吕底亚(Lydia)善于织布的少女,自恃技艺精巧,胆敢向弥涅耳瓦女神挑战,比赛织布;她织出了一块精美无比

的布,弥涅耳瓦挑不出什么毛病来,就把它扯得粉碎。阿剌克涅因陷于绝望而上吊寻死,但弥涅耳瓦救活了她,使她变成了蜘蛛,她上吊的绳子变成了蛛网。

⑥ 在但丁时代,海狸主要产于德国。“海狸摆好架势,准备作战”指海狸准备捕鱼时的姿态。据说,海狸捕鱼时,身子趴在岸上,尾巴伸到水里,来回摆动,从尾巴里冒出一种油脂,作为诱饵。但丁用小船和海狸这两个比喻具体说明,格吕翁身体趴在第七层地狱边沿上,尾巴悬在深渊上空的情况。温图里(Venturi)在《但丁的比喻》一书中指出:“用小船描绘出格吕翁身体的姿态;用海狸又描绘出这种姿态的狡诈的目的。”

⑦ 指环绕第七层地狱的沙地的石头边沿。

⑧ “我们的路得稍微拐点弯儿”意即我们得稍微向右转;但丁和维吉尔在地狱里总是向左走,只有两次是例外;一次是在第六层地狱里曾向右转,从烧得灼热的石棺和狄斯城的城墙之间走过去;一次是在这里,这次“向右边走下堤去”,是因为左边是弗列格通河和它形成的瀑布,不可能向左转。

⑨ 这一群人是高利贷者的灵魂。

⑩ 意即他们的痛苦使得他们的眼泪夺眶而出。

⑪ 这个用动物比拟人的比喻,通过细节的描写表达出诗人对高利贷者的厌恶和鄙视。

⑫ 每个人的钱袋的颜色和图案都和他的家族的纹章一样,注释家托玛塞奥指出,为了把诗人对肮脏的贵族的嘲讽带到地狱里,这是一个巧妙的艺术手段。“他们的眼睛似乎都在饱看自己的钱袋”,是一句意味深长的诗。注释家牟米利亚诺指出:“高利贷者的生活完全集中于这注视钱袋的目光之中,他们的尘世生涯的全部内容和意义都在钱袋里。”

⑬ 金地蓝狮纹章是佛罗伦萨有名的贵族翦非利阿齐(Gianfigliazzi)家族的纹章,这一家族属于贵尔弗党;贵尔弗党分裂成黑白两党后,属于黑党。许多早期注释家认为,脖子上挂着这种钱袋的人是卡泰罗·翦菲利阿齐(Catello Gianfigliazzi),他和他的兄弟及堂兄弟都在法国放高利贷。

⑭ 这句话使用大胆的、古怪的比喻,含义是:当我继续看下去时。

⑮ 红地白鹅纹章是佛罗伦萨世系悠久的贵族奥勃利雅齐(Obriachi)家族的纹章。这个家族属于吉伯林党,1258 年遭到放逐。据注释家拉纳(Lana)说,“这个家族同样是高利贷者”。一位早期无名氏注释家认为,但丁在这里所指的是这个家族的一个名叫洽波(Ciapo)的人。有一文献证明,一个姓名为洛科·奥勃利雅齐(Locco Obriachi)的人 1298 年在西西里放高利贷。

⑯ 白地母猪纹章是帕多瓦著名的斯科洛维尼(Scrovegni)家族的纹章。多数注释家认为,和但丁说话的人是臭名远扬的高利贷者雷吉那尔多·斯

科洛维尼(Reginaldo Scrovegni),此人利欲熏心,贪得无厌;他儿子阿里格(Arrigo)也是高利贷者,为了给父亲赎罪,修建了著名的斯科洛维尼教堂,其中的壁画是著名画家乔托(Giotto)的手笔。

⑰ 指地狱。

⑱ “邻人”意即同城的人。多数早期注释家认为指的是维塔利阿诺·戴尔·敦忒(Vitaliano del Dente),1304年,他任维琴察最高行政官,1307年任帕多瓦最高行政官。但是,据当时的历史学家说,他为人慷慨大方。

⑲ 指佛罗伦萨贝齐(Becchi)家族的简尼·布亚蒙忒(Gianni Buiamonte),1293年,任佛罗伦萨市长,1298年后,被称为骑士。他是靠高利贷致富的银行家,后来因赌博破产,并且由于诈骗而被判罪,死于1310年。他的家族的纹章是金地衬托着三只黑鸟喙的图案。“伟大骑士”是讽刺话,“把嘴一咧,像舔鼻子的公牛似的伸出舌头来”,是嘲笑的姿态。

⑳ 在此以前但丁和维吉尔都是自己从一层地狱下到另一层地狱,不靠外力帮助;到达最后两层地狱和从地球中心到达南半球,将需要借助外力或阶梯。

㉑ 但丁是活人,身体有重量。

㉒ 据古希腊神话,法厄同(Phaëthon)是日神的儿子,他坚决要求驾着父亲的驷马车辇在天空游玩一天,日神再三劝阻,他都不听,最后勉强答应了。四匹飞马奔向天空后,法厄同不知道路在哪里,也无法控制飞马,不禁惊慌失措,车辇驶到天蝎座时,“他看见大蝎弯着两条臂,像一对弓似的,长长的尾巴,其余的臂膊向两面伸开,……身上冒出黑色的毒汁,想用弯弯的尾巴来螫他,他吓得浑身发冷,失去了知觉,撒开了手里的缰绳”(奥维德《变形记》卷二),四匹马无人驾驭,就在天空任意驰骋,使得“天空从南极到北极都在起烟”。为了防止大火烧毁一切,宙斯用雷电击死了法厄同。“天穹至今还看得出被烧的痕迹”,指的是银河。

㉓ 据古希腊神话,伊卡洛斯(Icarus)是雅典的巧匠代达罗斯(Daedalus)的儿子,代达罗斯因杀人被判处死刑,他带着儿子逃到克里特岛,克里特王米诺斯为了长期利用他的巧技,把岛屿周围的船只都封锁起来,不准他离开那里。他采集了许多羽毛,按大小长短排列整齐,然后用线和黄蜡串连起来,又把这一串羽毛略微扭弯,就像真鸟的翅膀一样。他把一对人工翅膀缚在身上,又把另一对装在儿子肩上,然后鼓起双翼,飞上天空。他在前面引导,让儿子跟着他飞。伊卡洛斯愈飞愈胆大,愈飞愈高兴,最后“抛弃了引路人,直向高空飞去。离太阳近了,太阳炽热的光芒把粘住羽毛的芬芳的黄蜡烤软烤化,伊卡洛斯两臂空空,还不住上下拍打,但是没有长桨一般的翅膀,也就扑不着空气了。他淹死在深蓝色的大海里”(奥维德《变形记》卷八)。

㉔ 原文是“il gorgo”。注释家对这词的含义有种种不同的解释:有的人认为

指弗列格通河的瀑布从第七层地狱倾泻到第八层地狱所形成的旋涡;有的人认为指瀑布本身;有的人认为指倾泻的大量瀑水。译文根据第一种解释。

㉕ “诱饵”原文是“logoro”;这是一种鹰猎用具:把两只鸟翼绑在一根小木棍上,摇动起来,就像鸟儿似的,鹰猎者用它来招回猎鹰。

㉖ 意即“我很不高兴你下来了。”猎鹰没有看到诱饵,也没有看到飞鸟,就飞下来,使得猎人不满;由于没有抓到猎物,知道猎人不满,猎鹰自己也很生气,所以飞起时扶摇直上,异常迅速,飞下来时无精打采,缓慢盘旋,最后,怏怏不乐地落在离主人远远的地方。但丁用这个比喻来比拟格吕翁放下两位诗人来的情景。

㉗ 指第七层地狱和第八层地狱之间的悬崖峭壁脚下。

第十八章

地狱里有一个地方名叫马勒勃尔介[①],这个地方和周围的圆墙同是铁色的石头构成的。这万恶的地域正中是一眼极大极深的井的井口,关于这个井的构造,到适当的地方再讲[②]。这井和高大的石墙墙根之间的地带自然是圆形的,这个地带的地面被划分成十条壕沟。为保卫城墙而用一道一道的城壕把城堡围起来,这种城壕所在的地方呈现出什么样的地形,这里的壕沟也呈现出类似的地形。正如这样的城堡都有一些小桥从城门一直通到最靠外的堤岸,同样,这里也有一些石桥从石墙脚下伸展出去,横跨堤岸和壕沟,一直通到那井边,被井切断,并聚集在井口[③]。

我们从格吕翁背上下来后,就发现我们在这个地方;诗人向左走去,我在后面跟着他。我从右边看到新的悲惨景象、新的酷刑和新的鞭打者,充满了第一恶囊。恶囊底的罪人都赤身露体;从当中划界,这一边的罪人都向我们迎面走来,那一边的罪人都和我们向同一方向走去[④],但是脚步比我们大。犹如罗马人在大赦年因为巡礼者的队伍众多,想出了这样让人们过桥的办法:凡是面朝着城堡到圣彼得教堂去的人,都走这一边,朝着山走去的,都走那一边。我看到这边、那边的灰暗的岩石上都有长着角的鬼卒拿着大鞭子,正在后面残酷地鞭打那些罪人[⑤]。哎呀,一鞭子就打得他们抬起脚跟就跑,确实没有一个人等着挨第二下或第三下的。

我正向前走着,我的眼睛瞥见了一个罪人,我立刻说:“这个人我似乎已经见过。”因此,我停住脚步来端详他;和善的向导和我一同站住,而且同意我稍微往回走几步。那个被鞭打的罪人低下头,想隐藏自己,但这对他没什么用处,因为我说:“啊,你这把目光投射到地上的人,如果你所显现的面貌不是虚假的,那你就是维奈狄科·卡洽奈米

哎呀，一鞭子就打得他们抬起脚跟就跑，确实没有一个人等着挨第二下或第三下的。

科[6];但是什么罪使你吃这种苦头啊?"

他对我说:"我是不愿意说的;但是你的明确的话使我想起了过去的世界,迫使我说。我就是那个引诱吉佐拉贝拉去顺从侯爵的意愿的人,不论人们对这件可耻的事怎样传说[7]。在这里哭泣的不只我一个人是波伦亚人;恰恰相反,这个地方波伦亚人满坑满谷,就连萨维纳河和雷诺河之间的地区[8],现在都没有这么多学会说'sipa'的舌头[9];关于这点,如果你想要可靠的证据的话,那你就回想一下我们的贪心吧[10]。"他正在这样讲时,一个鬼卒拿皮鞭子打他,说:"滚吧,拉皮条的!这里没有女人可骗[11]。"

我回到我的护送者那里;随后,我们稍微走了几步,就来到了悬崖峭壁下有岩石突出、形成一座石桥的地方。我们很容易就登上了石桥;上了石桥的陡坡向右转,就离开了那些永恒的圈子[12]。

当我们来到了下面开着桥洞、使被鞭打的罪人可以通过的地方时[13],我的向导说:"你站住,让这另一队生得不幸的鬼魂[14]的目光投射到你身上,他们的面孔你还没有看到,因为他们所走的方向和我们相同。"

我们从古桥上望着从另一边向我们走来的一队鬼魂,他们同样被鞭子驱策着[15]。善良的老师不等我问,就对我说:"你看来的那个伟大的灵魂,他似乎不因为痛苦而流泪:他还保持着何等的王者气概呀!那就是凭勇气和智慧使科尔喀斯失去了公羊的伊阿宋[16]。当楞诺斯岛上的强悍无情的妇女们把她们的男人统统杀死后,他路过那个岛。在那里,他用倾心爱慕的姿态和花言巧语欺骗了那个先已欺骗过所有其他妇女的少女许普西皮勒。他使她怀孕后,撇下她孤零零的在那里[17];这样的罪孽罚他受这样的苦刑。这也给美狄亚报了仇[18]。凡是有这种欺骗行为的,都同他在一起走;关于这第一谷和被它咬住不放的人们[19],你知道这些就够了。"

我们已经来到这条狭路和第二道堤岸交叉、使堤岸形成另一拱桥的桥台的地方。从这里,我们听见第二囊里的人呻吟,用嘴和鼻子噗噗地吹气,用巴掌自己打自己[20]。堤岸的斜坡上布满了一层由于下面蒸发的气味凝结在那里而形成的霉,它使眼睛看到它,鼻子闻到它都难以忍受。谷底是那么深，除非登上石桥的最高处——拱券的脊背，没有别的地方能够看得见它。我们来到了那里；从那里，我看见下面沟里有许多罪人浸泡在一片好像是来自人间的厕所里的粪便中。

我用眼睛向下面观察时，看见一个罪人头上被粪汁泡得那样脏，简直看不清他是僧是俗。他向我喝道："你干吗这样贪看我，比看其他的肮脏的人更仔细？"我对他说："因为，如果我没有记错的话，在你头发干的时候，我就看见过你，你是卢卡人阿莱修·殷特尔米奈伊[21]：所以我对你比对所有其他的罪人都更加注视。"于是，他拍拍自己的脑袋，说："我的舌头说不够的阿谀谄媚话，使我沉没在这里了。"

随后，我的向导对我说："你尽着目力再稍微向前边看一下，使你的眼睛清楚地看到那个肮脏的、披头散发的娼妓的脸，她正在那里用肮脏的手指甲自己抓自己，一会儿蹲下，一会儿站着。她就是妓女塔伊斯[22]，当她的情人问她：'你很感谢我吗？'她回答说：'简直是千恩万谢！'我们看到这里就够了。"

注释：

① "马勒勃尔介"（Malebolge 复数）意即装满罪恶的口袋，是第八层地狱的名称。凡是对并非信任自己的人犯下欺诈罪者，死后灵魂都在这里受苦。这层地狱是个圆形的广大地区，四周有悬崖峭壁围绕（悬崖峭壁顶上就是第七层地狱），形成一道围墙，地面和围墙都是铁色的，即深灰色的岩石。

② 井底是第九层地狱，在第三十二章才讲这口井的构造。

③ 因为围墙是圆形的，所以墙根和井之间的地带也是圆形的，这个地带的地面划分成十条壕沟，以那口井为中心，一条壕沟套着另一条壕沟，形成十个恶囊，有十种不同罪恶的灵魂分别在其中受苦。壕沟与壕沟之间当然有堤岸隔开。为了具体说明第八层地狱的地形，使读者如身临其境，但丁采用了在实际生活中常见的事物作为比喻。中世纪城堡四周都有城壕，即护城河，为防守之用；城门口都有吊桥通到城壕最靠外的堤岸；第八层地狱里，从悬崖峭壁脚下到当中的井之间，有许多座由岩石构成的天然石桥横跨那十条壕沟；但丁就用中世纪城堡的城壕和吊桥来比拟第八层地狱里的壕沟和天然石桥。"被井切断，并聚集在井口"意即所有的石桥都通到井边为止，并集中于此，就像车辐集中于车毂一样。

④ 第一条壕沟（即第一恶囊）以壕沟正中为界，分成两个大小相等的圆形场

地，受惩罚的鬼魂分成两队，各在一个场地中，朝着彼此相反的方向前进；走在靠两位诗人所走的堤岸这一边的，是犯做淫媒罪者，他们和两位诗人走的方向相反，所以但丁完全看得见他们的脸；走在另一边的，是诱奸者，他们和两位诗人所走的是同一方向，所以但丁非得到了桥上，才能看见他们的脸。犯做淫媒罪者劝诱妇女去满足别人的情欲，诱奸者引诱妇女来满足自己的情欲，二者的共同点是：都用欺骗手段达到罪恶的目的，使他人受害，因而都犯下了欺诈罪，同在第一恶囊中受苦。

⑤ 为了说明第一恶囊中犯做淫媒罪者和犯诱奸罪者各成一队，朝着彼此相反的方向前进的情景，但丁使用了在当时的读者记忆犹新的重大事件中出现的情景作为比喻：教皇卜尼法斯八世把 1300 年宣布为大赦年（Giubileo），欧洲各国前往罗马朝圣的信徒人山人海；圣天使堡桥（ponte di Castel S. Angelo）是台伯河上惟一直接通往圣彼得教堂的桥梁，为了避免桥上行人拥挤，交通阻塞，临时在桥当中建了一道矮墙，将桥隔成两半；去圣彼得教堂朝圣的人从一边过桥，从圣彼得教堂朝圣回来的人从另一边过桥。“面朝着城堡”意即面朝着圣天使堡，是去圣彼得教堂的方向；“朝着山走去的”指从圣彼得教堂回来的人；“山”指位于台伯河彼岸的、正对圣天使堡的小丘乔尔达诺山（Monte Giordano）。

“这一边”“那一边”指第一条壕沟从当中划分成的两部分；“灰暗的岩石”指铁色的岩石构成的沟底。

⑥ 维奈狄科·卡洽奈米科（Venedico Caccianemico）是波伦亚人，1228 年左右出生在一个有钱有势的家庭。他是属于贵尔弗党的吉勒美伊（Geremei）家族集团的首领，1274 年战胜属于吉伯林党的兰伯塔乔（Lambertazzi）家族集团，并把这个集团的首领逐出波伦亚；他曾任种种要职，1287 年和 1289 年，由于赞助斐拉拉的埃斯泰（Este）侯爵对波伦亚的政治野心，先后两次遭受流放，返回家乡后，1294 年订立了他儿子兰伯提诺（Lambertino）和侯爵阿佐（Azzo）八世的女儿科斯坦察（Costanza）的婚约，使自己的家族和埃斯泰家族的关系更加密切。1301 年再次遭受放逐，似乎死于第二年。但丁大概认为他死于 1300 年以前。

⑦ 吉佐拉贝拉（Ghisolabella）是维奈狄科的妹妹，嫁给斐拉拉人尼科洛·冯塔纳（Niccolò Fontana）为妻，死于 1281 年。维奈狄科劝诱吉佐拉贝拉与侯爵私通，注释家万戴里（Vandelli）认为，也是为了密切与埃斯泰家族的关系这一政治目的。这个侯爵是奥比佐（Obizzo）二世还是指阿佐八世，尚无定论，现代注释家大多数认为指前者，因为史籍中说他道德败坏。维奈狄科干的这一罪恶勾当，虽然不见于史籍和文献，但从诗中“不论人们对这件可耻的事怎样传说”这句话看来，当时已经辗转流传到意大利许多地区。但丁在何时何地看见过维奈狄科，难以确定，据注释家推测，大概是在 1287 年以前，诗人青年时代在波伦亚求学期间。

⑧ "在这里哭泣"意即在这里受苦。"萨维纳河和雷诺河之间的地区"指波伦亚地区。

⑨ "sipa"是意大利语连系动词 essere(含义为"是")的虚拟式现在时第三人称单数,出现在古波伦亚方言中的形式(现代波伦亚方言为"sepa"),相当于标准意大利语的"sia";"学会说'sipa'的舌头"意即从咿呀学语时就学会说 sipa 的人,即波伦亚人。全句的大意是:因犯做淫媒罪死后在这里受苦的波伦亚人,比波伦亚地区活着的波伦亚人还多。

⑩ 但丁通过维奈狄科的口揭发波伦亚人贪婪的本性。他认为贪欲是世上万恶的根源,所以一再加以揭发批判。

⑪ 原文是"qui non son femmine da conio",对此注释家有两种不同的解释;有人认为含义是:这里没有女人可以供你拉皮条赚钱的;有人认为含义是:这里没有女人可以欺骗;前者把"conio"解释为"moneta"(钱),强调贪婪是所犯罪行的根本原因;后者把"conio"解释为"inganno"(欺骗),强调欺骗是所犯罪行的本质。牟米利亚诺以及波斯科-雷吉奥都肯定第二种解释。译文根据这种解释。

⑫ 可以想象,这些天然石桥都是拱桥(即罗锅桥),"陡坡"指拱券的陡坡。"永恒的圈子"含义隐晦,注释家有种种不同的解释:毕扬齐(Bianchi)、万戴里和巴尔比都认为指那些被鞭打的、永远不停地在壕沟里转圈子的鬼魂们。反对这种解释的学者指出,但丁和维吉尔不但没有离开受鞭打的鬼魂们,而且还走上石桥去看他们。佩特洛齐(Petrocchi)说,两位诗人登上石桥就可以说是离开了那些鬼魂,但这种解释很勉强,没有足够的说服力。彼埃特罗波诺和萨佩纽都认为指第八层地狱周围的悬崖峭壁形成的围墙(因为地狱是永远存在的,所以诗人用"永恒"一词来形容这道围墙)。彼埃特罗波诺还说,如果不想放弃第一种解释,将"永恒的圈子"专指犯做淫媒罪者所转的圈子,就说得通。译者认为,这样解释颇能自圆其说,因为两位诗人上桥后,注意力就转移到诱奸者的队伍上,所以可以说离开了那些犯淫媒罪者的鬼魂。

⑬ 指拱券顶上,即弧形桥洞的最高处。

⑭ 意即入地狱受苦者。

⑮ 这一队是犯诱奸罪者的鬼魂。

⑯ 伊阿宋(Iason)是古希腊神话中乘坐名叫阿耳戈(Argo)的大船前往黑海东岸的科尔喀斯(Colchis)去取金羊毛的英雄。

⑰ 伊阿宋和他的伙伴们途中路过楞诺斯(Lemnos)岛时,岛上的妇女由于愤恨他们的丈夫从外地带来宠爱的女人,已经把所有的男人统统杀死。岛上的女王许普西皮勒(Hypsipyle)是个美貌的少女,伊阿宋和她发生了爱情,使她怀了孕,她让他和他的伙伴们留在岛上,但伊阿宋狠心遗弃了她。"先已欺骗过所有其他妇女"指当初杀死岛上所有的男人时,许普西

皮勒暗地里救出自己的父亲托阿斯(Thoas),将他藏在箱子里,扔在海上任其漂流,而不让其他的妇女知道(事见奥维德的《列女志》(Heroides)第六篇书信和斯塔提乌斯的《忒拜战纪》第五卷)。

⑱ 美狄亚(Medea)是科尔喀斯国王的女儿,和伊阿宋相爱,帮助伊阿宋得到了她父亲的金羊毛。为了爱情,她离开了自己的家乡,同他一起逃回希腊,和他正式结婚,生了两个儿子。伊阿宋后来爱上了科任托斯(Corinthus)王克瑞翁(Creon)的女儿,娶她为妻,遗弃了美狄亚。美狄亚设计报仇,送给这位公主一件金袍,她穿上后,被衣裳上的毒药毒死,国王抱住她时,也中毒而死;不仅如此,她还当着伊阿宋的面杀死她和他生的两个儿子,然后逃走(事见《变形记》卷七和《列女志》第十二篇书信)。伊阿宋在地狱里受惩罚,就意味着给美狄亚报了仇。

⑲ "第一谷"即第一壕沟(第一恶囊),隐喻"咬住不放"(azzanna)说明第一谷把罪恶的灵魂们圈在里面加以惩罚,好像嘴咬住食物来咀嚼似的。

⑳ 第二恶囊里的人是犯谄谀罪者。"嘴和鼻子"原文是muso(兽的口鼻部),借用来指人的嘴和鼻子,表示诗人对这些罪人的轻蔑。由于浸泡在屎尿里,他们就像猪吃食时似的用口鼻噗噗地吹气。"用巴掌自己打自己"是痛苦和绝望的表现。

㉑ 阿莱修·殷特尔米奈伊(Alessio Interminei)出身卢卡贵族,属于白党,生平事迹不详,文献证明他1295年还在世,大概以后不久就死了。

㉒ 塔伊斯(Thaïs)是古罗马泰伦提乌斯(Terentius,约公元前195—前159?)的喜剧《阉奴》(Eunucus,公元前161)中的人物,乃雅典名妓。在剧本第三幕第一场中,塔伊斯的情人军人特拉索(Thraso)通过拉皮条的格纳托(Gnatho)赠给了她一个女奴,他问格纳托:"那么,塔伊斯很感谢我吗?"格纳托回答说:"千恩万谢。"西塞罗在《论友谊》第二十六章中引用了这两句问答的话,把答话作为谀辞的例子;但丁在诗中把格纳托的答话放在塔伊斯口中,好像问答是在特拉索和塔伊斯之间进行的,足以证明他的诗句所根据的,不是泰伦提乌斯的剧本中的对话,而是西塞罗的引文,这段引文中没有明确对话者是谁,问话中的主语Thaïs很容易被认为是呼格,因而把答话看成是塔伊斯说的。

第十九章

啊,术士西门哪[1],啊,西门的可鄙的徒子徒孙哪[2],上帝的事物理当是与善结合的新娘[3],你们这些贪得无厌的人,为了金银而非法买卖这些事物,现在应该为你们吹起喇叭了[4],因为你们是在第三恶囊里。

我们来到了下一道壕沟,已经登上石桥下临壕沟正中的部分。啊,至高的智慧呀,你在天上、地上和罪恶世界显示的神工多么伟大呀!你的权力在赏罚的分配上多么公正啊[5]!

我看见壕沟两侧和沟底的青灰色的石头上布满了孔洞,这些孔洞都一般大,每个都是圆的。据我看来,和我的美丽的圣约翰洗礼堂中为施洗而做的那些孔洞相比,既不大也不小;距今还没有多少年,我曾破坏过其中的一个,为了救出一个掉进去快要闷死的人[6]:让这话成为证明事件真相的印信,使所有的人都不受欺骗吧[7]。

每个洞口都露出一个罪人的两只脚,两条腿直到大腿都露着,身体其余部分全在洞里。所有的罪人两脚的脚掌都在燃烧;因此,他们的膝关节抖动得那样厉害,会把柳条绳和草绳挣断。犹如有油的东西燃烧时,火焰通常只在表面上浮动,在那里,他们的脚从脚跟到脚尖燃烧的情况也是这样。

我说:"老师,那个比他的同伙们抖动得更厉害,显得痛苦不堪的,被更红的火焰烧着的人是谁呀?"他对我说:"如果你愿意让我顺着那道较低的堤岸的斜坡下去,把你带到那里,你会从他自己口里知道他和他的罪行。"我说:"你高兴怎么做,都符合我的心愿:你是我的主人,知道我不背离你的意旨,还知道我没说出来的心思。"

于是,我们来到第四道堤岸上[8];向左转身走下堤去,走到布满孔洞,道路狭窄难行的沟底。善良的老师一直把我抱到那个用腿哭泣的人[9]的孔洞附近,才从腰间把我放下来。

“啊,受苦的灵魂哪,你头朝下像一根木桩似的倒插在那里,不论你是谁,如果你能够说话,就说话吧[10]。”我站在那里像教士听不忠的刺客忏悔似的,这个刺客在被倒栽在坑里后,又把他叫回来,为了免于死刑[11]。

这个罪人喊道:“你已经站在那儿吗,你已经站在那儿吗,卜尼法斯[12]? 书上的话骗了我,时间差了好几年[13]。难道你这么快就对那些财富感到腻烦了吗,为了捞到这些财富,你不怕用欺诈手段来娶那个美女,然后辱没她[14]。”

我听了这番话,就像那些因为对于回答他们的话感到莫名其妙而站在那里,尴尬困惑,不知道怎样回答才好的人一样。

这时,维吉尔说:“你赶快对他说:‘我不是他,我不是你所指的那个人。’”我照他嘱咐我的话回答了。因此,那个鬼魂两只脚全都扭动起来;接着,就叹息着用哭泣的声音对我说:“那么,你向我要求什么呢? 如果你那样迫切需要了解我是什么人,以至于为此走下堤岸来到这里,那么你要知道,我曾穿过大法衣[15]呀;我真是母熊的儿子,为了使小熊们得势,我那样贪得无厌,使得我在世上把钱财装入私囊,在这里把自己装入囊中[16]。我头底下是其他的在我以前犯买卖圣职罪被拖入孔洞的人,他们一个压着一个挤在石头缝里躺着[17]。等那个人一来,我也要掉到那下面去,方才我突然问你时,还以为你就是那个人[18]呢。但是我这样两脚被火烧着,身子倒栽着的时间,已经比他将要被倒栽着,两脚烧得通红的时间长了[19]:因为在他以后,将有一个无法无天的、行为更丑恶的牧人从西方来,这个牧人该把他和我都盖上[20]。此人将是《玛喀比传》中所讲的新伊阿宋;犹如伊阿宋的国王俯就伊阿宋一样,当今统治法国的君主对他也将要这样[21]。”

我不知道,我在这里是否太莽撞了,因为我只是用这种腔调回答他:“现在请你告诉我,我们的主把钥匙交给圣彼得保管以前[22],先向他要了多少钱? 当然,除了说:‘来跟从我’[23]以外,他什么都没要求。当马提亚被拣选来填补那罪恶的灵魂所丧失的位置[24]时,彼得和其他的人都没有向他索取金子或者银子,所以,你就待在这里吧,因为你罪有应得;你好好地守住那些使得你敢于大胆反对查理的不义之财[25]吧。

要不是我对于你在欢乐的人世间掌管的至高无上的钥匙所怀的敬意仍在阻止我的话，我还要使用更严厉的言语呢；因为你们的贪婪使世界陷于悲惨的境地，把好人踩在脚下，把坏人提拔上来。当福音书的作者看见那个坐在众水上和国王们行淫的女人时，他就预见到你们这样的牧人；那女人生来就有七个头，只要她丈夫爱好美德，她就一直能从那十个角吸取活力㉖。你们把金银做成神；你们和偶像崇拜者有什么不同，除了他们崇拜一个，你们崇拜一百个㉗？啊，君士坦丁，不是你改变信仰，而是第一个富裕的父亲从你手里拿到布施，成为多少祸患之母啊㉘！”

当我向他唱这些调子时，不知他是受怒气还是受良心的刺激，他两只脚一直在剧烈地踢蹬着。我确信，这使我的向导感到高兴，他一直面带着那样满意的表情，注意听我坦率说出来的实话的声音。因此，他用双臂抱住我；当他完全把我抱在怀里以后，就顺着他下来时所走的路重新上去。他紧紧地抱着我也不嫌累，一直这样把我带到从第四道堤岸通到第五道堤岸的拱桥的顶上。在这里，他轻轻地放下他的负担，轻轻地，因为石桥崎岖陡峭，对于山羊来说，都是难以通过的路。从那里，我瞥见另一道又大又深的山谷㉙展现在我眼前。

注释：

① 行邪术的西门见撒玛利亚人信了基督教，自己也信了，并受了洗；他看见使徒按手在信徒们头上，便有圣灵降在他们身上，“就拿钱给使徒，说：‘把这权柄也给我，叫我手按着谁，谁就可以受圣灵。’彼得说：‘你的银子和你一同灭亡吧，因你想上帝的恩赐是可以用钱买的。’”（见《新约·使徒行传》第八章）。买卖圣职罪（simonia）一词就来源于想用钱来买上帝恩赐的权柄的术士西门的名字。

② 指犯买卖圣职罪者。

③ “上帝的事物”指圣职；“理当是与善结合的新娘”意即应当授予有德之人。

④ 按照中世纪习俗，大声宣读公告的人在宣读以前，先吹起喇叭引起市民注意；根据基督教传说，上帝进行最后审判时，先由天使吹起喇叭召集一切受审者；二者都可能是但丁的诗句所本，意即现在应该宣布你们的罪状了。

⑤ “至高的智慧”是三位一体的上帝的属性之一。“罪恶世界”指地狱。但

丁既赞叹上帝创造诸天、大地和地狱的伟大神工,又赞叹他奖善惩恶的公正严明。

⑥ 指佛罗伦萨的圣约翰洗礼堂,但丁诞生后在此受洗,对它怀有特殊的感情,在被流放时期,这种感情由于和思乡之情相结合而更加深厚,所以《神曲》中不止一次提到这个教堂。注释家对于“为施洗而做的那些孔洞”的含义有两种不同的解释:有的认为那些孔洞是为施浸礼用的(但丁时代施洗还是施浸礼);有的认为那些孔洞是施洗的教士们站的地方,因为当时每年一般只举行两次施洗仪式(一次在复活节前一周的星期六,一次在圣灵降临节前一天),许多人都把孩子带来领洗,施洗的教士站在孔洞里,既可以避免拥挤,又便于在中间的大洗礼盆中施浸礼。关于这两种说法的是非问题,迄今尚无定论,因为圣约翰洗礼堂的旧洗礼盆已于1576年为给托斯卡那大公弗兰齐斯科一世的儿子施洗而被彻底拆除。但前一种说法最初是佛罗伦萨的无名氏注释家在他的《最佳注释》(Ottimo Commento)中提出的,他说:“以佛罗伦萨的守护神圣约翰命名的教堂……大约在它的正中有一些如下列图形的洗礼盆;这些洗礼盆的大小,每个都进得去一个男孩。有一次,但丁在场时,一个男孩进入这些洗礼盆之中的一个,可巧他两腿交叉着架在盆底,要把他拉出来,就须要破坏洗礼盆,这件事但丁做了;现在这还看得出来。”这位注释家熟悉佛罗伦萨的事物,又和但丁相识,他的话是可信的,万戴里、牟米利亚诺和波斯科-雷吉奥的注释都接受了他的说法。1965年,比斯托亚(Pistoia)的圣约翰洗礼堂中1226年制造的洗礼盆被发现了,经专家鉴定,其构造和《最佳注释》中的附图完全相符,足以证实这种说法是正确的。

注释家对诗句中“annegava”一词的解释也有分歧,因为这个词有“闷死”和“淹死”两种含义。译文根据波斯科-雷吉奥的注释采取了前一种,因为平时那些孔洞中不见得有水,那个男孩也未必是在施浸礼那天掉进去的。

⑦ 当时大概有人曲解但丁为了救人而破坏(或者使人破坏)洗礼池的事实,把它说成是亵渎圣物的行为,不明真相的人难免受到欺骗,为此,但丁在诗中附带说明自己当时的动机,来澄清事实,消除人们的误解。诗人希望自己的话能起到如同印信足以证明文件的真实性那样的作用,换句话说,就是能使真相大白。

⑧ 两位诗人过了天然石桥,来到第三道壕沟和第四道壕沟之间的堤岸上。

⑨ 这句话带有嘲讽的意味,和上段中“抖动得更厉害,显得痛苦不堪”那句话含义大致相同。

⑩ 这是教皇尼古拉三世的灵魂。他的姓名是乔万尼·喀埃塔诺·奥尔西尼(Giovanni Gaetano Orsini),1277年11月25日至1280年8月22日在位,历史家一致斥责他买卖圣职,重用亲族。

⑪ “像教士听不忠的刺客忏悔似的”：这个比喻含有极其尖锐的讽刺意味，因为通常都是由教士听俗人忏悔，现在反倒是由俗人但丁来听教皇忏悔。

中世纪处死受人雇用的刺客，一般都是把他头朝下活埋。“为了免于死刑”这句话，大多数注释家都解释为：罪犯把教士叫回来，补充忏悔一些罪行，使死刑稍稍推迟，争取多活一会儿。但是帕利阿罗（Pagliaro）从 assassino（刺客）这个词的词源出发，提出了另一种解释，他说：“Assassini（刺客派）是伊思马因教派（Ismailiti），其成员喝了 hashich（麻叶酒，这个词是 assassino 的词源）后，根据其首领‘山中老人’（il Veglio della Montagna）的命令，胆大包天地行凶作恶，对于他们的首领，他们直到死都盲目服从。”他认为，刺客的特点就在于对其主使者无限忠诚；诗中所说的“不忠的刺客”指的是那种叛卖其主使者的刺客，把教士叫回来，是为了向他说出主使者的姓名或者一些尚未交代的罪行，以求免于一死。这种说法颇有说服力，为波斯科-雷吉奥的注释本和贾卡罗内（Giacalone）的注释本所采用。

⑫ “卜尼法斯”指教皇卜尼法斯八世，他的姓名是贝奈戴托·卜埃塔尼（Bendetto Caetani），在位期间（公元 1294—1303）好大喜功，贪得无厌，买卖圣职，重用亲族，极力扩大自己的政治势力，企图建立神权统治，在同他的家族的仇敌进行斗争中，曾要求佛罗伦萨提供军事援助。白党和但丁自己都阻止佛罗伦萨支持这种为家族私利而进行的斗争，结果完全失败。不仅如此，他还派遣法国瓦洛亚伯爵查理（Charles de Valois）暗助黑党战胜白党，夺取佛罗伦萨政权，致使但丁遭受放逐，永远不能返回故乡。卜尼法斯八世给教会、意大利、佛罗伦萨和但丁本人都造成极大的危害，因而成为诗人在《神曲》中的主要批判对象之一。

⑬ “书上的话”指预言未来的天书上说，卜尼法斯八世注定死于 1303 年 10 月 11 日（这是历史事实，诗人假托是预言）。但丁虚构的地狱之行在 1300 年春天，当时卜尼法斯八世还活着，三年以后才死。入地狱的人只知未来，不知现在的事，头朝下倒插在孔洞里的尼古拉三世误认为站在洞穴旁边说话的但丁，就是注定在他之后被倒插在孔洞中受苦的卜尼法斯八世，所以他说，天书上的预言欺骗了他，时间差了好几年。诗人通过尼古拉三世的话宣布，在卜尼法斯八世还活着的时候，地狱里早已给他指定了位置。

⑭ “那个美女”指教会，中世纪的神秘主义者和神学家常常使用结婚作为比喻，把教皇比拟作教会的新郎。“不怕用欺诈手段来娶那个美女”指他胆敢以诈术劝诱切勒斯蒂诺五世退位，使自己当选为教皇（参看第三章注⑫）。“然后辱没她”指卜尼法斯八世即位后，买卖圣职，使教会声名狼藉。

⑮ 意即做过教皇。

⑯ “母熊的儿子”指尼古拉三世的家族姓熊(Orsini),在当时的文献中,这一家族的成员被称为“母熊之子”(de filiis Ursae)。“为了使小熊们得势”意即为了扩张自己家族的势力。尼古拉三世生前买卖圣职,搜刮钱财,来达到这个目的,死后灵魂堕入第八层地狱第三恶囊的孔洞里受苦。他说自己“真是母熊的儿子”,因为,在中世纪的动物寓言中,母熊被视为习性贪婪、热爱幼兽的动物,他生前贪得无厌,重用亲族,酷似母熊的习性。“把自己装入囊中”,一些注释家认为指他在第三恶囊里,另一些注释家认为指他被倒插在孔洞穴里,后一种说法似乎更确切。

⑰ 每一个犯买卖圣职罪者都头朝下被倒插在孔洞里,两腿露出洞口,脚掌被火烧着,直到另一个犯同样罪者来接替他为止,那时他就掉到穴底,同那些在他以前掉下去的罪人一起,一个压着一个挤在岩石缝里躺着。

⑱ “那个人”指卜尼法斯八世。

⑲ 因为尼古拉三世死于1280年,到但丁虚构的游地狱的时间1300年,被倒插在洞穴里已有二十年之久,而卜尼法斯八世死于1303年10月,1314年4月就被克力门五世接替,被倒插在洞穴里的时间还不满十一年。

⑳ 前句指克力门五世(Clemente V,公元1305—1314在位)。他是法国西南部加斯科涅(Gascogne)地区的人,在被选为教皇以前,任波尔多大主教,所以诗中说他从西方来。“牧人”是《圣经》语言对一切教士的通称,这里指教皇。克力门五世的姓名是贝尔特朗·德·勾(Bertrand de Got)。他为人圆滑老练,在法国国王腓力四世同教皇卜尼法斯八世的斗争中,左右逢源,保持平衡。继卜尼法斯八世为教皇的贝奈戴托十一世即位九个月后就死了。在腓力四世的操纵下,波尔多大主教贝尔特朗当选为教皇,称克力门五世。他把教廷从罗马迁到阿维农,从此教皇受制于法国国王达七十年之久(公元1308—1378),历史上称为“阿维农之囚”。他和尼古拉三世及卜尼法斯八世一样,买卖圣职,重用亲戚,不仅如此,还把教廷迁离罗马,对于神圣罗马皇帝亨利七世前来意大利消除内争,实现和平,他表面上表示赞助,暗中勾结那不勒斯国王罗伯特阻挠亨利在罗马加冕,最后使亨利的计划以失败告终。他这些罪行,在但丁看来,比前两任教皇尤为严重,因此诗中说他是“无法无天的、行为更丑恶的牧人”,把他也作为主要批判对象之一。“这个牧人该把他和我都盖上”,意即克力门五世注定要继尼古拉三世和卜尼法斯八世之后被倒插在同一孔洞里。

㉑ 《圣经》的逸经《玛喀比传》(Maccabei)上卷第四章叙述犹大祭祀长西门二世(Simon Ⅱ)的次子,欧尼亚斯三世(Onias Ⅲ)的弟弟伊阿宋(Iason)许给叙利亚安条克四世440银币,来谋取祭祀长的职位。克力门五世为促使腓力四世支持自己登上教皇的宝座,答应事成之后,法国全国五年

内的什一税都归国王所有。他这种行径和伊阿宋的故事如出一辙，所以诗中说他是“新伊阿宋”。正如叙利亚国王安条克四世俯允伊阿宋的请求一样，法国国王腓力四世也将俯允他的请求。

㉒ 耶稣对圣彼得说：“我要把天国的钥匙给你”（见《新约·马太福音》第十六章）。

㉓ 耶稣对圣彼得和他的兄弟圣安得烈（他们本是打鱼的）说：“来跟从我，我要叫你们得人如得鱼一样”（见《新约·马太福音》第四章）。

㉔ “罪恶的灵魂”指犹大，他原是耶稣的十二门徒之一，因出卖耶稣变成叛徒，失去了使徒的资格。圣彼得要求弟兄们补选一人做使徒，他们选出了两个人，一个是约瑟，一个是马提亚，“众人就祷告说：‘主啊，你知道万人的心，求你从这两个人中指明你所拣选的是谁，叫他得这使徒的位分，这位分犹大已经丢弃，往自己的地方去了。’于是，众人为他们摇签，摇出马提亚来，他就和十一个使徒同列”（见《新约·使徒行传》第一章）。

㉕ “查理”指西西里王安茹家族的查理一世。尼古拉三世想把侄女嫁给查理一世的侄子，查理严词拒绝，说：“他虽然穿着红袜，他的门第不配同我们的门第联姻，而且他的权力不是世袭的”（见维拉尼《编年史》卷七）。尼古拉三世为此怀恨在心，一直与查理为敌。“不义之财”指尼古拉三世买卖圣职，侵吞教会的什一税和地产进款所积累的钱财，这些不义之财加强了他的实力，使他敢于大胆地反对查理，取消了查理罗马元老院议员的头衔，撤除了他所兼任的帝国驻托斯卡那代表的职务。当时还有一种传说：尼古拉三世接受了拜占庭帝国的贿赂，参加了乔万尼·达·普洛齐达（Giovanni da Procida）密谋反抗安茹王朝对西西里岛的统治的计划，这一计划由于西西里人民于1282年8月31日以晚祷钟声为号，在巴勒莫（Palermo）发动起义，消灭了安茹王朝在岛上的驻军而获得成功。虽然现代历史家指出尼古拉三世死于“西西里晚祷”事件前两年，他接受重金，参加密谋之说并非历史事实，但是维拉尼在《编年史》（卷七第五十七章）中相信这个传说，但丁也很可能相信它，所以有些注释家认为“不义之财”可能指尼古拉三世从拜占庭帝国接受的贿赂。

㉖ “福音书的作者”指《约翰福音》的作者圣约翰，他在《新约·启示录》第十七章中说：“拿着七碗的七位天使中，有一位前来对我说：‘你到这里来，我将坐在众水上的大淫妇所要受的刑罚指给你看。地上的君王与她行淫。住在地上的人喝醉她淫乱的酒。’我被圣灵感动，天使带我到旷野去。我就看见一个女人骑在朱红色的兽上，那兽有七头十角，遍体有亵渎的名号。”在《新约·启示录》中，大淫妇本来象征信奉异教的罗马，但中世纪一些异端、半异端，甚至一些渴望教会深入改革的正统基督徒的著作中，认为大淫妇指的是腐败的教会。但丁采取了这种解释，根据诗中所要表达的思想内容，把《新约·启示录》中的女人和七头十角的兽的

形象合并起来,用七头十角的女人来象征当时的教会。“在众水上”原指骑在罗马帝国所统治的各民族头上,但丁用来指骑在信奉基督教的各族人民头上。“和国王们行淫”指教皇们与各国君主狼狈为奸,争权夺利,尤指使教会受法国国王控制。“七个头”原指罗马发祥地的七座小山,但丁大概用来象征圣灵对教会的七种恩赐(智慧、聪明、学问、训诲、幸运、怜悯、敬畏上帝),或者象征作为教会存在的基础的七种圣礼(洗礼、坚信礼、圣餐礼、补赎礼、临终涂油礼、神职礼、婚礼)。“十个角”原指十个国王,这里肯定指十诫。“她丈夫”指教会的丈夫,即教皇;只要教皇爱好美德,十诫就能被忠实地遵守,发挥其道德力量,使教会健全纯洁。

㉗ “你们把金银做成神”化用《旧约·何西阿书》第八章中的话:“他们(指以色列诸王)用金银为自己制造偶像”;以色列诸王用黄金铸造了一个牛犊来崇拜,也就是拜金。但丁斥责买卖圣职的教皇们崇拜金银,不崇拜上神,而且比偶像崇拜者还坏,因为偶像崇拜者只崇拜一个偶像,买卖圣职的教皇则崇拜一百个,也就是说,他们崇拜无数的偶像,积累多少钱就崇拜多少。

㉘ “君士坦丁”指古罗马君士坦丁(Constantinus)大帝(公元306—337在位)。相传由于教皇席尔维斯特罗一世(Silvester Ⅰ)治好了他的麻风病,他放弃了异教,改信基督教,在希腊旧城拜占庭建立新都,定名为君士坦丁堡,把罗马赠赐给教皇,史称“君士坦丁赠赐”(donazione di Costantino)。这一事件的文书一直流传到1450年才被人文主义者罗伦佐·瓦拉(Lornzo Valla)证明是伪造的。但丁相信它的真实性,不仅在《神曲》中一再提到它,而且在《帝制论》中加以批判,阐明皇帝无权把世俗权力让给教会,教会也无权接受这种权力,因为他断定教会腐败的根本原因在于教皇掌握世俗权力;“君士坦丁赠赐”是教皇执掌政权的开端,也是一切祸患的来源。“第一个富裕的父亲”指教皇席尔维斯特罗一世(“父亲”是教徒对一切教士的通称),含有责备的意思,指摘他违背了耶稣基督对使徒们所宣明的必须保持贫穷的教训(见《新约·马太福音》第十章),为后世贪财好利的教皇们开例。

㉙ 即第四恶囊。

第 二 十 章

我现在该作诗描述新的刑罚,给写沉沦者的第一部曲的第二十歌[1]提供题材了。

我已经完全做好准备,去观察展现在面前的、被痛苦的泪水[2]浸透的谷底;我看见人们默不作声,流着眼泪,迈着世人在宗教仪式的行列中唱着连祷文行进的步伐[3],顺着环形的山谷走来。当我的目光更向下俯视他们时[4],发现每个人下巴颏儿和胸膛顶端之间的部分[5]都令人惊奇地歪扭着,因为他们的面孔扭转向着脊背,他们由于无法向前看,只好倒着走。也许从前有人由于患风瘫而体形这样完全歪扭,但是我没有看到过,也不相信会出现这样的情况。

读者呀,但愿上帝让你能从阅读我的诗篇获得教益,现在请你自己设身处地想一想,当我从近处看到我们人的形象被歪扭成这个样子,致使眼里的泪水顺着臀部中间那条沟浸湿了臀部,我怎么能够使我的面孔保持干燥[6]哇。我靠在坚硬的天然石桥的一块岩石上,确实哭起来了,使得我的向导对我说:"你还像其他的愚人们那样吗[7]? 这里恻隐之心死灭了,才存在着恻隐之心[8];还有谁比对神的判决感到怜悯的人罪恶更大的吗[9]? 抬起头来,抬起头来看那个人吧,大地曾在忒拜人眼前为他裂开;为此,他们都喊道:'你坠落到哪儿去,安菲阿剌俄斯? 你为什么临阵脱逃[10]?'他不住地向下坠落,一直掉在抓住每个亡魂[11]的米诺斯跟前。你看他把脊背变成了胸膛;因为当初他想向前看得太远[12],如今他就向后看,倒退着走。

"你看泰瑞西阿斯,当他的肢体全变了形,从男人变成女人时,他的模样改变了;后来,他须要先用那根手杖再打那两条交配的蛇,才恢复了男人的须眉[13]。那个把脊背向着这个人的腹部的人是阿伦斯[14],他把卡腊腊人居住在山下垦荒的卢尼[15]山里的白大理石中间的一个洞窟作为他的住处,从那里观察星宿和海,他的视线不被任何东西遮住。

“那个用披散的头发遮盖着你所看不见的乳房身子那一边长满了毛的女人,就是曼图⑯,她走遍许多的国土,后来定居在我出生的地方⑰;所以我愿意你稍微听我讲一下。在她父亲去世和巴克科斯的城变成奴隶后⑱,她长期漫游世界。大地上,在美丽的意大利,那道封锁德意志、俯瞰提拉里的阿尔卑斯山脚下,有一个名叫贝纳科的湖⑲。千条或许千条以上的泉水流经加尔达、卡牟尼卡谷和平宁山之间的地区,注入上述的湖中⑳。湖心有一个地方,特兰托的牧人,布里西亚的牧人,维罗纳的牧人,如果路过那里,他们都可以在那里祝福㉑。美丽坚固的堡垒佩斯齐埃拉,为防御布里西亚人和贝加摩人而建,坐落在湖岸最低的地方。贝纳科的怀里容纳不下的水不得不统统倾泻到这里,成为一条河,穿过碧绿的牧场流下去。湖水一开始外流,就不再叫做贝纳科了,直到在戈维尔诺洛注入波河为止,都名叫敏乔河㉒。它还没流出多远,就找到了一片低地,在这片低地上,使它变成了一片沼泽;夏季某些时候经常水少㉓。那残酷的处女走过这里,看见沼泽中央有一块未开垦的、没有人烟的土地。为了避免接触人类社会,她带着她的奴仆们留在那里,来施行她的法术,她在那里生活,并且在那里留下了她的躯壳。后来,分散居住在周围的人都聚集到那个地方,那里由于四面都有沼泽而安全牢靠。他们在她死后埋骨处的地上建起了那座城;为了纪念她作为最初选择这个地方的人,他们没有另外求助于什么占卜的办法,就把它命名为曼图阿。在昏庸的卡萨罗迪受到庇纳蒙忒的欺骗㉔以前,城里的居民原来是更稠密的。因此,我嘱咐你,如果听到关于我的城市起源的其他说法,可不要容许以伪乱真。”

我说:“老师,我觉得,你的说法是那样确凿,那样令我信服,使得其他的说法对我来说,都要成为已经烧完的炭一般了㉕。但是,如果你看到那些正往前走的人之中有谁值得注意,你就给我讲一讲他吧;因为我的心又回过来,专注在这方面了。”

于是,他对我说:“那个面颊上的胡须垂到黑糊糊的肩膀上的人,是个占卜家㉖,当希腊男子走得空无一人,只剩下摇篮里的男孩㉗时,他在奥利斯曾和卡尔卡斯共同指出砍断第一条缆绳的时间㉘。他名叫欧利皮鲁斯,我的崇高的悲剧在某处[29]讲到他是这样的人。你熟悉全诗,肯定熟悉这一点。那另一个两胁那样瘦的人,是迈克尔·司各特[30],他确实会施妖术邪法。你看圭多·波纳提[31];你看阿兹顿忒[32],他现在倒愿意从前一直在拿皮子和线干活来着[33],但是已经后悔不及。你看那些邪恶的女人,她们抛弃了针、梭和纺锤来做算命者;她们用药草和人像来施行妖术邪法[34]。

"但是现在快走吧,因为该隐和他的荆棘已经在两半球的交界处了,正要在塞维利亚下面和海波接触[35];昨天夜里[36]月亮已经圆了:你一定记得很清楚,因为在那座深林中她曾一度使你[37]受益。"

他这样对我说;一面说,我们就一面往前走。

注释:

① "沉沦者"指地狱里的灵魂。但丁在致堪格兰德·德拉·斯卡拉的信中说:《神曲》"全诗分成三部曲,每部曲分成若干歌"。"第一部曲"即《地狱篇》。

② 指受苦的灵魂的泪水。

③ 意即徐步而行。

④ "但丁站在高处,一直在目不转睛地注视着那些人……当那些人走近他时,他显然须要渐渐把眼睛低下来;因此这句话等于说:当他们离我更近,更在我眼底下时"(毕扬齐的注释)。

⑤ 指脖子。这些受苦的灵魂面孔扭到背后,无法向前看,只好倒着走,如同《封神演义》中的申公豹一样。

⑥ 意即目睹我们人类的高贵的形象被歪扭得这样,我怎么能不泪流满面呢?

⑦ 意即你也像其他的愚人那样怜悯人吗?有的注释指出,诗中的"还"字含义是:"在看到上面几层地狱里的情景以后,你还对有罪的灵魂表示怜悯吗?"这种解释也很有道理。

⑧ 意即在这里不应对受苦的灵魂有丝毫怜悯之情,对他们冷酷无情就是真正的怜悯。"这里"指第四恶囊,还是泛指地狱或深层地狱,这取决于对下句如何解释。

⑨ 这句话含义很不明确,引起注释家的争论。有的人认为,这和上句一样,是维吉尔责备但丁的话,意思是说:入地狱的灵魂所受的苦是上帝的判决,谁对此表示怜悯,谁就有很大的罪。根据这种解释,"这里"泛指地狱或深层地狱;许多注释家认为,这种解释比较符合原诗字面上的意思;有

的人反对此说，认为这句话是维吉尔谴责占卜家的话，意思是说，只有上帝自己知道未来的事而不许世人知道，占卜家妄图利用种种方法推断未来，实属罪大恶极，根据这种解释，“这里”专指第四恶囊；一些注释家认为，这种解释进一步阐明了上句的意义，就上下文来看，比较合乎逻辑，但从原诗字面上的意思来看，比较牵强。译文根据前一种解释。

⑩ 据古希腊传说，安菲阿剌俄斯(Amphiaraus)是七将攻忒拜的七将之一。他能预言未来，知道这次出征自己一定丧命，就隐藏起来。他妻子说出了他的藏身之处，他不得不去参战。他在战场上显示了自己的英勇，最后被敌将追击，断绝了生路。宙斯不愿让他不光荣地死去，就用雷霆轰裂大地，使他连人带战车一起陷入地中，一直坠落到冥界的米诺斯面前。事见斯塔提乌斯的《忒拜战纪》。但丁从这部史诗中采取了这个故事，根据自己的创作的需要加以剪裁，去掉了这个人物在斯塔提乌斯笔下的英雄气概，着重嘲讽他的预言无济于事，不能使他免于死亡，为此，在诗中把斯塔提乌斯的史诗中米诺斯嘲笑安菲阿剌俄斯的话，改为出自忒拜人之口。

⑪ 意即任何入地狱的亡魂都逃脱不了米诺斯的审判。

⑫ 意即预见未来。

⑬ 据古希腊传说，泰瑞西阿斯(Tiresias)是忒拜城著名的盲占卜家，因为用手杖打了两条正在交配的蛇而变为女人，七年以后，他又用那根手杖打了那两条蛇，才恢复了原形(见奥维德的《变形记》卷三)。

⑭ 阿伦斯(Aruns)是伊特鲁里亚占卜家，在卢卡努斯的史诗《法尔萨利亚》中他预言罗马将爆发内战，恺撒将获得胜利。

⑮ “卢尼”(Luni)是厄特鲁利亚古城，附近山中以产白大理石著称于世，意大利雕刻家多采用这种材料。1306年，大概在写这一歌以前不久，但丁曾在卢尼地区(Lunigiana)住过，那里的白大理石山和海景肯定给他留下了深刻的印象。卡腊腊(Carrara)是一座小城，附近有大理石采石场，在但丁时代，住在山下的农民在乱石间开荒种田。

⑯ 曼图(Manto)是泰瑞西阿斯的女儿和有名的占卜家。《埃涅阿斯纪》卷十，《变形记》卷六，《忒拜战纪》第四卷、第七卷都讲到她。但丁根据的主要是斯塔提乌斯的史诗，因为曼图在维吉尔诗中是图斯库斯(Tuscus)河神的妻子，《忒拜战纪》中则讲她没有结婚，而且性情残忍，举行血腥的祭祀。但丁把她说成“残酷的处女”，显然是对斯塔提乌斯诗中的描述的概括。

⑰ 维吉尔出生在意大利北部波河北岸曼图阿(Mantua)附近的安德斯(Andes)村(参看第一章注㉑)。

⑱ “巴克科斯的城”指酒神巴克科斯(Bacchus)的出生地忒拜城。忒拜城在正统的君主厄忒俄克勒斯(Eteocles)和波吕尼克斯(Polynices)死后，受克

瑞翁(Creon)的暴虐统治。曼图为逃避暴政压迫,离开了忒拜,四处流浪。

⑲ 此湖由于水源丰沛而形成,即意大利北部的加尔达(Garda)湖,拉丁文名贝纳库斯(Benacus)湖。“封锁德意志”意即形成德意志南部的国界。“提拉里”(Tiralli)即提洛罗(Tirolo)地区,是但丁时代刚形成的一个封建小邦。“那道……阿尔卑斯山……”指莱提科阿尔卑斯山(Alpi Retiche)横亘在提洛罗城堡以北的那一段,这一段山脉位于梅拉诺(Merano)附近,距离加尔达湖相当远,诗中说湖在“山脚下”,只不过是指明它的方位而已。

⑳ “加尔达”指加尔达湖迤东地区;卡牟尼卡谷(Val Camonica)指加尔达湖迤西地区;“平宁”(Pennino)和“亚平宁”(Apennino)在中世纪指阿尔卑斯山或这一山脉的某一段,这里指加尔达湖以北的平宁阿尔卑斯山(Alpi Pennine,拉丁文 Alpes Apenninae),并不指纵贯意大利半岛南北的亚平宁山脉。

㉑ 对于位于湖心的这个地方,注释家们有三种不同的解释:有的认为指修士岛(isola dei Frati),今名莱奇岛(isola Lechi),岛上的小教堂由特兰托(Trento)、布里西亚(Brescia)和维罗纳(Verona)这三个主教区共管;有的认为指堪比奥内(Campione)地方,这个地方也是上述三个主教区的交界处;有的认为指诗人理想中位于湖中心的、三个主教区交界的地方,这个地方不是陆地,而是水上;第三种解释似较确切,因为莱奇岛和堪比奥内地方都不在湖中央,与诗中所说的情况不符合。

㉒ 戈维尔诺洛(Governolo)是一个市镇,敏乔(Mincio)河从加尔达湖流出后,在距离这个市镇两公里处流入波河。

㉓ 意即由于水少而成为瘟疫流行的地方。

㉔ 统治曼图阿城的封建主卡萨罗迪(Casalodi)伯爵为人昏庸,听从庇纳蒙忒(Pinamonte)的劝告,放逐了许多贵族,树敌太多,在对平民党的斗争中陷于孤立无援的境地,庇纳蒙忒依靠平民党的支持,于 1272 年赶走了卡萨罗迪,夺取了政权,统治曼图阿城一直到 1291 年。他掌权后,放逐了所有的贵族,并且杀死了许多,以致城里的居民大大减少。

㉕ 意即一切其他关于曼图阿城的起源的说法,对我来说,都如同烧完的木炭一样毫无用处,不起任何作用。

㉖ 此人名叫欧利皮鲁斯(Euripylus),能通过观察鸟类的飞翔预知未来的事。见《埃涅阿斯纪》卷二。

㉗ 指希腊大军渡海讨伐特洛亚时,成年男子统统出征,只有摇篮里的男婴留在国内。

㉘ 卡尔卡斯(Calchas)是随希腊大军出征特洛亚的占卜家,他预言围攻特洛亚是一次旷日持久的战争。“奥利斯(Aulis)”是希腊港口,希腊军队在

此登船，去远征特洛亚。“共同指出砍断第一条缆绳的时间”意即共同推算出舰只起航的吉利时刻。

㉙ 指《埃涅阿斯纪》，但丁把风格高华的诗篇都称为悲剧。“在某处”指卷二第114—119行；不过，这几行诗只叙述希腊奸细西农（Sinon）骗特洛亚人说，希腊人做成木马时，因为狂风暴雨大作而惊慌失措，“就派欧利皮鲁斯去求阿波罗的神谕”，并没有说他是卜人，曾和卡尔卡斯共同推算出开船的吉利时刻。

㉚ 迈克尔·司各特（Michael Scott）是苏格兰人，曾游学牛津、巴黎和托莱多（Toledo）大学，从阿拉伯文转译出亚里士多德的一些哲学著作，在神圣罗马皇帝腓特烈二世宫廷中服务多年，1250年左右死在苏格兰，相传他会妖术邪法，能预知未来。

㉛ 圭多·波纳提（Guido Bonatti）是意大利福尔里（Forli）人，做过皇帝腓特烈二世以及埃采利诺·达·罗马诺（见第十二章注㉗）、圭多·达·蒙泰菲尔特罗（Guido da Montefeltro）等人的私人占星师，死于十三世纪末年。

㉜ 阿兹顿忒（Asdente）是意大利巴马城里的鞋匠，他以能预言未来的事驰名；他是十三世纪后半叶的人，但丁在《筵席》第四篇第十六章用轻蔑的口气提到他。历史家萨林贝奈（Salimbene）说他名叫本维努托（Benvenuto），绰号阿兹顿忒（无牙），因为实际上恰恰相反，他的牙很大而且参差不齐。

㉝ 意即假如当初他一直只做鞋匠的话，他死后就不至于入地狱了。

㉞ 指形形色色的女巫，她们用药草炮制春药，用蜡或其他材料做成人的形象，放入火中烧毁或者用针扎透来害人，像《红楼梦》中马道婆害宝玉和凤姐那样。

㉟ 意即月亮已经在南北两半球共同的地平线上，将没入西班牙塞维利亚（Sevilla）城附近海中。但丁用“该隐和他的荆棘”来指月亮，因为民间传说，月亮上的阴影是该隐背着一捆荆棘，正如我国民间传说，那是吴刚伐桂树一样。这时正是春分时节，月落大约在早晨六点钟，所以这里所表示的时间是刚过早六点。

㊱ 指但丁在幽暗的森林里“那样悲惨可怜地度过的夜里”，即1300年4月8日耶稣受难日前一夜。

㊲ 第一章并没有讲但丁在那座森林中曾借助于满月的光辉。这句话可能意味着：月光乃人的知识之光的象征，这种光虽然是神的真理的微弱的反射，但由于其光源的力量而仍然能使人受益。

第二十一章

我们就这样一面谈论与我的《喜剧》[1]无关的事，一面从一座桥向另一座桥[2]走去；到了桥顶上，我们就站住来看恶囊的另一道裂缝[3]和另一片无用的啼哭[4]；我发现那里昏黑得令人惊奇[5]。

犹如威尼斯人的船厂[6]里，冬天熬着黏糊糊的沥青，来涂抹已经损坏的船只，因为他们不能去航海了——代替航海这项工作，有的正给自己造新船，有的正用麻屑填塞已经航行多次的船只两侧的缝隙；有的正在船头，有的正在船尾钉钉子；有的正在造船桨，有的正在制船索；有的正在缝补前桅的帆，有的正在缝补主桅的帆——同样，在这下面的壕沟里，并非用火而是凭神工熬着浓稠的沥青[7]，处处黏满堤岸的内壁。我看到了沥青，但没看到其中有什么，只看到沸腾而起的气泡，看到沥青全部膨胀起来，然后收缩，重新落下去。

我正在目不转睛地俯视着那里，我的向导说："当心！当心！"一面说，一面把我从我站着的地方拉到自己身边。于是，我就像一个人急于看他须要躲避的东西，突然感到惊恐气馁而一面看，一面急忙离开一样，转身一看：只见我们后面有一个黑鬼顺着石桥跑上来了。啊，他的面目多么狞恶呀！他张着翅膀，脚步轻快如飞，看样子来势多么凶啊！一个罪人双臀压在他那又尖又高的肩膀上，他紧紧抓着那个罪人的踝子骨[8]。

他从我们站的桥上说："马拉勃朗卡[9]们，你们看，这是圣齐塔的行政长官之一[10]，你们把他放到下面去吧，因为我还要回到[11]那个城去，那里这种人多着呢：那里除了邦杜罗[12]以外，每个人都是贪污犯；那里为了钱把'否'说成'是'[13]。"他把罪人扔下，随即转身顺着石桥走了；猛犬被放开去追贼，跑得也决没有这样快。

那罪人沉下去，又浮上来，被沥青弄得很脏[14]。但是隐蔽在桥下的鬼卒们喝道:“这里可不是摆出‘圣颜’的地方[15]! 在这里游泳和在塞尔丘河[16]可不一样啊! 所以,你要是不想尝一尝挨我们叉的滋味,你就别在沥青浆表面上露头。”

他们用一百多把铁叉叉住他之后,说:“这里你得在掩蔽下跳舞[17],这样,你要能捞,就可以偷偷地捞一把[18]。”这种作法,和厨师们让他们的下手们用肉钩子把肉浸入锅正中,不让它浮起来,没有什么两样。

和善的老师对我说:“为了不让人看见你在这里,你在一块岩石后面蹲下,使自己有点遮挡;无论他们对我有什么暴行,你都不要害怕,因为我从前曾经一度遇到过这样的争吵[19],知道这类事情是怎样的情况。”

于是,他走过桥头去;当他到达第六道堤岸[20]上时,他须要神色镇定。如同一群狗跑出来,向一个走到哪儿一站住,就立刻就地乞讨的可怜的乞丐扑去时那样凶猛狂暴,这些鬼卒从桥下跑了出来,把铁叉统统对准他;但他喝道:“你们谁都别逞凶! 你们用铁叉叉我以前,先让你们当中一个跑过来听我讲一下,再商量叉我吧。”他们都喊:“让马拉科达[21]去!”于是,就有一个迈开脚步——其余的都站着不动——来到他跟前,说:“这对他有什么用呢?”我的老师说:“马拉科达,难道你以为,没有神意和上天保佑,我就能越过你们的一切障碍,像你所看到的那样安全来到了这里吗? 你们放行吧,因为天意要我指引另一个人走这条荒野的路。”他的气焰顿时低落下来,不由得把铁叉放在脚边,对其他的鬼卒说:“现在不要去伤他。”

我的向导对我说:“你一直在石桥的岩石中间蹲伏着,现在平平安安地回到我这儿来吧。”于是,我迈开脚步,急速来到他跟前;所有的鬼卒也都向前冲过来,我生怕他们不守约[22];从前我曾看到那些根据誓约从卡波罗纳[23]退出来的步兵由于发现自己在那么多的敌人中间而产生这种恐惧。我把全身紧紧靠拢我的向导,眼睛一直注视着他们那不怀好意的神态。他们把铁叉放低[24],其中一个对另一个说:“我在他的臀部[25]捅他一下好吗?”大家回答说:“行,你就给他一下子吧。”但是那个正和我的向导谈判的鬼卒火速转过身来,说:“安静着,安静着,斯卡密琉涅[26]!”

他们用一百多把铁叉叉住他之后,说:“这里你得在掩蔽下跳舞,这样,你要能捞,就可以偷偷地捞一把。”

然后，他对我们说：“顺着这座巉岩[27]再往前走是不可能的，因为第六座拱桥已经完全破碎，落在沟底了[28]。如果你们仍然想往前走，你们就顺着这道堤岸走吧；附近有另一座巉岩可以通行[29]。到昨天，比此刻靠后五小时的那个时辰，这里这条路就已经断了一千二百六十六年[30]了。我派遣我手下这些人到那边去，查看是否有人露出身子来了；你们和他们一同走吧，因为他们是不会伤害你们的。”

他开始说：“阿利奇诺，你过来，还有你，卡尔卡勃利纳，你也来吧，卡尼阿佐；让巴尔巴利洽带领这十个人。让利比科科也来，还有德拉吉尼亚佐，长着獠牙的奇利阿托以及格拉菲亚卡内，法尔法赖罗和疯狂的卢比堪忒[31]。你们环绕沸腾的沥青巡查一遭；把这两个人一直护送到另一座巉岩，那座巉岩完好无损，横跨在那些壕沟上。”

“哎呀，老师，我看到的是什么哟？”我说，“我恳求你，如果你知道怎么走，我们就不要护送，自己走吧；因为，就我来说，我是不要求护送的。你要是像平常那样注意的话，你没见他们磨牙切牙，眼神露出行凶的意思吗？”他对我说：“我希望你不要害怕；他们要磨牙，就让他们磨吧，因为他们是对那些被煮的不幸者这样做的。”

他们转身向左边的堤上走去[32]，但是每个鬼卒都先向他们的首领伸出舌头，用牙咬紧，作为信号[33]，他就把自己的屁股当做喇叭[34]。

注释：

① 《喜剧》是《神曲》原来的名称(参看第十六章注㉕)。

② 意即从第四道壕沟的桥走到第五道壕沟的桥。

③ 指第五道壕沟。

④ 地狱里的刑罚是永恒的，啼哭不能使它减轻。

⑤ 由于熬着沥青而显得特别昏黑。

⑥ 威尼斯船厂是当时欧洲最重要的船厂之一，创建于1104年，1303—1304年间扩建，方圆约两英里，周围有高墙环绕，上面建有雉堞和塔楼。

⑦ 这个比喻用威尼斯船厂里熬着沥青来比拟第五道壕沟里熬着沥青的情景，是《神曲》中最长的和最著名的比喻之一，比喻的前一部分除了讲到船厂里熬着沥青以外，还对工匠们的繁忙的劳动作出具体的、生动的描写。注释家们有的赞美它体现出诗人丰富的想象和非凡的写实才能，有的指摘它离开本题，另生枝节。克罗齐在《但丁的诗》中指出，《神曲》中

的比喻有三个类型：一种只是说明性的，例如用中世纪城堡的城壕和护城河上的桥作为比喻，来说明地狱里“恶囊”的地形、构造；一种是把想要说明的情况表达得更加鲜明生动的比喻，例如用老裁缝皱着眉头凝视针眼来穿针的情景比拟鬼魂们凝眸注视但丁和维吉尔的情景；还有一种比喻超出比喻的范围，自身成为一首小诗，例如威尼斯船厂的比喻。美国但丁学者辛格尔顿（Singleton）在他的英译本《神曲》的注释中指出：“这个比喻不像一些注释家所认为的那样，是另生枝节或者是作装饰用的，而是起加深第六行诗里已经存在的悬念和惊奇之情的作用。第一部分写出威尼斯船厂中沸腾的沥青周围繁忙劳动的场面。第二部分并无与此相比配的东西，除了沸腾的沥青，什么都没有。比喻的两部分不相对应这一点，是整个比喻的最有效力的特点；以这种方式显示出来的惊人的差别，使得读者的眼睛仔细观察‘黏糊糊的沥青’和‘它冒出的黏性的气泡’。”这些解释都很有启发性。

⑧ 有些注释家认为，黑鬼把罪人扛来的方式是罪人两腿分开，跨在他的肩膀上；波斯科-雷吉奥反对这种解释，指出诗中“肩膀”用单数，意味着黑鬼是用一个肩膀扛着罪人，罪人脸朝外，头和半个身子都朝下，在黑鬼背上耷拉着，两腿并在一起，伸到前面，被黑鬼紧紧抓着，这种方式，正如早期注释家本维努托·达·伊牟拉所指出的，就像“屠户把屠宰的牲畜扛到屠宰场去剥皮和出售”一样。

⑨ 马拉勃朗卡（Malabranca）含义为“恶爪”，指鬼卒们手上的爪和手里的叉，是第五“恶囊”中的鬼卒们共同的名称，他们还各有自己独特的名称。

⑩ 圣齐塔（Santa Zita，公元 1218—1272）是一位虔诚的女仆，死后被卢卡城的市民尊为圣者；这里用她的名字来指卢卡。“行政官”原文为“anziani”（元老），其职权相当于佛罗伦萨的“priori”；卢卡的行政官共十名，被鬼卒抓来的亡灵是其中的一个，诗中没有提他的姓名，十四世纪注释家圭多·达·庇萨（Guido da Pisa）认为他是马尔提诺·波塔优（Martino Bottaio），后来的注释家们考证出此人死于 1300 年 4 月 9 日（圣星期六），这正是但丁和维吉尔游地狱到达第五“恶囊”的时间。此人既然是死在这个时间，刚被鬼卒抓到地狱里来的，诗中又说他“是圣齐塔的行政长官之一”，不提他的姓名，卢卡的读者也会知道他是什么人。有的注释家，例如萨佩纽和贾卡罗内，认为但丁在诗中没有讲这个亡灵的姓名，因为他所讽刺的并不限于某一个人，而是针对卢卡的全体当权派，这些当权派不仅犯有买卖官职的罪行，而且属于黑党，对佛罗伦萨白党流亡者极为敌视，竟于 1309 年下令将他们驱逐出去。

⑪ 鬼卒去卢卡把犯贪污罪的亡灵直接捉到地狱里来，这种说法和第三章所说的，一切入地狱的亡灵都先集合在阿刻隆河岸上，不相符合。

⑫ 这里用反语嘲讽，其实此人是犯买卖官职罪最严重的人。邦杜罗·达提

(Bonturo Dati)是十四世纪初年卢卡民众党的首领,很有权威,1308年把贵族们驱逐出去后,吹嘘自己清除了前任行政官们买卖官职的歪风,实际上自己却几乎包揽了这种肮脏的交易;1313年以后,流亡到佛罗伦萨,1324年还在世,活着就被诗人写成入地狱的人物。

⑬ 指选举行政官,投票表决,做出决议时,通过贿赂就能颠倒是非黑白,使不称职者当选,使有道德、有才能者受到排斥。

⑭ 原文是 convolto。对于这个词所指的姿势,注释家有不同的解释:"蜷缩成一团","脊背弯曲着","臀部朝上","身子颠倒过来"(被扔下去头朝下,现在在沥青中露出头来);戴尔·隆格指出,这个词在早期意大利语中含义是"弄脏"或"玷污",这里指被沥青弄脏;这种解释为巴尔比、万戴里、萨佩纽和雷吉奥所接受;译文根据这种解释。

⑮ 原文是"Qui non ha loco il Santo Volto!"直译是"这里圣颜可没有地方啊!"这是鬼卒们为了嘲笑被扔到沥青中去的亡灵而说的一句渎神的话,但含义比较模糊,引起了注释家不同的解释;"圣颜"指的是卢卡圣马丁教堂中的一尊拜占庭式的耶稣被钉在十字架上的黑木雕像,相传面部是神手雕成的,因名"圣颜"。卢卡人对这尊雕像异常崇敬,常常向它祈祷,尤其是在遇到苦难的时候。有些注释家认为,亡灵的脊背弯曲着露出在沥青的表面上,很像祈祷的姿势,因此,鬼卒们用这话来打趣他,意思是说:"这里礼拜圣颜是没有用的!"或者"这里没有供奉着圣颜!"另一些注释家认为,亡灵是头朝下扔到沥青中去的,浮上来时,头部露出来,被沥青染成黑色,活像卢卡教堂中的"圣颜",因而鬼卒用这句渎神的话嘲笑他。根据巴尔比的解释,这句话的意思是:"这里不要展出圣颜,这里不要露出头来";波斯科-雷吉奥注释本也指出,这句话显然是说:被罚入地狱的罪人露出被沥青染黑的脸,如同在卢卡展出圣颜一样。译文采取这种解释。

⑯ 塞尔丘(Serchio)河在卢卡附近,夏天卢卡人通常都在这条河里游泳。鬼卒们用这句恶毒的开玩笑的话来警告刚被扔到沥青中去的罪人。

⑰ "在掩蔽下"指在沥青遮盖下;"跳舞"是嘲讽性的比喻,指亡灵在沸腾的沥青浆中疼得身子乱动。

⑱ 意即如同他在世上时,一有机会,就捞一把一样。

⑲ 指维吉尔曾一度下到第九层地狱的科奇土斯冰湖边(参看第九章注⑦)。

⑳ 指第五"恶囊"和第六"恶囊"之间的堤岸。

㉑ "马拉科达"(Malacoda)含义为"恶尾",是鬼卒头目的名字。

㉒ 意即恐怕他们不遵照马拉科达所说的"现在不要去伤他"的话行事。

㉓ 卡波罗纳(Caprona)是比萨境内的一座城堡,以佛罗伦萨和卢卡的军队为主力的贵尔弗党联军围攻这座城堡,守军被围困八天之后,在敌方答应保证生命安全的条件下,于1298年8月6日投降。但丁作为佛罗伦萨

骑兵战士参加了这次战役。

㉔ 意即做出准备刺杀的架势。

㉕ “臀部”:原文“groppone”是谑词,含义为“背部(的下部)”。

㉖ 斯卡密琉涅(Scarmiglione)是企图用铁叉叉但丁的鬼卒。

㉗ “巉岩”指一行一行像车辐似的伸展在第八层地狱里、形成一系列横跨在各“恶囊”上的天然拱桥的巨大岩石。

㉘ 指横跨在第六“恶囊”上的拱桥。

㉙ 马拉科达用这句谎话欺骗维吉尔和但丁,其实所有横跨在第六“恶囊”上的拱桥都已坍塌,无法通过。

㉚ “昨天”指公元1300年4月8日耶稣受难日(复活节前的星期五);“现在”指马拉科达对维吉尔说话的时间,据推算,这是4月9日早晨7点钟。拱桥是耶稣钉死在十字架上时发生的地震震塌的。耶稣是三十四岁时死的,也就是死于公元34年,下距但丁虚构的地狱之行的时间(公元1300)恰恰是一千二百六十六年。《新约·路加福音》认为耶稣死的时刻是正午,比早晨7点“晚五小时”。

㉛ 但丁为这些鬼卒起了离奇古怪的名字,这些名字可能均有一定的含义,但不像马拉科达那样明显,注释家们都是根据自己的猜测作出解释,未必可靠,因此我们只好存疑。

㉜ “左边”指桥左边,“堤上”指第五“恶囊”和第六“恶囊”之间的堤上。

㉝ 对于这个古怪的信号的用意,注释家们提出不同的解释。万戴里认为,鬼卒们做出这种庸俗而又滑稽的举动,是为了向他们的首领巴尔巴利洽示意,他们已经做好准备,他可以发出出动的信号了。这种解释似乎最符合诗中所描写的情况。

㉞ 注释家没有直言不讳地注出这句诗指的是什么。万戴里说:“巴尔巴利洽以不能登大雅之堂的、但是和他以及他的小队相称的方式发出信号,一听到这种和他们相称的信号,小队就出动了。”波斯科-雷吉奥说:“这个不能登大雅之堂的信号为这出地狱里的喜剧的第一部分作了和它相称的结束。”根据原文措词和两家的评注,可以断定这句诗指的是巴尔巴利洽放了一个响屁作为号令小队出发的信号。这样的写法是不是有伤大雅呢?万戴里说:“这里的措词是粗话,但很有效:任何把文笔色调冲淡的写法在这里都不合时宜,都是假装正经,那样做是和但丁的精神、艺术的真实性背道而驰的。”迪诺·普洛文萨尔(Dino Provenzal)说:“如同一切伟大的艺术家一样,但丁不避免写人性和生活的卑下部分;他以巧妙的寥寥数笔就把庸俗的事物用恰当的词语描绘出来。”

第二十二章

从前我曾见过骑兵拔营,发动进攻,举行检阅,有时为保全自己而退却[①];啊,阿雷佐人哪,我曾见过轻骑深入你们境内侦察[②],我曾见过骑兵发起袭击,进行假战[③]和单骑比武;在这些场合,发布命令有时用喇叭,有时用钟[④],有时用城堡使用的信号[⑤],既用本国的,也用外国的东西[⑥];但是我从来没有见过骑兵或步兵开拔,或者以陆地或星辰作为方向标志[⑦]的船只起航,使用这样奇异的笛子发出信号。

我们和那十个鬼卒同行:哎呀,凶恶的伙伴哪!但是在教堂里就同圣徒们在一起,在酒店里就同酒鬼们在一起嘛[⑧]。我的注意力完全集中在沥青上,想看到这个恶囊和其中被烧着的人们的一切情况。

如同海豚用拱形的脊背向水手们发出信号,要他们努力设法保全他们的船[⑨],有的罪人为了减轻痛苦,也像这样不时露出脊背,不到电光一闪的工夫,就又把它隐藏起来。犹如青蛙趴在沟水边,只露出嘴和鼻子,把脚和身体其他部分都藏起来,那些罪人到处[⑩]也都这样;但是,当巴尔巴利洽走近时,他们就缩回沸腾的沥青中去了。

我看见——我的心至今犹有余悸——一个罪人还待在那儿,正如有时一只青蛙留下来,另一只飞快地跳走了一样。离他最近的格拉菲亚卡内钩住他的被沥青粘在一起的头发把他提起,在我看来,他就活像一只水獭[⑪]。我已经知道所有的鬼卒的名字,原来,在他们被挑选出来时,我就注意观察他们的相貌;后来,他们互相呼唤时,我又留心听他们喊什么[⑫]。"喂,卢比堪忒,你务必用你的爪子抓住他剥他的皮。"那些被诅咒的家伙齐声喊道。

我说:"我的老师啊,如果你能办到的话,就请你了解一下,那个落在他的敌人手里的不幸者是谁吧。"我的向导走到他身边,问他是从什么地方来的,他回答说:"我生在那伐尔王国[⑬]。我母亲把我送到一个贵族家做奴仆,因为她嫁了个浪子生下了我,那个人毁了自己和自己的家产[14]。后来我做了善良的国王忒巴尔多[15]的家臣;在那里我干起了买卖官职的勾当,因此我在这热沥青里受惩罚。”

那个像野猪似的嘴两边都露出一只长牙的鬼卒奇利阿托使他感觉到,只用一只长牙就能剥开他的皮。现在他可是老鼠来到恶猫中间了;但是巴尔巴利洽用两臂圈住他,说:“你们都往后站,由我在他背后圈着他[16]。”随后,他就把脸转过来向着我的老师,说:“你要是想从他口里知道更多的事情,在别人干掉他以前,你就继续问吧。”于是,我的向导说:“那么告诉我:在沥青下面的其他罪人当中,你知道有谁是意大利人吗?”他说:“我刚才离开了一个人,他是他们的邻人[17]。我巴不得还和他一起在沥青的遮盖下,那样我就不怕爪子和钩子了!”利比科科说:“我们忍耐不住了。”随后就用钩子钩住他的一只胳膊,一扯就扯去上面的一块肌肉。德拉吉尼亚佐也想往下一叉叉中他的两条腿,看到这种情况,他们的队长转身向周围怒目而视。

当他们又稍微安静些以后,我的向导就毫不迟延地问那个仍在注视着自己的伤口的罪人:“你说你不幸离开了那个人到岸上来,那个人是谁呀?”他回答说:“他是化募修士郭弥塔,加卢拉总督,一切诈术的器皿[18],他的主人的仇敌在他手里,他对待他们的办法使得他们个个都称赞他[19]。正如他所说的那样,他拿到了钱,就轻易放了他们[20];在他的其他职务中,他也不是个小的,而是个最大的贪污者。罗格道罗省总督堂·米凯尔·臧凯[21]和他摽在一块儿,他们的舌头谈起萨丁岛上的事来从不感到疲倦。哎呀,你们看那另一个正在磨牙;我本想再说下去,但是我害怕他正在准备给我挠痒痒呢[22]。”那位大司令[23]转身向着那个眼珠子滚来滚去、正要下手攻击的鬼卒法尔法赖罗说:“你滚开,恶鸟!”

那受惊的罪人重新开始说:“你们要是想看到托斯卡那人或伦巴第人,或是听一听他们讲什么,我就把他们当中的一些人叫来;但是让马拉勃朗卡们[24]站得稍微远一点,免得这些人害怕他们报复;我坐在原地不动,虽然就我一个人在这儿,但我一吹口哨就会叫来七个,因为我们当中谁露出来时,谁就这样做,这是我们的习惯[25]。”卡尼阿佐一听这话，就翘起鼻子和嘴巴，摇头说：“听听他为跳下去逃走想出来的狡计[26]吧！”对此，那个诡计多端的人回答说：“我设法让我的伙伴们受苦，我可真太狡猾啦[27]。”阿利奇诺再也忍不住了[28]，反对其他的鬼卒的意见，对他说：“假如你跳下去，我并不跑去追你，而要扑棱开翅膀飞到沥青面上去。我们都离开这堤岸高处，用堤岸做掩护，看你一个人是否比得过我们大家[29]。”

啊，读者呀，你要听到新奇的趣剧了：他们个个都把眼睛转向堤岸的另一边，那个原来最不肯这样做的鬼卒，是首先这样做的[30]。那伐尔人选着了好时机，他脚掌在地上一蹬，马上跳下去，从他们的司令手里逃走了。一看这样，他们个个都悔恨自己的过错，但是那个铸成这一错误的鬼卒[31]悔恨得最厉害，因此他跳起来，喊道：“你被捉住了。”但这对他没有什么用：因为翅膀的速度超不过恐怖[32]；这一个沉下去了，那一个把胸脯向上一翻就飞走了[33]。犹如猎鹰飞近时，野鸭突然潜入水中，猎鹰又恼怒又颓丧地飞回空中一样。卡尔卡勃利纳对于受到愚弄非常气愤，飞着去追阿利奇诺，巴不得罪人逃脱了，好和他打架[34]；那个贪污者刚一沉没不见了，他就把爪子转向自己的伙伴，在壕沟上空和他扭在一起。但对方实在是一只成熟的鹰[35]，狠狠地抓住了他，他们俩就一起坠落在沸腾的沥青池的中心。他们烫得顿时松了手；但他们飞不起来，因为他们的翅膀被牢牢地粘住了。巴尔巴利洽和他部下的其他鬼卒都很难过，他派其中的四名都带着铁叉飞往对岸去，他们从这边那边急速降落到指定的地方；把钩子伸向那两个被粘住的、皮下的肉已经烧坏的鬼卒。我们在他们这样陷入混乱中时离开了他们。

注释：

① 因为但丁作为骑兵先锋，曾参加 1289 年 6 月堪帕尔迪诺之战和同年 8 月攻打卡波洛纳城堡的战斗。

② 指佛罗伦萨贵尔弗军对阿雷佐进行的战役，以阿雷佐吉伯林军在堪帕尔迪诺败绩而告终。

③ “假战”指队与队之间比武。

④ 中世纪意大利城邦在作战时，把钟放在战车上用来发布号令，指挥行军。

⑤ 中世纪城堡白天用旗帜或烟，夜间用火作为报警的信号。

⑥ 指外国雇佣兵引进的或其他国家使用的发布号令的工具。

⑦ “水手们航行时,根据两个标志:一是陆地,如果他们能看到陆地的话,他们就以远远望见的山作为标志前进……当他们在海上看不见陆地时,他们就以北极星作为标志来航行”(布蒂的注释)。

⑧ 这是当时流行的谚语,注释家托拉卡(Torraca)还从《圆桌》(Tavola Rotonda)一书中发现类似的谚语:“商人们有商店,酒徒们有酒店,赌徒们有牌桌,各得其所。”

⑨ 这是古老的传说,中世纪人的著作中也有记载,例如帕萨万提(Passanti)的《真诚悔罪通鉴》(Specchio di vera penitenza)中说:“海豚游到海面上向船只靠近时,就是风暴即将到来的预兆。”

⑩ 意即在“恶囊”两岸。

⑪ 水獭是“全身都有毛的黑色的动物;有四只脚,身体很长,有一条长尾巴;大部分时间生活、栖息在水里”(布蒂的注释)。诗人所写的是水獭被人用鱼叉从水里叉上来时的形象:它两腿悬空,全身的黑毛湿淋淋的、滑溜的,贴在身上,用它来比拟那个被格拉菲亚卡内用铁叉提起来的、浑身沾满沥青的罪人,可谓惟妙惟肖。

⑫ 这几句诗说明但丁怎么会知道格拉菲亚卡内和其他鬼卒的名字。
对“si li notai”的含义,多数注释家都解释为“我那样注意观察他们的相貌”;但是齐门兹提出另一种解释,认为这几句诗的大意是:“当他们被马拉科达挑选出来时,我就把他们的名字记在心里,后来点名喊他们时,我又注意应声走上前来的各个鬼卒的相貌是否符合我所记的名字。”译文根据多数注释家的解释。

⑬ 那伐尔(Navarre=意大利文 Navarra)王国位于现今法国的西南角和西班牙北部,大部分领土在比利牛斯山以南。诗中没有提这个罪人的姓名。早期注释家说他名叫钱保罗(Ciampolo)或简保罗(Giampolo),但是除了他在诗中的自述以外,生平事迹不详。

⑭ 意即倾家荡产,自杀身亡。

⑮ 指忒巴尔多(Tebaldo=法文 Thibut)二世。他原来是香槟(Champagne)伯爵,称忒巴尔多五世,1253 年做了那伐尔国王,称忒巴尔多二世,死于 1270 年。本维努托·达·伊牟拉说:“他是个非常正直、仁慈的人,超过任何其他的那伐尔国王。”

⑯ 那伐尔人浑身沾满了沥青,所以巴尔巴利洽用双臂从他背后圈住他,而不接触他的身体。

⑰ 意即他是萨丁人,萨丁岛在意大利半岛旁边,所以说他是意大利人的邻人。

⑱ 化募修士郭弥塔(Fra Gomita)是萨丁人;萨丁岛当时受比萨统治,分成四省,加卢拉(Gallura)是其中之一,位于此岛东北部。尼诺·维斯康提

(Nino Visconti,此人与但丁相识,将在《炼狱篇》第八章中出现)任加卢拉总督时(公元1275—1296),委任郭弥塔为总督代表。诗中“一切诈术的器皿”一语,套用《圣经》中“我所拣选的器皿”的辞藻,而赋予贬义,来说明郭弥塔为人奸诈,诡计多端。

⑲ 早期佛罗伦萨无名氏(Anonimo fiorentino)的注释说,加卢拉总督尼诺“捉住了他的敌人后,把他们交给郭弥塔看管,这些人都很富,他们给了郭弥塔许多钱;一天夜里,他开了牢房放了他们,佯言他们是自己逃走的;但是最后尼诺看出他比往常更有钱了,追查事实真相,发现他有罪,就将他处以绞刑”。

“他对待他们的办法使得他们个个都称赞他”,意即使他们个个都很满意,因为获得了自由。

⑳ “轻易放了他们”原文是“Lasciolli di piano”;巴尔比解释 di piano 的含义说:“这里讲的是释放须要受审判的人们,di piano 的意义大概是经过‘即决裁判手续’,没有正式审判的喧哗和样子。”这也就是说,悄悄地放了他们。

㉑ 堂·米凯尔·臧凯(donno Michel Zanche)据说是萨丁岛西北部的罗戈多罗(Logodoro)省的总督,他以神圣罗马皇帝腓特烈二世的儿子萨丁王恩佐(Enzo)的名义统治该省。关于他的生平事迹,早期注释家有种种不同的说法,但均未经历史文献证实。据无名氏的注释(Chiose anonime),尼诺·维斯康提把郭弥塔关进监狱后,派米凯尔·臧凯接替了他的职务。米凯尔·臧凯就任后,立刻接收了某些财产,贪污受贿的行为比郭弥塔尤为恶劣。

㉒ “挠痒痒”是下流话,含义为狠狠地抓或打。

㉓ “大司令”(’l gran proposto)指巴尔巴利洽。这里有意识地使用高雅的词 proposto(拉丁文 propositus)来嘲讽他的无能。

㉔ 见第二十一章注⑨。

㉕ 这段话的大意是:罪人当中无论谁露出沥青表面,都要观察动静,如果没有被鬼卒们看见的危险,就吹口哨作信号,把别的罪人叫出来。“七个”在这里是不定数,含义是“几个”或“许多”。“这是我们的习惯”,这句话是真话吗?看来大概也是一句谎言,但合乎情理,貌似真实,容易哄骗鬼卒们,使他们中计。

㉖ 卡尼阿佐是鬼卒中惟一能识破那伐尔人企图逃跑的狡计。“鼻子和嘴巴”原文是 muso,指狗、羊、狐等动物的口鼻部,鬼卒的名字是卡尼阿佐(Cagnazzo = Cagnaccio),含义为大而丑的狗,诗中用 muso 这个词来指卡尼阿佐的鼻子和嘴巴,非常恰当。

㉗ 这是那伐尔人针对卡尼阿佐揭穿他企图用狡计逃跑而假意用自我嘲讽的口气所说的反话。“malizia”这一名词有“狡诈”和“恶意”两种不同的

含义，形容词“malizioso”也相应地有这样两种不同的含义，许多注释家都把卡尼阿佐话里使用的“malizia”一词的含义理解为“狡计”，而把那伐尔人话里使用的“malizioso”一词理解为“恶毒”，认为那伐尔人的话大意是：“我设计把我的伙伴们诱出来，使他们挨鬼卒们的铁叉，受这种比扔在沥青里熬更大的惩罚，我可真太恶毒啦。”萨佩纽则把“malizia”理解为“狡计”，把“malizioso”理解为“狡猾”，认为这样就使那伐尔人的话和卡尼阿佐的话针锋相对，前后互相呼应，比较符合诗中的命意。译文根据这种解释。

㉘ 意即抑制不住自己的好胜心，巴不得向那伐尔人提出挑战。

㉙ “恶囊”地带的地势由外向内倾斜，阿利奇诺建议离开的“堤岸高处”，指当时鬼卒们站的地方，即靠第五恶囊的沥青池的一侧。“用堤岸做掩护”意即退到堤岸的另一侧，即靠第六恶囊的一侧，这一侧地势较低，鬼卒们退到这里，对面较高的那一侧就成为一道屏障，使那些听到那伐尔人的口哨声露出沥青表面的罪人们不至于看见他们。这样一来，在阿利奇诺向那伐尔人挑战的速度比赛中，那伐尔人就在空间距离上占了这道堤岸的全部宽度的优势，他站在堤岸的边缘上，只要一跳就扎进沥青池里去了。阿利奇诺自以为人多势众，大家又有翅膀能飞，那伐尔人决不可能逃脱，万万没有想到这一点。

㉚ 意即鬼卒们都把眼睛转过去，准备退到堤岸的另一边去，卡尼阿佐原来最反对退到堤岸的另一边去，却是第一个这样做的人。现实生活中也有这种心理现象：最晚才把事情想通了的人，做起事情来常常是最积极的。

㉛ 指阿利奇诺，他让大家离开堤岸高处，致使那伐尔人乘机逃掉。

㉜ 意即阿利奇诺虽然飞得很快，但恐惧的心情促使那伐尔人跑得比他飞得更快。

㉝ 这里以简洁有力的笔触描写阿利奇诺头朝下飞近沥青表面，看到那伐尔人已经没入沥青中，他再也无法捉到他时，急速转身向上飞起的情景。

㉞ 卡尔卡勃利纳希望那伐尔人能够逃脱，以便以此当借口，和阿利奇诺打架来泄愤。

㉟ 成熟的鹰（sparvier grifagno）指捉来时已经是长成的鹰，比从巢里捉来的雏鹰和刚能飞的幼鹰难以驯养，但更凶猛矫捷。

第二十三章

我们沉默、孤独、没有伴侣,继续走去,一个在前,一个在后,如同方济各会修士们走路一样[1]。方才那场争斗使我想到伊索在他的寓言中所讲的青蛙和老鼠的故事[2];因为,如果细心比较一下这两件事的开端和结局,就会觉得"mo"和"issa"都不比它们更相似[3]。正如一个思想从另一个思想涌出一样,从方才这个思想接着又产生了另一个思想,它使我起初的恐惧倍增[4]。我这样想道:他们是由于我们的缘故而被愚弄的,我相信,受到这样的伤害和嘲弄会使他们十分恼怒。如果怒气加在他们的恶意上,他们会向我们追来,比狗对它咬住的小兔还更凶残。

我已经感到害怕得毛发都竖起来了,一面注意着后面,一面说:"老师,你要不立刻把你和我藏起来,我怕马拉勃朗卡们。他们已经在我们后面追来了;我仿佛已经听见他们了。"他说:"假如我是一面镜子,我摄入你的外貌都不会比接受你的内心面貌更快[5]。现在你的思想已经进入我的思想当中,带有同样态度和同样面貌,使得我把两者构成了一个主意[6]。假如右边的斜坡可以使我们下到另一恶囊中去[7],我们就能逃脱我们所料想的追逐。"

他还没有讲完他的主意,我就看到他们张着翅膀已经飞到离我们不很远的地方,企图来捉我们。我的向导立刻抱起我来,如同母亲被人声喧嚷惊醒,看到身边燃起的火焰,抱起儿子就逃走,对他比对自己更关心,甚至顾不得停留一下穿上一件内衣[8];他从坚硬的堤岸的最高处顺着那围成另一恶囊的一侧的石坡滑下去。从渠道里引过来转动陆上磨坊的水车轮子的水,流近轮子的叶片时,从来也没有我老师滑下沟沿那样快[9];他怀里抱着我,像他的儿子,不像他的同伴。他的脚刚一蹬着下面的沟底,他们就已经在我们头顶上的堤岸最高处了;但是我们再也不必害怕了,因为崇高的天意注定他们做第五壕沟的看守,使他们统统不能离开那里。

我们发现沟底有一群色彩鲜明的人[10]迈着十分缓慢的脚步绕着圈子走去，一面走，一面哭，样子疲惫不堪。他们披着克吕尼修道院为僧侣们做的那种式样的带风帽的斗篷，风帽低低地垂到眼睛前面[11]。斗篷外面镀金，亮得令人目眩；但里面完全是铅，重得出奇[12]，相形之下，腓特烈使罪犯们穿的那种铅衣就等于草做的了[13]。啊，永远使人疲惫不堪的外衣呀！

我们还和通常一样向左转，同他们一起走去，同时注视着他们的悲惨的哭泣；但是那些疲惫的人由于重负在身走得非常慢，我们每走一步都遇到了新的同伴[14]。因此，我对我的向导说："请你注意把世人可能知道其事迹或名字的人找出来，一面这样走去，一面向四周看吧。"后来，就有一个灵魂听出我的托斯卡那口音来，在我们背后喊道："你们在这昏暗的空气中跑得这样快的人哪，请停住脚步吧！或许你会从我这里听到你想问的事情。"听到这话，我的向导就转身对我说："你等一等他，然后按照他的步子前进吧。"我就站住了，看见两个人脸上显露着心里急于赶到我跟前的神情，但是沉重的负担和狭窄的道路[15]迫使他们走得很慢。

他们来到我跟前，就斜着眼凝视[16]了我好一会儿，一言不发，随后就转过身去，彼此面对面说："看来这个人喉咙直动，似乎是个活人[17]；如果他们是死人的话，他们凭什么特权不穿沉重的法衣呢？"接着，他们就对我说："啊，托斯卡那人，你来到这悲惨的伪善者的队里，请你不要不屑于告诉我们你是什么人吧。"我对他们说："我生长在美丽的阿尔诺河边的大城市里[18]，我并没有离开我生来就有的肉体。但是，你们是什么人哪？我看到这样伤心的泪水顺着你们的面颊滴下来，在你们身上那样闪闪发光的是什么刑具呀？"其中一个人回答我说："这些橙黄的斗篷是那样厚的铅做的，重得把秤杆都压得咯吱咯吱地响[19]。我们是快活修士[20]和波伦亚人；我叫卡塔拉诺，他叫罗戴林格[21]，我们一同被你的城市请去维持和平，通常本来只选一个人去[22]；我们是怎样维持的，在加尔丁格四周还看得出来[23]。"我开始说："啊，你们的祸……[24]"但我没再说下去，因为一个像被钉十字架似的被三个橛子钉在地上的人[25]吸引了我的眼光。他一看到我,就全身扭动,吹胡子叹气[26];卡塔拉诺修士意识到这种情况[27],对我说:“你正在注视的那个被钉着的人曾劝告法利赛人说,为了百姓必须让一个人去受酷刑[28]。他像你看到的那样,赤身露体横躺在地上,谁走过,谁都要使他感觉到身体多重[29]。他的岳父[30]也在这沟里受同样的酷刑,还有其他参加公会的人们,这次公会是犹太人的苦难的种子[31]。”接着,我就看见维吉尔对于这个在永久放逐中的、像被钉十字架一般这样可耻地横躺着的人现出惊奇的神情[32]。随后,他向修士这样说:“假如许可你们讲,希望你们不嫌麻烦,告诉我们一下,右边是否有个豁口,我们俩可以打那儿从这里走出去,而不必由一些黑天使[33]来把我们从这沟底救出。”于是,修士回答说:“离这里比你所希望的还近,有一块岩石从巨大的围墙伸出去,横跨在所有那些阴森的壕沟上,只是这一条壕沟上的岩石已断,不再横跨壕沟两岸了;你们可以从那些在堤岸下形成斜坡的、在沟底堆成堆的废墟攀登上去。”我的向导低着头站了片刻,随后说:“在那边钩那些罪人的鬼卒[34]没有如实告诉我们这种情况。”修士说:“我从前在波伦亚听人讲,魔鬼有许多罪恶,据说其中之一就是:他是个说谎者,而且是谎言之父[35]。”于是,我的向导迈开大步走开,脸色由于愠怒而显得稍微有些阴沉;随后,我就离开了那些重负在身的亡魂,跟随着敬爱的人的足迹前进。

注释:

① 据佛罗伦萨无名氏的注释,圣方济各会修士走路时,惯于让有权威者走在前面,别人跟在后面。

② 公元前六世纪的希腊作家伊索(Aisopos)的《寓言》在中世纪有多种拉丁文本,以瓜尔铁留斯·安格利库斯(Gualtierius Anglicus)的《伊索书》(Liber Esopi)最为流行;诗中所指的是其中的这一寓言:“一只老鼠请求一只青蛙帮助它过一条水沟;青蛙怀着恶意假惺惺地答应了,它把老鼠的一条腿绑在自己的一条腿上,开始游泳,打算游到半路时,自己钻到水里,把老鼠淹死。但是就在它正实现这个计划的时候,一只老鹰瞥见老鼠在水面上,就飞下来,把它抓住了;结果,那只和老鼠绑在一起的青蛙也被拖走。”

③ “mo”和“issa”是早期意大利语,含义都是“现在”。“方才那场争斗”指鬼

“你正在注视的那个被钉着的人曾劝告法利赛人说，为了百姓必须让一个人去受酷刑……”

卒的争斗。卡尔卡勃利纳飞去,表面上是要帮助阿利奇诺,实际上怀着恶意,正如青蛙对老鼠一样,结果,这两个鬼卒都掉进沸腾的沥青里,正如青蛙和老鼠都被老鹰捉去一样。诗中用 mo 和 issa 这两个同义词来比拟鬼卒争斗和蛙鼠寓言开端和结局的相似程度。

④ 意即从鬼卒争斗和蛙鼠寓言开端和结局十分相似联想到下句所说的思想顾虑。“起初的恐惧”指但丁在马拉科达命令鬼卒们去护送他和维吉尔时,心里产生的恐惧。

⑤ “镜子”原文是“涂上铅的玻璃”(piombato vetro)。全句大意是:假如我是一面镜子,我照见你的外貌都不会比照见你的思想感情更快。

⑥ 大意是:此刻你的思想已经和我的思想融和在一起,因为我们俩的思想都来源于对大祸即将临头的恐惧,态度和面貌方面没有什么差别,因而共同促使我拿定了一个主意:逃走。

⑦ 两位诗人顺着第五恶囊和第六恶囊之间的堤岸向左走去,他们右边的斜坡就是这道堤岸靠第六恶囊一侧的斜坡,这个斜坡如果不很陡的话,他们就可以安全下到第六恶囊。

⑧ 这个比喻是超出比拟的范围而自成小抒情诗的那种类型的比喻(见克罗齐所著《论但丁的诗》),它强调维吉尔对但丁的亲切关怀。

⑨ “陆上磨坊”建在河流附近,通过渠道引水做动力,它和设在河里的大船上或木筏上的、直接以流动的河水做动力的“水上磨坊”不同。为了增强水力,“陆上磨坊”的引水渠道修建得坡度相当大,使水从高处流下来,因而流速逐渐加快,接近轮子上的叶片时,流得就最快。

⑩ 这群人是伪善者的灵魂,他们穿着镀金的斗篷,所以显得“色彩鲜明”。

⑪ 克吕尼(Clugni 即 Clugny)修道院是法国勃艮第省的著名的修道院,其中的修士属于本笃会,号称克吕尼派修士,他们穿长袖的带有宽大风帽的斗篷。Clugni 有异文作 Cologna,一些注释家认为指德国科隆(Köln)的修道院,其中的修士穿肥大的斗篷。译文根据波斯科-雷吉奥的注释本。

⑫ 伪善者在地狱里仍然保持着在人世间的虚伪的谦卑态度。斗篷外面镀金,说明他们是虚有其表的正人君子,里面是铅,说明他们的罪恶被善良的外表掩盖起来。诗中对伪善者的描写大概受到《新约·马太福音》第二十三章中耶稣的话的启发:“你们这假冒为善的文士和法利赛人有祸了,因为你们好像粉饰的坟墓,外面好看,里面却装满了死人的骨头和一切的污秽。你们也是如此,在人前,外面显出公义来,里面都装满了假善和不法的事。”伪善者的灵魂穿着克吕尼派修士式样的斗篷,眼睛向下,缓步而行,像宗教节日僧侣们列队行进一般,这都说明诗中鞭挞的对象主要是伪善的僧侣和教士,这些人暗中在社会和政治方面作恶多端,危害极大。

⑬ 据雅各波·德拉·拉纳(Jacopo della Lana)的注释,神圣罗马皇帝腓特烈

二世常用这样的苦刑惩罚背叛他的人:他让人给罪犯做好一件可以遮盖全身的、大约一英寸厚的铅衣,把罪人放在一口锅里,给他穿上这件铅衣,然后在锅底下生火,铅遇热熔化,把罪犯的皮肉层层烫掉,最后连铅带人都熔化成液体。这种说法并没有历史文献可考,大概是教会和贵尔弗党编造出来的,但流传很广,就连但丁也信以为真。

⑭ 意即每走一步,都发现旁边又是另一些伪善者的灵魂。

⑮ 第十九章中已经提到恶囊底部很狭窄,第六恶囊里,由于伪善者的亡魂众多,又都披着肥大笨重的铅斗篷,路就显得更窄。

⑯ 这两个亡魂站在但丁旁边,头上戴着低垂到眼睛前面的沉重的铅风帽,难以扭过头来面对着但丁,只好斜着眼看他。牟米利亚诺指出,“……这也是伪善者的眼神,具有画像般的鲜明性。”

⑰ “喉咙直动”意味着但丁在不断地呼吸,这说明他是活人。

⑱ 指佛罗伦萨。

⑲ 意即沉重的铅斗篷压得伪善者的亡魂不住地呻吟,正如过重的东西压得秤杆咯吱咯吱地响一样。据辛格尔顿(Singleton)的注释,这里所说的是横梁正中有竖杆支承着,两端挂着两个重量相等的秤盘的秤,这种秤像人的形体,特别像人的脖子和两个肩膀。正如这些罪人穿着沉重的铅斗篷一样,这种秤如果称过重的东西,就会咯吱咯吱地作响,尤其是横梁和竖杆的接合点会发出这样的响声,这个接合点在比喻中相当于罪人的脖子。

⑳ “快活修士”是圣马利亚骑士团成员的诨名,这个教团创建于 1260 年顷,1261 年经教皇乌尔班四世批准;它以调解党派争端,保护弱者不受强暴欺压为宗旨;由于教团戒律不严,准许其成员结婚,在自己家里居住,人们就给他们起了“快活修士”的绰号。起初教团成员尚能伸张正义,但不久即蜕化变质,致使快活修士这个称号,像注释家托拉卡(Torraca)所说的那样,“成为享乐者和伪善者的同义词”。

㉑ 卡塔拉诺(Catalano)出生在 1210 年顷,家族姓马拉沃尔提(Malavolti),是贵尔弗党;罗戴林格(Loderingo)也出生在 1210 年顷,家族姓安达洛(Andalò),是吉伯林党;二人生平有许多共同点:1260 年顷,他们在波伦亚一同创建了圣马利亚骑士团;1265 年一同担任波伦亚最高行政长官(podestà);1266 年一同担任佛罗伦萨最高行政长官(诗中所说的,即指此事,详情见注㉒);1267 年又一同担任波伦亚最高行政长官;后来,都退隐于伦扎诺(Ronzano)修道院。

㉒ 1266 年,西西里王曼夫烈德(Manfred)在本尼凡托(Benevento)之战兵败阵亡后,佛罗伦萨当权的吉伯林党恐慌沮丧,贵尔弗党人心振奋,企图恢复自己的权势,两党的矛盾日益激化。在这危急的形势下,教皇克力门四世设法使卡塔拉诺和罗戴林格被选为佛罗伦萨的最高行政长官,表面

上为了调解党争,维持和平;通常本来只选一名最高行政长官,这次选了两名,一来因为这两个人都是以调解争端为宗旨的圣马利亚骑士成员,1265年担任波伦亚最高行政长官时,曾调解当地贵尔弗和吉伯林两党的冲突,二来因为一个是贵尔弗党人,一个是吉伯林党人,具有代表性,他们共同掌权,好似组成联合政府;然而教皇的真正目的却是驱逐吉伯林党,使贵尔弗党执政。他们起初还秉公办事,不偏不倚,为促进两党和解,设立了三十六名好人会议,但不久就改弦易辙,暗中支持贵尔弗党扩充势力,市民群众在贵尔弗党挑动下,起来暴动,结果,吉伯林贵族被放逐出去,他们的首领家产被没收,房屋被毁。根据以上事实,诗中把他们二人作为假冒为善的典型。

㉓ "加尔丁格"(Gardingo)本来是伦巴第(Longobardi)人统治佛罗伦萨时的一座城防碉堡的名称,后来,这个名称泛指碉堡周围的地方。吉伯林党首领乌伯尔蒂(Uberti)家族的房屋就在那里,经过这次暴动被毁,废墟依然存在,是这两个快活修士假冒为善的见证。

㉔ 译文中的"祸"原文是 mali,这个词也有"苦"的含义;由于诗人没有把这句话讲完,乍一看,很难断定他的命意究竟是要谴责这两个人生前引起的祸乱,还是要对他们现在所受的苦表示怜悯。但是,联系上下文细读,就会发现,诚如萨佩纽所说的那样,但丁这句话只不过对于两个伪善者来说是模棱两可的,他们可能捉摸不定它命意何在;但是对于诗中的情境本身来说,并无所谓模棱两可。在但丁的心里,这话只能是一顿责骂的开端。这样解释是符合但丁的性格的,因为他热爱家乡,对两个在佛罗伦萨引起祸乱的人,根本谈不到什么怜悯之情。

㉕ 此人是大祭司该亚法,他用伪善的话劝法利赛人害死耶稣(见注㉘)。当初他和他的同伙在世上使耶稣被钉死在十字架上,如今他们在地狱里永久被三个橛子钉在地上,两个钉着他两只手,一个钉着他交叉的双脚,如同耶稣被三个钉子钉着一般。

㉖ 他被一个活人看见受这种刑罚,引以为耻,又害怕这个人把他受苦的情况传到人间,以致恼羞成怒,做出这样的动作。

㉗ 卡塔拉诺由于但丁的话中断了,又看到该亚法做出那样的动作,就意识到但丁的注意力已经完全集中在那个罪人身上。

㉘ 见《新约·约翰福音》第十一章:"那些来看马利亚的犹太人,见了耶稣所做的事,就多有信他的,但其中也有去见法利赛人的,将耶稣所做的事告诉他们。祭司长和法利赛人聚集公会,说:'这人行好些神迹,我们怎么办呢?若这样由着他,人人都要信他,罗马人也要来夺我们的土地和我们的百姓。'内中有一个人,名叫该亚法,本年做大祭司,对他们说:'你们不知道什么,独不想一个人替百姓死,免得通国灭亡,就是你们的益处。'……从那日起,他们就商议要杀耶稣。"

㉙ 路本来狭窄,该亚法横着躺在那里挡着路,披着沉重的铅斗篷的灵魂,都得踩着他的身子慢慢走过去。许多注释家指出,诗人对于这种刑罚的构思,受到《旧约·以赛亚书》第五十一章中的启发:"我必将这杯子递在苦待你的人手中,他们曾对你说:'你屈身,由我们践踏过去吧。'你便以背为地,好像街市,任人经过。"其他伪善者的灵魂都穿着沉重的铅斗篷,该亚法和他的同伙却赤身露体,这样就加重了他们被众灵魂踩过时的痛苦。

㉚ 该亚法的岳父名叫亚那,关于他《新约·约翰福音》第十八章中这样说:"那队兵和千夫长并犹太人的差役就拿住耶稣,把他捆绑了,先带到亚那面前,因为亚那是本年做大祭司的该亚法的岳父,这该亚法就是从前向犹太人发议论说,一个人替百姓死是有益的那位。"

㉛ "这次公会"指祭司长和法利赛人聚集的公会(见注㉘),会后,他们就用计杀害耶稣,使他被钉十字架而死。"犹太人的苦难的种子"指公元一世纪七十年代罗马统治者对犹太人进行军事镇压,耶路撒冷被毁,犹太人统统被迫离开巴勒斯坦,到各地流浪,诗中认为这是他们杀害耶稣的罪行产生的恶果。

㉜ "在永久放逐中"指陷于万劫不复的境地,在地狱中受苦,永世不能升天国。"这样可耻地"指身子被其他灵魂踩着走过去。维吉尔现出惊奇的神情,原因不明,多数注释家认为,维吉尔第一次下到深层地狱时,该亚法还没有入地狱,因为没见过他而感到惊奇。但他为什么对其他上次未曾见过的人不惊奇呢?也有人认为,诗中指的是对该亚法所受的刑罚的特殊形式感到惊奇;维吉尔死在耶稣被钉死十字架上以前,不知道该亚法所以受这种刑罚的理由。这种说法似乎讲得通。

㉝ "黑天使"指鬼卒。"不必"原文是 costringer(含义是"强迫",因为游地狱是天意决定的,所以在必要时,可以迫使鬼卒们来帮助)。

㉞ 指马拉科达。他用谎言骗维吉尔说,附近有一座石桥完好无损,其实横跨在第六恶囊上的一切石桥都已在耶稣死时发生的大地震中坍塌。这次地震单单震塌了伪善者受苦处的一切石桥,可能意味着上天对这种罪人特别表示震怒,在这种罪人当中,对耶稣之死负有罪责的该亚法及其同伙注定要受特殊方式的惩罚。

㉟ 参看耶稣关于魔鬼的话:"他……不守真理,因他心里没有真理,他说谎是出于自己,因他本来是说谎的,也是说谎之人的父。"(《新约·约翰福音》第八章)

第二十四章

在新年开始后的那一段时期，当太阳在宝瓶宫温暖着她的头发，黑夜已经逐渐趋向与白昼相等，当霜在地上描摹她的白姐姐的形象，但她的笔锋不能持久时[①]，缺乏饲料的农人起来一看，只见田野全是一片白茫茫的；因此他把大腿一拍[②]，回到屋子里，走来走去，唉声叹气，像不知道怎么办才好的可怜的人似的；于是，他又走出来，看到世界已经在顷刻间改变了面貌，就重新获得了希望[③]，拿起牧杖，把羊群赶出去吃草。我也是这样，当我看到我的老师脸色那样阴沉时，他使我惶恐起来，而且随后又同样是药到病除；因为，当我们来到那座断桥时，我的向导转过身来对着我，面上带着我在山脚下[④]初次看到他时那种和蔼的表情。他先仔细看了看那废墟，自己心里琢磨了一下之后，就张开双臂抱住我[⑤]。如同一个人一面行动，一面估计，似乎总是事先有所准备一样，他在推着我向一块巨大的岩石顶上爬去时，已经在注视另一块岩石，并且说：“随后，你就爬上那一块，但你先要试一试，看它是否牢靠，经得住你。”这可不是适于穿斗篷的人走的路，因为虽然他轻[⑥]，我被他推着，我们都几乎不能从一块岩石爬上另一块去。要不是这堤岸的斜坡比另一堤岸的短些[⑦]，我不知道他怎么样，反正我是会累垮的。但是因为马勒勃尔介整个地面都向那口最低的井[⑧]的井口倾斜，所以每一条壕沟的地势必然是一边高，一边低；我们爬了又爬，终于爬到最后一块石头从那儿断裂开来的地方[⑨]。爬上去时，我的肺已经喘不过气来，再也不能往前走了，而是刚一到就坐下了。

“现在你应该去掉懒惰，”我的老师说，“因为坐在绒毛上或者躺在被子里是不会成名的，无声无臭、把一生消磨过去的人在世上留下的痕迹，就如同空中的云烟，水上的泡沫一样；所以，你站起来吧；用精神来克服气喘吧，如果不和沉重的肉体一同倒下来，精神是战无不胜的[⑩]。

我们还得爬上更长的阶梯[11];只离开了这些人是不够的。如果你明白我的意思,那就行动起来,使你得到益处[12]吧。”于是,我站起来,显示出自己肺里提供的气息比自己所感到的更充足的样子,说:“走吧,因为我是坚强勇敢的。”

我们取路走上石桥,这座桥崎岖、狭窄、难行,还比先走过的那座[13]陡得多。我一面走,一面说话,为的不显得疲惫不堪;因为听到我说话,从另一条壕沟里就发出了一种不能形成词句的声音。我虽然已经来到横跨那条壕沟的拱桥的顶上,却不知道那声音说的什么,但说话的人似乎在走动着[14]。我已经低头向下去看,但是因为一团漆黑,我这活人的[15]肉眼望不见沟底;因此,我说:“请你走到另一道环形堤岸上去,让我们从墙一般的桥头上下去吧[16],因为从这里我听又听不懂,往下看又什么也看不清。”他说:“我不能给你别的回答,只有照办,因为正当的请求应该用沉默的行动来满足。”

我们从连接第八道堤岸的桥头下了桥,接着,壕沟就展现在我眼前:我看到里面有可怕的一大群蛇,蛇的种类形态是那样千奇百怪,至今回忆起来,还使我恐怖得血液都要凝滞。让多沙漠的利比亚[17]不要再夸耀自己啦!因为它虽然产生凯利德里、雅库里、法雷埃、沁克里和安菲斯贝纳,它再加上全埃塞俄比亚或者红海沿岸一带地方,也从来没有生出过这么多、这么凶恶的瘟虫[18]。

在这残酷的、极其凶恶的蛇群中,许多赤身露体、惊恐万状的人在奔窜,他们没有希望找到洞穴或鸡血石[19]。他们的双手倒背着被蛇缠住;蛇把尾巴和头顺着他们的腰伸过去,在他们身子前面打成结子。

看哪!一条蛇向一个靠近我们这道堤岸的人猛然一跳,就刺穿了他的脖子和肩膀相连接的地方。还不到写完 o 或 l 的工夫[20],他就着了火,燃烧起来,不得不倒下去,完全化成灰;他这样被烧毁在地上后,骨灰又自行聚合起来,顿时恢复了原形。这就像伟大的圣哲们所说的,凤凰活到近五百岁时死去,然后以这种方式再生;它一生不食草类或五谷,只饮乳香和豆蔻的脂滴,松香和没药是它最后的裹尸布[21]。

如同一个人跌倒了,他不知道是怎么跌倒的,是由于魔鬼的力量把他拉倒在地,还是由于其他的闭塞使人失去知觉[22],当他站起来时,他定睛四顾,因为受了极大的痛苦,完全陷入迷茫状态,一面张望,一面叹息;那罪人站起来后,也是这样。啊,神的力量啊,降下这样的打击作为惩罚㉓,是多么严厉呀!

我的向导随后就问他是谁;对此,他回答说:“不久以前,我从托斯卡纳降落到这残酷的食道里㉔。我是骡子,和骡子一样,不喜爱兽的生活,不喜爱人的生活;我是万尼·符契,是兽,皮斯托亚是配得上我住的窝㉕。”我对我的向导说:“告诉他不要溜走,问他是什么罪把他推到了这下层,因为我看到他是个血腥的、好动火的人㉖。”那罪人听了这话,并没有假装没听见,却把心和脸正对着我,现出阴郁的羞耻的脸色㉗,随后说:“你当场看到我在这个悲惨的地方,这比我从人世间被捉走时,更使我痛苦㉘。我不能拒绝回答你所问的问题;我被放在这样的深层,因为我是偷盗圣器室里收藏的精美器物的贼,这个罪名曾被误加在另一个人头上㉙。但是,为了不让你因为看见我在这里而感到称愿,你要是能从这幽冥世界走出去,那你就张开两耳听我宣布:先是皮斯托亚由于放逐黑党而人口减少,随后,佛罗伦萨就更换它的人和体制㉚。玛尔斯从玛格拉河谷引来被乌云包围的火气;接着,将在皮切诺原野上猛烈的暴风雨中交战;结果,火气将用猛力撕破云层,使白党个个都被它击伤㉛。我说这话为的是让你痛心。”

注释:

① 太阳在宝瓶宫大约是在阳历1月21日至2月21日之间,那时昼渐长,夜渐短,到了春分那一天(3月20日或21日),昼夜就一样长了。“温暖着他的头发”指阳光越来越暖和。“她的白姐姐”指雪,这里把霜拟人,“在地上描摹她的白姐姐的形象”指地上降的霜白茫茫的一片,像雪一样。“她的笔锋不能持久”指她所用的鹅毛笔的笔尖不久就秃了,意即日出后不久,霜就融化消失了。

② 表示绝望或懊丧,因为农人以为夜里下了雪,不能赶着羊群到野外去牧放,家里又没有饲料喂羊。

③ 原文是“e la speranza ringavagna”。“gavagna”是一种篮子,动词ringavagnare含义是重新放在篮子里,在这句诗中转义是重新把希望放在心里。

④ 意即维吉尔脸上和蔼的表情使但丁惶恐的心情顿时得到了安慰,正如那个农人看到霜已消失,大地恢复了原来的样子,立刻转忧为喜一般。“在

山脚下”指第一章所提到的小山的山脚下。克罗齐指出，这个长达21行的比喻属于超出比拟的范围而自成小抒情诗的那种类型。

⑤ 显然是从背后抱住但丁。

⑥ 可能指那些穿着肥大沉重的铅衣的罪人，也可能泛指穿着又肥又长的外衣的人。因为维吉尔是灵魂，没有肉体，所以说“他轻”。

⑦ 意即靠里的那道(也就是第六恶囊和第七恶囊之间的那道)堤岸的斜坡比靠外的那道(也就是第五恶囊和第六恶囊之间的那道)短些。

⑧ “马勒勃尔介”是构成第八层地狱的“恶囊地区”的总称(见第十八章注①)。“那口最低的井”指第十八章注②所说的井；井底构成第九层地狱，也就是最下面的一层地狱，所以说是最低的井。

⑨ 指断桥桥头的堤岸上。

⑩ “精神”指自由意志的力量，这种力量能克服一切障碍。

⑪ 有的注释家认为指但丁和维吉尔游地狱后，还须要从地心上到地面上重见天日(“重见群星”)；有的注释家认为指他们还须要攀登炼狱所在的净罪山的各层平台到达山顶的地上乐园。波斯科-雷吉奥的注释本认为兼指二者，这一说法比较全面，因为两位诗人走完这两段路后，才算走完了地狱和炼狱之行的全程。

⑫ “这些人”指伪善者以及一切其他的罪人。意即除了去恶之外，还须要涤罪，才能得救，这需要长期的坚苦的努力。“明白我的意思”意即明白维吉尔的话的道德寓意。“使你得到益处”意即获得力量和勇气继续前进。

⑬ “走上石桥”指横跨第七恶囊的天然石桥；“先走过的那座”指横跨第五恶囊的天然石桥。从诗中的描写看得出这些天然石桥坡度不同，距离井口越近的，越陡峻难行。

⑭ 这行诗有两种异文：有的版本采用“……ad ire parea mosso”(……似乎在走动)，有的版本采用“……ad ira parea mosso”(……似乎在动怒)；一字之差，意义大不相同，注释家争论不休，迄无定论。译文根据前者，一来由于但丁的儿子彼埃特罗(Pietro)用拉丁文作的《神曲》注释明确指出，后者是错误的；他的说法比较可靠，因为他很可能见过诗人的手稿；二来由于后面的诗句也说明罪人们确实在奔跑，萨佩纽认为，正因为这样，沟底说话的那个罪人的声音传到但丁耳中才那样断断续续，听不清楚。

⑮ 原文是“li occhi vivi”(活的眼睛)；多数注释家解释为：但丁作为活人，他的肉眼看不见漆黑的沟底，不像那些罪人已经习惯于黑暗的气氛。另有一些注释家把“li occhi vivi”解释为“凝视的眼睛”，全句的意思是：但丁虽然凝眸俯视，也看不见沟底。译文根据多数注释家的解释。

⑯ “另一道环形堤岸”指第七恶囊和第八恶囊之间的堤岸；“从墙一般的桥头”说明这座石桥坡度特别大。

⑰ 在古代希腊地理学著作中，利比亚指埃及以外的北部非洲，这个地方后

来成为罗马帝国的一部分。据古代神话传说,利比亚沙漠多毒蛇,因为珀耳修斯杀死蛇发女怪墨杜萨后,她头上的血滴落在那里,变成了各种不同的蛇(见《变形记》卷四)。

⑱ 这些蛇名显然来源于《法尔萨利亚》卷九:“凯利德里”是爬行后踪迹冒烟的蛇;“雅库里”是能飞的蛇;“法雷埃”是爬行时尾巴能开出一道沟的蛇;“沁克里”是永远走直线的蛇;“安菲斯贝纳”是两头蛇。古代埃塞俄比亚指非洲东北部红海迤西的大片土地,包括现今埃及南部、苏丹东部和埃塞俄比亚北部,“红海沿岸一带地方”指阿拉伯沙漠,相传这都是多蛇的地带。

⑲ 中世纪的宝石鉴赏家认为鸡血石具有神奇的效能:能治毒蛇咬伤,能使人隐身。

⑳ 佛罗伦萨无名氏注释家说:“o 和 l 这两个字母一笔就写出来;所以写得比其他的字母都快。”

㉑ “伟大的圣哲们”指伟大的诗人和学者,如奥维德、普林尼等人。诗中所根据的大概是奥维德的《变形记》卷十五中的描述:“但是惟有一只鸟,它自己生自己,生出来就再不变样了。亚述人称它为凤凰。它不吃五谷菜蔬,只吃香脂和香草。你们也许都知道,这种鸟活到五百岁就在棕榈树梢用脚爪和干净的嘴给自己筑个巢,在巢上堆起桂树皮、光润的甘松的穗子、碎肉桂和黄色的没药。它就在上面一坐,在香气缭绕之中结束寿命。据说,从这父体生出一只小凤凰,也活五百岁。”

㉒ 指癫痫病患者。关于发病的原因,诗中提出两种解释,一是由于患者着了魔,这是当时一般人的说法;二是由于患者血管内充满了浊气,闭塞了心脏到脑的通路,使生命的气息流通受到阻碍,这是中世纪医学家的解释。

㉓ 原文是“croscia”。“crosciare”这个动词含义是“倾泻下来”,常用于大雨或大水;这里作为隐喻,表示上帝的惩罚迅猛地降到罪人们头上。

㉔ “降落”原文是“piovvi”,通常用于雨,这里作为隐喻,表示这个罪人一死,他的灵魂就猛然堕入第八层地狱的第七恶囊。“残酷的食道”指第七恶囊,它像猛兽的食道一般吞噬罪人。

㉕ 万尼·符契(Vanni Fucci)是皮斯托亚贵族符丘·德·拉扎利(Fuccio de’ Lazzari)的私生子,因此说自己是“骡子”(意即杂种)。他性情凶暴好斗,在皮斯托亚贵尔弗党 1288 年开始的内讧中,作为黑党分子对白党进行残酷斗争,并大肆抢掠。1292 年,加入佛罗伦萨的军队对比萨作战,但丁或许是在那时候见到他的。1295 年 2 月,在藐视法庭、拒不受审的情况下,被宣判犯下杀人罪和抢劫罪;他怙恶不悛,同年 8 月又放火烧毁白党的房屋,抢掠他们的财物。此后事迹不详,从诗中有关的叙述看来,大概死于 1300 年 3 月以前不久。万尼·符契自称为“兽”,据佛罗伦萨

无名氏的注释,“兽”是人们给他起的诨名,因为他性情极端野蛮、残忍。“皮斯托亚是配得上我住的窝”,因为那里有很多的坏人。

㉖ “血腥的、好动火的人”意即好斗、好杀人的人。但丁知道他是这样的人,认为他死后,按说应该入第七层地狱(犯暴力罪者受苦处),而不应该入第八层地狱(犯欺诈罪者受苦处),所以请维吉尔问他因为犯了什么罪,才在第八层地狱的第七恶囊里受惩罚。

㉗ “假装没听见”原文是“s' infinse”;动词 infingersi 含义是“假装”,注释家帕洛蒂(Parodi)则认为 infingersi 来源于古法语 se feindre,释义为“踌躇,犹豫”。译文根据多数注释家的解释。“把心和脸正对着我”,化用《埃涅阿斯纪》卷十一第 800—801 行,意即凝神注视我。

“现出阴郁的羞耻的脸色”意即由于老羞成怒而红了脸。万尼·符契回答维吉尔时,坦率地说出自己“是骡子”,“是兽”,“喜爱兽的生活”,为的是强调自己的暴行,借以掩盖所犯的盗窃罪。当他发现自己已经被但丁认出来,而只好坦白自己的盗窃罪时,脸上不由得现出上述的表情。

㉘ 意即被你当场看到由于犯了盗窃罪在这第七恶囊里受惩罚,这使我感到的痛苦比死的痛苦还大。人都把死看成最大的苦,万尼·符契也不例外;但他为人极端狂妄,突然被一个在政治上和他处于敌对阵营的人(但丁当时和白党站在一起)发现犯了盗窃罪,当然认为是莫大的耻辱,这种耻辱使他感到比死还要痛苦。

㉙ 大约在 1293 年最初几个月里,万尼·符契伙同公证人万尼·德拉·蒙纳(Vanni della Monna)等人偷了皮斯托亚圣芝诺(San Zeno)大教堂的圣雅各波(San Jacopo)圣器收藏室里的珍贵圣器。当时逮捕了一些嫌疑犯,其中有一个叫兰庇诺(Rampino)的几乎被处死。“这个罪名曾被误加在另一个人头上”大概指这个人。幸而捉到了真正罪犯之一:公证人万尼·德拉·蒙纳,他对自己的罪行供认不讳,并揭发了一些同伙,于 1296 年被处绞刑。那时万尼·符契大概已畏罪潜逃。

㉚ 这是万尼·符契对但丁作出的幸灾乐祸的预言。“先是皮斯托亚由于放逐黑党而人口减少”指 1301 年 5 月皮斯托亚白党在佛罗伦萨白党的援助下,取得胜利,将黑党驱逐出去;“随后,佛罗伦萨就更换它的人和体制”指佛罗伦萨政权改变,黑白两党的命运颠倒过来:原来是白党掌权,1301 年 11 月 4 日法国瓦洛瓦伯爵查理奉教皇命令率军队来佛罗伦萨后,被放逐的黑党首领科尔索·窦那蒂(Corso Donati)和他的党羽卷土重来,在查理的支持下战胜白党,政权落入黑党手中,1302 年初白党遭到放逐。

㉛ 如同《神曲》中其他的预言一样,这几行诗使用了隐喻,文字比较晦涩。“玛尔斯”是罗马神话中的战神,这里象征战争。“火气”原文是 vapor(气),据各家注释,指 vapore igneo(火气),这是中世纪气象学名词,现在

我们叫它雷电;“火气”在空气中被“水气”(vapore acqueo,指云)包围,和“水气”搏斗,冲破包围圈,发出光就是闪电,发出声音就是雷。“火气”或雷电在这里指牟洛埃罗·玛拉斯庇纳(Moroello Malaspina)侯爵,他在1288年统帅佛罗伦萨贵尔弗军对阿雷佐吉伯林军作战,从1301年到1312年间经常为托斯卡那各地的黑党上阵杀敌;“玛格拉河谷”(Val di Magra)泛指他的封地卢尼地方(Lunigiana);“被乌云包围”指被白党军队包围;“皮切诺原野”(Campo Piceno)泛指皮斯托亚境内,这个地名来源于对古罗马历史学家萨卢斯提乌斯的《卡提利那暴乱记》中一段的误解;“猛烈的暴风雨”意义双关,比拟战斗的激烈。

这段预言指哪一次战役,注释家有两种不同的说法:有的认为指牟洛埃罗·玛拉斯庇纳率领卢卡和佛罗伦萨黑党联军围攻皮斯托亚的塞拉瓦勒(Serravalle)城堡,于1302年5月将它攻克;有的认为指他在指挥佛罗伦萨和卢卡联军围攻皮斯托亚城本身,于1306年4月占领该城;自从1302年佛罗伦萨白党被放逐以来,皮斯托亚一直是白党在托斯卡那的惟一据点,它的投降意味着白党势力的消灭。后一种说法的弱点在于但丁那时已经把白党流亡者看成“邪恶、愚蠢的伙伴”,离开了他们,对白党的命运不再关心;前一种说法似乎比较符合诗中所写的具体情景。

第二十五章

那个贼说完话，就举起双手，作出污辱人的手势[1]，喊道："接受吧，上帝，因为我是把它对准你的！"从这时起，蛇就是我的朋友[2]，因为当下就有一条蛇缠住他的脖子，似乎说："我不让你再说了。"另一条缠住他的双臂，重新把他捆起来，在前面紧紧地打成结子，使他的双臂一点都不能动[3]。啊，皮斯托亚，皮斯托亚，既然你作恶超过你的祖先[4]，为什么你不决定使自己化为灰烬，不再存在呢？我走过地狱的各层黑暗的圈子，从未见过对上帝这样傲慢的鬼魂，连那个从忒拜城墙上摔下来的人[5]都不这样。那个贼逃走了，没有再说什么话，我瞥见一个怒容满面的肯陶尔走来，喊道："他在哪儿，那个无法无天的东西在哪儿？"我不相信近海的沼泽地[6]有他的臀部到他的人形开始处[7]那样多的蛇。他脖颈子后面，在肩膀上蟠着[8]一条展开翅膀的龙；谁碰见它，它就喷火烧谁。我的老师说："这是卡库斯，他屡次在阿汶提努斯山的岩石下造成一片血湖。他不同他的兄弟们走一条路，因为他故弄狡狯偷走了他附近的一大群牛；结果，他的恶行就在赫剌克勒斯的狼牙棒下停止了，赫剌克勒斯或许打了他一百下，他连十下也没觉到[9]。"

他正在这样说着，瞧，那肯陶尔跑过去了，我们下面[10]来了三个鬼魂，我和我的向导都没有觉察出他们，直到他们大声喊叫："你们是谁？"因此，我们的谈话就此中止，随后，我们就专去注意他们。我不认识他们；但是，正如通常偶尔发生的那样，可巧一个不得不提到另一个的名字，说："钱法在哪儿呢[11]？"因此，我把食指伸直放在下巴和鼻子之间[12]，为的让我的向导注意。

读者呀，如果你现在对于我在下面要说的事迟迟不肯相信的话，那是不足怪的，因为，我是亲眼看见的，都几乎不能让自己相信。当我继续凝眸注视他们时，瞧，一条六脚蛇跳到一个鬼魂面前，把他完全缠住[13]。它用中间的脚抱住他的腹部，用前脚抓住他的两臂，然后用牙咬住他的两颊[14]，后脚伸到他的大腿上，尾巴放在他的大腿中间，再向上伸到他的后腰上。常春藤缠绕在树上从来没有这可怕的爬虫把它的肢体缠在这个人的肢体上那样紧。接着，他们就好像热蜡一般粘在一起，他们的颜色互相混合，现在谁的颜色都已经不和从前一样了：正如在纸燃烧以前，纸上有一种昏黄色向上移动，还不是黑色，而白色已经消失[15]。另外两个鬼魂[16]正在从旁观看，每个都喊道："哎哟，阿涅尔，你变成什么样子了！瞧，你现在既不是两个身子，也不是一个身子啦！"两个头现在已经变成一个，同时我们看到两个面孔的形象各自消失，混合成了一个面孔。四个长条的东西形成了两臂[17]；大腿连同小腿、肚子和胸脯都变成了从来没见过的肢体。那里原来的形态统统消失：这个变态的形体似乎两个都像，又哪个都不是[18]；它就呈现着这种形状慢步走开。

犹如在伏天酷暑的鞭笞下，蜥蜴从一个篱笆转移到另一个篱笆，它如果从路上穿过去，就像闪电似的，一条胡椒末般铅黑色的、眼里冒着怒火的小蛇[19]向另外两个鬼魂的腹部扑来时，也像这样；它把其中的一个鬼魂身上的人类最初吸收营养的地方[20]刺穿，随后就倒下来，伸开身体躺在他面前。那个被刺穿的注视着它，却一言不发；而且立定脚跟不动，直打呵欠，好像睡魔或者热病在侵袭他似的。他盯着蛇，蛇盯着他；一个从伤口，另一个从嘴里猛烈地冒烟，烟遇合在一起。让卢卡努斯今后不要提可怜的萨贝卢斯和纳席底乌斯的故事[21]，等着听现在我要讲的吧。让奥维德不要讲卡德摩斯和阿瑞图萨的故事[22]，因为，如果说他在诗中使前者变成了蛇，后者变成了泉，我并不忌妒他；因为他从来没有描写过两种自然物面对面这样变形，使双方的灵魂都肯互换形体[23]。这两种自然物一起按照这样的程序彼此相应地变形：蛇把尾巴分裂成叉状，受伤的鬼魂把两脚合而为一。两条小腿和两条大腿都各自紧紧地粘连起来，以至于接合处顷刻间就看不出任何痕迹。蛇的裂开的尾巴呈现出对方身上消失的形状，它的皮变得柔软了，对方的皮变得坚硬了。我看到他的两臂缩到夹肢窝里，蛇的两脚原来很短，现在渐渐变长，他的两臂缩短多少，它的两脚就增长多少。接着，它的两只后脚绕

另外两个鬼魂正在从旁观看,每个都喊道:“哎哟,阿涅尔,你变成什么样子了!……”

在一起，变成人所隐藏的器官㉔，那个可怜虫把他那个器官伸展成两只脚㉕。

当那股烟用新的颜色把双方遮盖起来，使一个长上头发，另一个脱光头发时，一个就站起来，另一个就倒下去，但他们并不因此移动他们邪恶的目光，在这种目光下，双方正变换嘴脸㉖。那个站着的把嘴脸向太阳穴收缩，由于进入那里的材料过剩，原来没有耳朵的面颊就长出耳朵来；没有缩回去而留在原处的材料就变成了脸上的鼻子，并且把嘴唇加厚到适当的程度㉗。那个躺着的把嘴脸展长，把耳朵缩到脑袋里去，好像蜗牛把触角缩入壳里一样；他的舌头原先是完整的、适于说话的，现在分裂成两片，那一个的叉状的舌头合拢到一起；烟停止了。已经变成爬行动物的鬼魂发出嘶嘶的响声顺着沟底逃走了，另一个在它后面说话，向它啐唾沫㉘。接着，他就把新长成的肩膀掉过去对着它，向第三个鬼魂说："我愿意卜奥索像我从前那样顺着这条路爬着跑㉙。"

我看到第七恶囊里的渣滓变形和相互变形的情况就是这样㉚；如果我的笔写得有点杂乱，就让题材的新奇在这里作为原谅我的理由吧。虽然我有些眼花缭乱，心神恍惚，但其余的那两个鬼魂并没有能够偷偷地逃掉，我还是明确地认出了瘸子普乔㉛，他是那三个先来的伙伴中惟一没有变形的；另一个鬼魂就是那个使你，加维勒呀，哭起来的人㉜。

注释：

① 指拇指插在食指和中指之间来象征性行为的一种猥亵的手势，向谁伸出或者举起做出这种手势的拳头，就表示侮辱谁。注释家托玛塞奥说，普拉托（Prato）有一条法律规定，任何人向耶稣或圣母马利亚像做出这种手势……每次都必须缴纳十里拉罚金，否则，就要受鞭笞。

② 因为蛇缠住万尼·符契，惩罚和制止他的亵渎神明的行为。

③ 在他化为灰烬以前，蛇曾经缠住过他（见第二十四章），现在重新缠住他，是为的使他既不能再说渎神的话，又不能再做侮辱神的手势。

④ 罗马政治家卡提利那（Catilina）于公元前 63 年被政敌西塞罗（Cicero）击败，战死在现今皮斯托亚附近。相传他的残部建立了皮斯托亚城，是皮斯托亚人的祖先。维拉尼说："皮斯托亚人在内战和对外作战时，过去曾经是、如今仍然是凶猛、残忍的战士，这是不足怪的，因为他们是卡提利那和他那支被切断的败军残部的后裔。"（《编年史》卷一第三十二章）这

个传说并无历史根据，显然是当时城市之间和党派之间的仇恨的产物。但丁对皮斯托亚的咒骂，当然是出于对万尼·符契盗窃圣器和渎神的罪行的义愤，但也与城市之间、党派之间的仇恨有关，因为万尼·符契是皮斯托亚黑党的死硬派，但丁当时是站在佛罗伦萨白党一边的。

⑤ 指七将攻忒拜的故事中的七将之一卡帕纽斯（见第十四章注⑩）。

⑥ 指托斯卡那近海的沼泽地（Maremma toscana），早期注释家布蒂（Buti）说，那一带“蛇非常多，瓦达（Vade）地方有一座美丽的修道院，据说由于蛇多，无人居住”。

⑦ 肯陶尔是半人半马的怪物（见第十二章注⑭）。“臀部”指马形下身的臀部；“人形开始处”指马形下身的前肢以上。

⑧ 据佛罗伦萨无名氏注释，诗中所说的部位指“两肩在脖颈底下的脊背上形成的凹陷处”。

⑨ 据《埃涅阿斯纪》卷八中的描述，卡库斯（Cacus）“是个面貌丑恶的半人半妖的怪物”，住在罗马七山之一的阿汶提努斯（Aventinus）山的洞里，那里“地上经常流淌着新杀死的人的热血”。他是伏尔坎的儿子，“走起路来……嘴里吐出黑火”。他施展诡计从英雄赫刺克勒斯（Hercules）的牛群里偷了四头公牛和四头牛犊，“为了不让牛的蹄迹泄露去向，他拽着牛尾把它们拉回洞里，好像牛是朝相反的方向去了。他把牛藏在阴暗的洞里，谁要来找牛，看不到任何可以把他引向山洞去的标志”。但是，“一只母牛从大山洞里发出吼叫，和外面的牛群相呼应”，赫刺克勒斯就找到了卡库斯的巢穴，抓住了这个偷牛的贼，“把他挤成一团，抱住他不放，掐住他的头颈，直到他双眼凸出，喉头干涸，失去了血色”。

但丁诗中所写的卡库斯主要取材于维吉尔史诗中的描述，但他别出心裁，把史诗中半人半妖的卡库斯改变为半人半马的肯陶尔；在史诗中卡库斯嘴里吐出黑火，但丁笔下的卡库斯嘴里并不吐火，而是他背上的龙嘴里喷火；在史诗中卡库斯是被赫刺克勒斯掐死的，他在但丁诗中则是死于赫刺克勒斯的狼牙棒下，在这一点上，但丁采用了奥维德的《岁时记》（Fasti）卷一中的说法。

“他不同他的兄弟们走一条路”指其他的肯陶尔都在第七层地狱里的弗列格通河畔监视那些在沸腾的血水中受苦的对他人施加暴力者的鬼魂（见第十二章），卡库斯则由于用诡计偷走赫刺克勒斯的牛，犯了盗窃罪，而被放在第八层地狱第七恶囊里。

“他连十下也没觉到”，意即还没打到第十下，他就死了。

⑩ 指两位诗人所站的堤岸下面。

⑪ 钱法（Cianfa）是佛罗伦萨贵族，属于窦那蒂（Donati）家族，生年不详，死于1283年和1289年之间。一位早期注释家说，“他总好偷牲畜，抢商店，把钱柜倒空”。

⑫ 这个非常自然的手势，正如注释家布蒂(Buti)所说，“好像给嘴上闩似的”，向人示意不要说话；但丁一听到钱法的名字，就知道这些鬼魂是佛罗伦萨人，因此，向维吉尔做出这个手势，让他沉默，注意去看他们的动静。

⑬ 这条六脚蛇是钱法变的，由于他变成了蛇，所以那三个鬼魂不知他的去向。被这条蛇完全缠住的，是三个鬼魂之一，名叫阿涅埃尔(Agnel)，即阿涅埃罗(Agnello)。早期注释家认为他就是属于佛罗伦萨勃鲁奈莱斯齐(Brunelleschi)家族的阿涅埃罗，此人起先参加白党，后来转变成黑党。佛罗伦萨无名氏注释家说，“甚至小时候，他就常偷光他父母钱袋里的钱，后来就常偷光商店钱柜里的钱，还偷别的东西。成年以后，他常打扮成乞丐的样子，还像老人似的留着胡子，闯入别人家里去偷窃。”

⑭ 从诗中的描述可以想见，蛇大概把头转向一侧，嘴放在阿涅埃罗脸上，张得很大，从而可以用它的毒牙同时咬住他的两颊。

⑮ 佛罗伦萨无名氏的注释说：“蛇和鬼魂，鬼魂和蛇的颜色混合在一起，形成了第三种颜色。”但丁用实际生活中白纸经火刚烧煳时，失去白色，变成昏黄色，但还未变焦发黑的现象作为比喻，来比拟蛇和鬼魂身体变色的进程。

⑯ 这两个鬼魂一个名叫卜奥索(Buoso)(详见注㉙)；一个名叫普乔(Puccio)(详见注㉛)。

⑰ “四个长条的东西”指鬼魂的两臂和蛇的两只前脚；人和爬虫的这四个肢体形成了新的变态的形体的两臂。

⑱ 意即这个变态的形体既像人又像蛇，但既非人又非蛇，是一种无适当名称的怪物。

⑲ 这条有四只脚的小蛇是佛罗伦萨人弗兰齐斯科·德·卡瓦尔堪提(Francesco de' Cavalcanti)(详见注㉜)。
注释家对于形容小蛇的定语“acceso”的含义提出不同的解释：有的照字面的意义“燃烧的”理解，认为这条小蛇是火蛇或吐火的蛇；有的以诗中只说蛇口中冒烟，并不吐火为理由，来反驳此说，认为应照这个词的转义来解释为冒着怒火的蛇，也就是说，蛇在跳出来咬人时，眼里冒着怒火。译文根据这种说法。

⑳ 这个鬼魂是佛罗伦萨人卜奥索(Buoso)(见注㉙)。“人类最初吸收营养的地方”指肚脐，因为肚脐是胚胎吸取营养的通道。

㉑ 萨贝卢斯(Sabellus)和纳席底乌斯(Nasidius)，都是卡托(Cato)军中的兵士，他们在利比亚沙漠中各被一种毒蛇咬伤，前者身体溃烂化为脓水肉泥而死，后者身体肿胀得撑破铠甲，爆炸成一堆碎骨烂肉而死(事见卢卡努斯的史诗《法尔萨利亚》卷九)。

㉒ 卡德摩斯(Cadmus)是忒拜城邦的创建者，因为杀死战神玛尔斯的蛇，受

到惩罚变成了蛇(事见《变形记》卷四)。阿瑞图萨(Arethusa)是一位水仙,她在河里洗澡时,被河神阿尔弗斯(Alpheus)看见;他爱上了她,跑去追她;月神狄安娜把她变成阿瑞图萨泉,但是阿尔弗斯继续追她,河水和泉水终于汇合(见《变形记》卷五)。

㉓ 意大利文 natura(自然)的复数 nature 指万物,即大自然所产生的一切东西;诗中"due nature"指人和蛇,这里勉强译为"两种自然物"。但丁并不忌妒奥维德的艺术才能,因为后者在《变形记》中根本没有写出像这里所描写的这种不可思议的事:两个不同种类的生物(人和蛇)并不互相接触,而是面对面地各自变成对方的形状。

原文是"forme"(forma 的复数),作为经院哲学名词,forma 指灵魂,人类的灵魂是理性的灵魂(anima razionale),和蛇类的灵魂不同,所以人是人,而不是蛇,他的肉体具有人形而不呈现蛇形;"双方的灵魂都肯互换形体"意即人的灵魂和蛇的灵魂虽然本质不同,但在神的意志支配下,一反事物的自然法则,竟肯各自变换成对方的形体。

奥维德所写的卡德摩斯变蛇的故事和阿瑞图萨变泉的故事,都是个体变形。但丁在这里所写的,是人与蛇双方形体互相转化,这种描写独出心裁,为拉丁诗人所难以想象,所以但丁对他们的艺术成就并不忌妒。

㉔ 指阴茎。

㉕ "可怜虫"指卜奥索的鬼魂,他的阴茎伸出去,一分为二,形成了蛇的两只后脚。

㉖ "一个"指弗兰齐斯科·德·卡瓦尔堪提,他先是蛇,现在大致变成了人,站起来了,"另一个"指卜奥索,他先是人,现在倒下去,不久就要变成蛇。"目光"原文是"lucerne",含义是灯(复数),这里指眼睛,因为"眼睛就是身上的灯"(见《新约·马太福音》第六章);"并不因此移动他们邪恶的目光"意即他们仍然互相凝视;他们的目光是"邪恶的",因为他们都是入地狱的人;在互相凝视的同时,他们在各自完成蛇面变人面和人面变蛇面的转化。

㉗ 意即加厚到呈现出人的嘴唇的形状。

㉘ 说话和啐唾沫是人类独有的动作,蛇逃走时总发出嘶嘶的响声,但丁用极其简练的笔触准确地写出人和蛇变形后的特征。弗兰齐斯科·德·卡瓦尔堪提的鬼魂由蛇变成人后,向从人变成蛇的卜奥索的鬼魂啐唾沫,表示轻蔑。注释家托拉卡(Torraca)则认为,啐唾沫是一种辟邪防祸的行动,因为中世纪有一种迷信,认为人的唾液对蛇有毒,啐唾沫可以驱蛇,防止被蛇咬伤。前一种解释比较符合诗中所写的情况。

㉙ 这是弗兰齐斯科·德·卡瓦尔堪提看到卜奥索变成蛇,在地上爬行时,心里感到称愿而说的一句幸灾乐祸的话,因为他对卜奥索怀有宿怨;他是小蛇时,眼里冒着怒火向卜奥索进攻,刺穿他的肚脐,也是出于这种

宿怨。

卜奥索(Buoso)是佛罗伦萨人,对于他的姓氏,注释家的说法不一致,有的认为他属于阿巴蒂(Abati)家族,有的认为他属于窦那蒂(Donati)家族,后一种说法论据比较充足。他所犯的具体盗窃罪行不详。大概死于1285年前后。

㉚ "渣滓"原文是Zavorra,本义是"压舱物"(货物太轻时,放在货舱里压舱的沙子等物),引申义为沉淀物、渣滓,在这里是转义,指第七恶囊里的犯盗窃罪者,因为这些人统统是社会渣滓。

"变形"指万尼·符契、阿涅埃罗和钱法的个体变形;"相互变形"指弗兰齐斯科和卜奥索二人形体的互相转化。

㉛ 瘸子普乔(Puccio Sciancato)属于佛罗伦萨的加利盖(Galigai)家族,是吉伯林党人,1268年遭到放逐,1280年和其他吉伯林党人一起和贵尔弗党签订和平条约。他虽然和其他犯盗窃罪者一起被放在第七恶囊里,但并未变形,因为有一个抄本的注释说"他是个有礼貌的贼,……白天偷,晚上不偷,被人看见,他也满不在乎"。

㉜ "另一个鬼魂"指弗兰齐斯科·德·卡瓦尔堪提(Francesco de' Cavalcanti),绰号斜眼儿(Guercio),属于佛罗伦萨的卡瓦尔堪提家族,被加维勒(Gaville)市镇的居民杀死,卡瓦尔堪提族人为他报仇,杀死了许多加维勒人,所以说加维勒为他的死带来的灾难一直在哭泣。

第二十六章

得意吧，佛罗伦萨，既然你是那样伟大，以至于在海上和陆上鼓翼飞翔[①]，你的名字还传遍全地狱！在盗贼中间，我发现了五个是你的显贵的市民[②]，这给我带来了耻辱，你也不会因此得到很大的光荣。但是，凌晨的梦如果灵验的话，今后不久你就要遭受普拉托以及其他城市渴望你遭受的灾祸[③]。假如灾祸已经发生，那也不算太早，既然它必定要发生，那就宁愿它早日发生！因为我越老，对我的打击就越沉重[④]。

我们离开了那里，我的向导顺着我们先前下去时那些突出的岩石给我们提供的台阶重新上去，并且把我也拉上去[⑤]；我们踏上孤寂的路途，从天然石桥[⑥]的尖石和圆石当中走过，脚没有手的帮助，就寸步难行。当时我感到悲痛，现在回想起我看到的情景，我重新感到悲痛[⑦]，并且比往常更加约束自己的天才，使它不至于离开美德的指导而奔驰[⑧]；这样做的话，如果照命的吉星或者更美好的事物赋予了我这种天资，我就不会把它丧失[⑨]。

正如普照世界者藏起他的面孔不让世人看见的时间最短的那个季节[⑩]，当苍蝇让位于蚊子的时候[⑪]，在小山上休息的农民看见下面那一道或许就是他收葡萄和耕地的山沟里[⑫]有无数的萤火虫在闪闪发光：我一来到望得见沟底的地方，就看见第八条壕沟里到处闪烁着一团团的火焰，数量之多就像那些萤火虫一样。正如由熊为他报仇的那个人看到以利亚的战车离开时，拉车的骏马直立起来向天空驶去，因为他的眼光跟不上它，他看不到别的，只看见那一团火焰像一朵小云彩似的飘然上升[⑬]；那些火焰也个个都像这样顺着食道般的壕沟移动，因为没有一团火焰露出它所盗窃的东西，而每一团火焰都偷去了一个罪人[⑭]。

我站在桥上探身去看，看得那样入神，要不是先抓住了一块岩石，没有人推我，我也会掉下去。我的向导见我这样凝神注视，说："那些火焰里面都是鬼魂,每个鬼魂都被烧他的火包裹着。”“我的老师,”我回答说,“听了你的话,我更肯定无疑了;但我已经想到是这么回事,并且想这样对你说:向这里来的那团火焰,顶端分成两岔,好像从厄忒俄克勒斯和他弟弟一起火葬的柴堆上升起的一般[15],那里面是谁呀?”他回答我说:“在那里面受苦的是尤利西斯和狄俄墨得斯,他们就这样一起受惩罚,正如他们当初一起使神震怒一样[16];他们在火焰中为用木马伏兵计而痛苦呻吟[17],这一计为罗马人的高贵的祖先从那里逃出去开了大门[18]。他们在那里为使用诡计结果戴伊达密娅死后仍然为哀悼阿奇琉斯而受苦[19],他们在那里还为盗走雅典娜神像而受惩罚[20]。”我说:“如果他们在那些火焰里面能够说话,老师,我诚恳地请求你,而且再次请求你,愿我的请求顶一千次,请你不要不容许我等待那团有角的火焰来到这里:你看,我因为盼着它来正在弯身望着它呢。”他对我说:“你的请求很值得称赞,所以我肯接受;但是,你要缄口不言,让我来说话,因为我已经了解你的愿望,而且,由于他们是希腊人,或许他们还会不屑于听你说话呢[21]。”

当那团火焰来到我的向导认为时间和地点便于说话的地方后,我听见他用这样的方式说:“啊,同在一团火焰里的两位幽魂哪,假如我生前有功于你们,假如我在世上写出高华的诗篇[22],对你们有或多或少的功劳,那就请你们不要走开;让你们中间的一位叙说一下,他是往哪里去迷了路死的[23]。”那团古老的火焰的较大的角[24]开始摇曳起来,并且飒飒作响,正如被风吹动的火焰似的,接着,它的尖端就像说话的舌头一般来回地动起来,迸发出声音说:“当我离开了把我强留在当时还没有被埃涅阿斯命名为卡耶塔的那个地方附近十多年之久的刻尔吉[25]以后,对我的儿子的慈爱,对年老的父亲的孝心以及会使潘奈洛佩喜悦的应有的恩爱,都不能战胜我渴望阅历世界、体验人类的罪恶和美德的热情[26];却仅仅乘着一只船,带着那一小伙没有离弃我的同伴,起航驶向又深又辽阔的海[27]。直到西班牙,直到摩洛哥,两边的海岸我都看到了,还看到萨丁岛和被这个海环绕的其他的岛屿[28]。当我们来到赫剌克勒斯在那里树立他的界碑,为了不让人再向前进的那道狭窄的海峡[29]时,我和我的伙伴们都已经老迈迟钝。在右边我离开了塞维利亚,

我的向导见我这样凝神注视，说："那些火焰里面都是鬼魂，每个鬼魂都被烧他的火包裹着。"

在另一边我已经离开了休达[30]。‘啊，弟兄们哪，’我说，‘你们经历千万种危险到达了西方，现在我们的残余的生命已经这样短促，你们不要不肯利用它去认识太阳背后的无人的世界[31]。细想一想你们的来源吧：你们生来不是为的像兽类一般活着，而是为追求美德和知识[32]。’我用这段简短的讲话促使我的伙伴们那样渴望出发，即使我随后想阻止他们都再也阻止不住；清晨时分，掉转了船尾[33]，我们就把我们的桨当作翅膀，来作这飞一般的疯狂航行，航向经常偏向左边[34]。黑夜已经看到另一极和那里的一切星辰，我们的北极星却那样低，已经露不出海面[35]。从我们开始这次艰险的航程以来，普照下界的月光已经亮了五次，暗了五次[36]，那时，远处隐隐约约地有一座山出现在我们前面，我觉得它高得出奇，生平从未见过这样高的山。我们欢乐起来，但是顷刻间欢乐化为悲哀；因为从新的陆地上起了一阵旋风，打在船头上。它使船连同海水旋转了三次；第四次，正如另一位喜欢看到的那样[37]，就使船尾翘起，船头下沉，直到大海把我们吞没。”

注释：

① 意即你的名声传播到很远的地方。十三世纪佛罗伦萨工商业和银行业已经相当发达，它的商人遍于西欧和地中海沿岸城市，经济势力日益强大，因此滋长了骄傲自满的情绪。最高行政官的政务宫的西墙上有1255年的拉丁文铭文：“她统治海、陆和全世界。”这句铭文但丁当然见到过。诗中的讽刺可能与这句狂妄的自我吹嘘的话有关。

② 但丁在第七恶囊中遇到的五个犯盗窃罪的佛罗伦萨市民都出身贵族世家或属于上层社会的家族。

③ 古代和中世纪都有一种迷信，认为凌晨的梦预示即将发生的事，最为灵验（但丁自己在《炼狱篇》第九章也这样讲）。这里诗人假托在凌晨的梦中梦见佛罗伦萨恶贯满盈，即将受到上天的惩罚，发生灾祸。

普拉托（Prato）是个小城市，在佛罗伦萨西北约十六公里处，当时隶属佛罗伦萨。“其他城市”指托斯卡那境内其他城市，如比萨、阿雷佐等。诗中所说的灾祸究竟指什么，难以确定。有的注释家认为指的是1309年普拉托反抗佛罗伦萨，把黑党驱逐出去；有的认为“普拉托”指的不是普拉托城，而是枢机主教尼古拉·达·普拉托（Niccolò da Prato），他于1304年奉教皇之命来调解佛罗伦萨的党派争端，结果完全失败，愤怒地离开了那里，宣布褫夺佛罗伦萨人教权，把他们驱逐出教会。当年，阿尔诺

(Arno)河上的卡拉亚(Carraia)木桥就因节日桥上观众过多,突然断裂,许多人落水淹死;以后不久,市中心又发生大火,烧毁了1700多座宫殿、塔楼和房屋,使大批宝物和商品化为灰烬。当时,一般人认为这些灾祸都是由于受教会的诅咒所致。

④ 注释家们对这句诗提出了截然不同的解释:早期但丁学家认为大意是说,上天对佛罗伦萨的惩罚如果迟迟不实现,诗人越年老,就觉得越痛心;这种解释强调但丁渴望上天惩罚佛罗伦萨的罪恶;现代但丁学家傅比尼(Fubini)的看法与此相反,他说:"正义的惩罚来得越晚,诗人的痛苦就越大,他看到惩罚是必要的,而且他也希望它来,但他毕竟是他的城市的儿子,当它来到时,他越年老,对他的打击就越大。"这种解释阐明了但丁作为道德家和爱国者的矛盾心理,比较符合但丁的性格,为大多数现代注释家所接受。

⑤ 前一章提到,但丁和维吉尔为了看清楚第七恶囊里的情景,从天然桥上下到了堤上;现在他们顺原路重新上去。"那些突出的岩石"原文是"i borni";"bornio"一词在任何其他早期意大利文作品中都未见到,注释家们认为可能来源于法语borne(建筑物墙角突出的石头),佩特洛齐和帕利阿罗则认为,i borni是抄本笔误,应作iborni,这个词来源于拉丁文eburneus(象牙色的),这里用来形容面色,从而断定这句诗的意思是:"顺着先前下去时,累得我们面色苍白的石阶重新上去。"译文根据前一种解释。

⑥ 指第八恶囊的壕沟上的石桥。

⑦ 诗人不先说明看到了什么样的情景,只说当时感到悲痛,现在回想起看到的情景,仍然感到悲痛,这种写法使读者产生悬念,急于知道下文如何。

⑧ 在第八恶囊里受苦的是为做坏事出谋划策的人,这些人聪明过人,但他们不把天赋的聪明才智用在正义的事业上,而滥用它来为非作歹,以致死后在地狱里受火刑惩罚。但丁回忆起自己看到的情景,联系自身的情况,认识到自己既然也有很高的天才,就必须经常用理性严加约束,使它不离开正路,误入歧途,因为正如窦维蒂奥(D' Ovidio)在《神曲研究》中所说,"但丁在被放逐时期成为一位宫廷中人,一位政治谈判家……对于他来说,出诡计和设骗局是可能成为一种职业罪,一种行业恶习的。"

⑨ "照命的吉星"这里指双子座,但丁诞生时,太阳在双子宫(见《天国篇》第二十二章),根据占星学家的说法,这个星座注定人生来就有天才。"更美好的事物"指神的恩惠。"不会把它丧失"意即不至于因滥用它,结果把它毁掉。

⑩ 意即在昼长夜短的夏季。

⑪ 意即在黄昏时分。

⑫ 注释家罗西(Rossi)指出:“使用‘或许’一词取得了绘画的效果;在半明半暗的黄昏时分,那个农民从高处看不清楚哪些是自己的耕地,哪些是别人家的。”辛格尔顿指出:“耕地通常在春天,收葡萄在秋天。现在是夏季,这两种劳作之间正好有一段休息时间。”所以诗中用“他收葡萄和耕地”来形容山沟,与“在小山上休息”相呼应。

⑬ “由熊为他报仇的那个人”指先知以利沙:“以利沙从那里上伯特利去。正上去的时候,有些童子从城里出来,戏笑他说,秃头的上去吧,秃头的上去吧。他回头看见,就奉耶和华的名咒诅他们。于是,有两个母熊从林中出来,撕裂他们中间四十二个童子。”(见《旧约·列王纪下》第二章)

先知以利亚是以利沙的师傅,“他们正走着说话,忽有火车火马将二人隔开,以利亚就乘旋风升天去了。以利沙看见,就呼叫说,我父啊,我父啊,以色列的战车马兵啊。以后不再见他了”(见《旧约·列王纪下》第二章)。但丁根据这段简单的叙述想象出诗中的美妙的比喻,这个来源于《旧约》的比喻和前一个取材于实际生活的比喻形成鲜明的对照,起了把叙述引向悠远的过去时代的作用,为古代传说中的人物尤利西斯的出现作了准备。

⑭ 沟底比上部狭窄,所以用“食道”来比拟。“它所盗窃的东西”指火焰包藏的罪人;“偷去了一个罪人”意即隐藏着一个罪人,好像贼把偷走的东西藏起来,不让人看见一样。

⑮ 但丁看到顶端分成两岔的火焰后,想起了古希腊传说中厄忒俄克勒斯和波吕尼刻斯兄弟二人的故事:他们是杀父娶母的忒拜国王俄狄浦斯的孪生子。他们长大后,强迫俄狄浦斯退位,离开忒拜。俄狄浦斯祷告诸神,让他们兄弟二人永远互相仇视。他们约好逐年轮流执政,但厄忒俄克勒斯任期满后,拒不让位。波吕尼刻斯请求阿尔戈斯国王援助他夺回王位,因而发生了七将攻忒拜的战争。波吕尼刻斯和厄忒俄克勒斯在对打时互相杀死,他们的尸体被放在同一柴堆上火化,上面升起的火焰一分为二,表明他们死后仍然互相仇视。斯塔提乌斯的《忒拜战纪》第十二卷和卢卡努斯的《法尔萨利亚》卷一都有关于这种情景的描写,但丁诗中这一比喻可能来源于这两部史诗中的描写。

⑯ 尤利西斯是荷马史诗《奥德修纪》中的主人公奥德修斯的拉丁化名字,他以足智多谋著称,是特洛亚战争中的希腊英雄之一;狄俄墨得斯也是特洛亚战争中著名的希腊将领,他们共同犯下诗中列举的种种欺诈罪,引起了神的震怒,死后在地狱里一同受火刑惩罚。

⑰ 希腊人围攻特洛亚城九年不下,后来尤利西斯献木马计,把一批勇士和精兵埋伏在一只特制的巨大无比的木马中,佯装撤退,留下木马,并且派一个名叫西农的奸细去诈降,他骗特洛亚人说,希腊人造这庞大的木马

是为了赎尤利西斯和狄俄墨得斯盗窃雅典娜像和亵渎神灵之罪(参看注⑳),如果特洛亚人把木马运进城去,他们就能彻底打垮希腊人。特洛亚人信以为真,把木马运进城内。夜里木马中的伏兵出来打开城门,与攻城的大军里应外合,占领了特洛亚(事见《埃涅阿斯纪》卷二)。

⑱ "罗马人的高贵的祖先"指埃涅阿斯。这句诗大意是:木马计导致特洛亚城陷落,埃涅阿斯带着父亲和儿子逃往他乡,最后建立了罗马。

⑲ 希腊英雄阿奇琉斯小时候,有一位预言家说,特洛亚城注定要被希腊人毁灭,但是要征服特洛亚,非得阿奇琉斯参战不行。他母亲知道他会死于这次战争,就把他装扮成女孩,送到斯库洛斯岛的国王的宫廷。他长大后,同国王的女儿戴伊达密娅相爱,使她生了一个儿子。因为他是征服特洛亚所不可缺少的人物,希腊联军统帅就派尤利西斯和狄俄墨得斯去邀请他参战。阿奇琉斯容貌俊美,混在公主及侍女们中间,他们二人认不出他来。尤利西斯心生一计,将一矛一盾放在屋子里,然后命随从吹起军号,少女们听了都逃出去,只有阿奇琉斯不但不走,还拿起了矛和盾。于是,他的伪装被他们识破,在他们的劝说下,他同意去参战。他离开斯库洛斯岛后,戴伊达密娅悲痛而死(事见斯塔提乌斯的史诗《阿奇琉斯纪》卷一、卷二)。她的鬼魂在"林勃"中仍然为他伤心(见《炼狱篇》第二十二章)。维吉尔自己也在"林勃"中,他可能直接听她讲到过阿奇琉斯的事。

⑳ 特洛亚城内的雅典娜像相传是众神之父朱庇特(即宙斯)赐予特洛亚城的建立者伊路斯作为护国神来供奉的。特洛亚城的安全兴旺全靠这尊神像存在。因此,狄俄墨得斯和尤利西斯"摸到特洛亚城堡高处雅典娜的神庙,杀死守卫,把对特洛亚生死攸关的雅典娜神像起了下来",偷出城去(见《埃涅阿斯纪》卷二)。

㉑ 希腊人由于创造了灿烂的文明,向来非常高傲,目空一切,所以这两位英雄可能不屑于同中世纪人但丁交谈;维吉尔是罗马诗人,思想文化和他们比较接近,由他出面来问他们,他们容易同意。

㉒ "高华的诗篇"指《埃涅阿斯纪》,其中也叙述尤利西斯和狄俄墨得斯的一些事迹。

㉓ 荷马史诗《奥德修纪》最后讲到主人公回到家里,设法杀掉向他的妻子求婚的人们,同父亲、妻子、儿子团圆为止,并未讲他死在何处,只是卷十一叙述他游阴间时,预言家泰瑞西阿的鬼魂对他说:"在你用阴谋或用利剑当众把你家里的求婚子弟杀掉之后,你就挑选一把好用的船桨,到外地去游历,一直到你找到那个部族,他们不知道有海,不知道有彩绘的船和作为船的双翼的长桨,也不知道有盐的食物……然后你可以回家……你的老年将过得很舒畅,温柔的死亡将从海上降临……我告诉你的一切都将实现。"这里虽然讲到他要去外地游历以及他的老年生活和死亡,但是

但丁不懂希腊文，不能读《奥德修纪》，据但丁学家考证，也未曾读过用拉丁文写的荷马史诗故事梗概，所以在写作时，不可能从这些书中受到启发。纳尔迪(Nardi)在《但丁与中世纪文化》一书中指出，但丁在构思尤利西斯的远游和死亡时，可能受到热那亚人维瓦尔迪(Vivaldi)兄弟航海事件的启发，他们于1291年穿过直布罗陀海峡西行，企图探寻通往印度的新航路，但是一去永无消息。他的论断很有说服力，因为维瓦尔迪兄弟的远航大西洋早于哥伦布二百年，是一件激动人心的壮举。

㉔ 诗人用“古老的”(antica)来形容火焰，一来由于尤利西斯和狄俄墨得斯的灵魂入地狱已有千百年之久，二来这个形容词能起到把将要讲的故事情节推到遥远的古代，使主人公尤利西斯的形象染上神奇色彩的作用。“较大的角”指隐藏着尤利西斯的那一只角，因为他的名声高于狄俄墨得斯。

㉕ “刻尔吉”(Circe)是希腊神话中日神赫利俄斯的女儿，能用巫术把人变成动物。尤利西斯漂流来到她居住的岛上后，她把他留在岛上和她同居一年多以后，才放他走(事见《奥德修纪》卷十)。刻尔吉居住的海岛名埃亚依(Aeaea)岛，在维吉尔时代名刻尔卡岬(Circaeum Promontorium)，即今齐尔切奥山(monte Circeo)或齐尔切洛山(monte Circello)，这座山在该埃塔(Gaeta)湾北面；该埃塔是那不勒斯西北约45英里处的海港，古名卡耶塔(Caieta)，埃涅阿斯的乳母卡耶塔死于此地并葬于此地，埃涅阿斯为了永久纪念她，采用她的名字作为这个地方的名称(见《埃涅阿斯纪》卷七)；尤利西斯被刻尔吉留在岛上，是埃涅阿斯来到卡耶塔(该埃塔)港以前的事，那时候当然还没有这个地名。

㉖ 尤利西斯的儿子名叫帖雷马科(Telemachus)；他父亲名叫拉埃提(Laertes)；潘奈洛佩是他的妻子，在他远征特洛亚和在海上漂流期间，她对他始终忠实不渝，所以他理应对她表示恩爱，使她喜悦。就一般人来说，对儿子的慈爱，对父亲的孝心和对妻子的恩爱，会促使长期在外漂流的人急于回家，但是在尤利西斯心中，认识世界的欲望远比这种感情强烈，以至于促使他不肯还乡与家人团聚，而毅然决然地冒险远航去阅历“太阳背后的无人的世界”。从这一点来看，但丁所塑造的尤利西斯形象已经具有文艺复兴时期的人物的特征。德·桑克蒂斯称之为屹立在马勒勃尔介泥潭中的金字塔，是非常中肯的。

㉗ 指地中海西半部，比东半部的爱琴海和爱奥尼亚海辽阔。

㉘ 指西西里岛、科西嘉岛、巴利阿里群岛等。

㉙ “狭窄的海峡”指直布罗陀海峡。“他的界碑”指海峡两岸的悬崖，在北岸的名卡尔培(Calpe)岬，在南岸的名阿比拉(Abyla)岬，相传这两个悬崖原来是一座山，被赫剌克勒斯分成两半，作为界碑，标明这里是世界的尽头，不让人再向前进，人们就把这两个悬崖称为赫剌克勒斯石柱。

㉚ 西班牙城市塞维利亚并不临海。这里泛指塞维利亚地区,这个地区,对于由东向西航行穿过海峡的船来说,在右边岸上;休达是临海的北非城市,与直布罗陀城隔海南北相对,对于由东向西航行的船来说,在左边岸上;休达的地理位置比塞维利亚靠东,船先离开休达,后离开塞维利亚,所以离开前者,动词用过去完成时,离开后者,动词用过去时。

㉛ "到达了西方"指到达了当时世人所知的世界的极西方。译文"残余的生命"中,"生命"原文是"vigilia dei sensi",直译应作"感官醒着的时候",指生命而言,因为生命和感官活动分不开,也因为醒意味着活动;生的对立面是死,也就是感官长眠不醒。

"太阳背后"原义为"di retro al sol",注释家对此有两种不同的解释:一般认为指船顺着太阳运行的方向由东向西航行,但是,这与诗中所讲的情况不同。尤利西斯所要认识的"无人的世界"是南半球,在《神曲》的地理中,耶路撒冷是北半球中心,极东是印度的恒河,极西是直布罗陀海峡,北半球为陆半球,南半球为水半球,完全被海洋覆盖,只有高峻无比的炼狱山耸立在海洋中,作为南半球中心与耶路撒冷遥遥相对,自古以来,还没有人到过那里,尤利西斯既然要去南半球,过了直布罗陀海峡以后,就不应一直向西航行,而应折向西南方。帕利阿罗提出了另一种解释,他认为"太阳背后"不是指船的航向,而是指南半球的方位,因为当太阳高悬在中天时,在北半球的人看来,南半球是在太阳背后。这种解释能自圆其说。

㉜ 尤利西斯提醒伙伴们想一想自己是人,作为万物之灵,生来就有心智和理性,能够认识世界,不像兽类那样浑浑噩噩,醉生梦死,所以应该明白人生的目的在于追求美德和知识。《筵席》第一篇中已经阐明这种早期人文主义思想。

㉝ "清晨时分"原文是"nel mattino"。注释家一般都把 nel mattino 理解为向着东方,指船尾转向东方。托拉卡认为这种说法不合理,因为尤利西斯的船由东向西航行,船尾本来就向着东方,他要去南半球,过了海峡后,就不应一直向正西行驶,而必须把船尾转向东北,朝西南方航行,因此,nel mattino 在这里并不是说明船的航向,而是说明起航的时间是清晨时分。格拉伯尔(Grabher)和帕利阿罗都同意他的解释。

㉞ "疯狂航行"是尤利西斯回忆船沉人尽的悲剧,认识到不应该越过赫剌克勒斯标出的界限,闯入上天划定的禁区后,对这次远航所下的断语。"航向经常偏向左边"指出了海峡后,他的船的航向越来越偏向西南方,最后变为向东南方航行,因为只有这样,他才能来到与耶路撒冷遥遥相对的炼狱山所在的海域。就诗中所说的看来,他的航向似乎和 1486 年葡萄牙人迪亚士(Diaz)顺着非洲海岸航行的方向大致相同。

㉟ 表明船已经过了赤道;"另一极"指南极。

㊱ 表明已经航行了大约五个月。

㊲ “另一位”指上帝，因为他不许世人来到炼狱山。

第二十七章

那团火焰因为不再说话，已经直竖起来，稳定不动，在和善的诗人的许可下[①]，离开我们而去，那时，在它后面来的另一团火焰促使我们把眼睛转过去向着它的尖顶，因为从那里发出了一种杂乱的声音。正如西西里的公牛（它的第一次吼声来自用他自己的工具制造它的那个人的哭声，这是公正的）经常借受害者的声音吼叫，所以它虽然是黄铜做的，却仿佛被痛苦所刺穿；同样，罪人的悲惨的话，由于起初没有通路或出口从火焰中发出，就转变成火焰自身的语言[②]。但是，当那些话从火焰尖顶上找到了出路，使火焰尖顶如同舌头在这些话通过时那样颤动起来以后，我们就听见他这样说："啊，你呀，我的声音是对你而发的，你刚才用伦巴第方言说：'现在你走开吧，我不再催你说话了[③]'，虽然我来得或许迟了些，请你不要厌烦停下来和我说话；你瞧，我并不厌烦，尽管我在燃烧着呢！如果你是刚离开我从那里带来我一切罪过的可爱的意大利国土，堕入这幽冥世界的，就请你告诉我，罗马涅人现在是在和平还是在战争中，因为我是乌尔比诺和台伯河发源处的山脉之间那个地区的山里的人[④]。"

我还在俯身注视，我的向导捅了我的肋部一下，说："你来说吧，因为这个人是意大利人。"我已经准备好了回答，就毫不迟延地开始说："在下面隐身不见的灵魂哪，你的罗马涅在它的暴君们心中不论现在还是过去都无时无刻不处于战争状态；但是，我刚才离开那里时，并没有公开的战争[⑤]。腊万纳现在和多年来一样：达·波伦塔的鹰伏在上面保护着它，同时也用翅膀遮盖着切尔维亚[⑥]。那座曾经受长期围困，使法国人变成血淋淋的尸堆的城市，又处于绿爪的控制下[⑦]。残酷处置蒙塔涅的、维卢乔家族的老恶狗和小恶狗，在它们惯常肆虐的地方把自己的牙当做钻使用[⑧]。那只从夏天到冬天就转变阵营的、住在白色兽窝里的小狮子，统治着拉摩内河畔的城市和桑特尔诺河畔的城市[9]。那座一侧被萨维奥河冲洗的城市，犹如它坐落在平原和山之间一样，生活在专制和自由之间[10]。现在我请求你告诉我们你是谁；你可不要比别人[11]不愿意说，这样你的名字就能留传下去。”

那团火焰以自己的方式咆哮了一会儿后，尖端就晃来晃去，然后发出这样的气息[12]：“假如我相信我的话是回答一个终究会返回世上的人，这团火焰就会静止不摇曳了；但是，既然果真像我听到的那样，从来没有人从这深渊中生还，我就不怕名誉扫地来回答你[13]。我是武人，后来当了束绳的修士[14]，我确信这样束上绳子就可以赎罪；要不是那个大祭司[15]的缘故，愿他遭殃！我的信念一定会完全实现，是他把我拖回到我原先的罪恶中去了；他是怎样和为什么做这件事的，我愿你听我讲。当我作为母亲给予我的骨肉的形式[16]时，我的行为不像狮子，而像狐狸。各种阴谋诡计我都知道，而且把这些诈术运用得那样巧妙，使得我的名声传到了天涯海角。当我发现我的年岁已经到了每个人都应该落帆卷缆的时候[17]，以前使我喜欢的事，那时使我憎恶，我经过悔罪和忏悔当了修士；唉，我真不幸啊！这样做本来是会有效果的，无奈新法利赛人之王在拉泰兰附近进行战争[18]，不是对撒拉森人，也不是对犹太人[19]，因为他的每个敌人都是基督教徒，没有一个曾去攻占阿克，也没有一个曾在苏丹的国土经商[20]，他不顾自身至高无上的地位和圣职，也不顾我身上那条曾经常使系着的人消瘦的绳子[21]，却像君士坦丁把在希拉提山洞中的席尔维斯特罗召去给他治好麻风病一样，把我作为医生召去治好他的狂妄的热病[22]；他要求我出谋划策，我保持沉默，因为他的话像醉汉说的。于是，他又说：‘你的心不要疑惧；从现在起我就赦你的罪，你指教我怎样把佩内斯特里诺夷为平地[23]吧。你知道，我是能锁、能开天国之门的；因为我有两把钥匙，对这两把钥匙我的前任并不珍惜[24]。’这时，他的强有力的论据迫使我感到，沉默比献计更坏[25]，我说：‘父亲哪，既然你洗掉我现在必然要陷入的那种罪，那么，长许诺、短守约的策略会使得你在崇高的宝座上胜利[26]。’后来，圣方济各在我死后来接我[27]；但是黑噻嘞啪[28]中的一个对他说：‘不要把他带走；不要让我吃亏。他得下来，到我的走卒队里去，因为他献了那条诡计，从那时起一直到现在,我时刻准备着去揪他的头发;因为不悔罪的人是不能赦免的,也不可能既悔罪而同时又想犯罪,因为这是自相矛盾,不能成立的。'哎呀,我真不幸啊! 当他抓住我,对我说:'也许你没想到我是逻辑学家吧!'我多么震动啊㉙! 他把我带到米诺斯那里,米诺斯把尾巴在坚硬的脊背上绕了八遭㉚,在盛怒之下咬了咬尾巴,说:'这个人该到受贼火烧的罪人当中去㉛。'所以我就在现在你看到我的地方,穿着这样的服装㉜,怀着悲痛的心情行走。"

当他这样说完话后,那团火焰就弯下来,摇荡着它的尖端,惨然离去。

我和我的向导,我们俩继续前行,顺着岩石一直走上另一座拱桥,这座拱桥横跨在一条壕沟上,负有制造分裂罪的罪责者,都在这条壕沟里偿还罪债㉝。

注释:

① 维吉尔允许尤利西斯走开的话,见注③。

② "西西里的公牛"指雅典的能工巧匠佩利路斯(Perillus)所造的铜牛。这是一种残酷的刑具,把罪犯关进铜牛肚子里,活活烤死,因为造得巧妙,铜牛被烧红后,受刑者的惨叫声就能变成牛吼声。他把这种刑具献给西西里岛上阿克拉加斯(即今阿格里琴托)城的暴君法拉利斯(Phalaris,公元前570—前554在位)。法拉利斯命人首先把佩利路斯本人关进去做试验,结果他就是第一个被他自己所造的铜牛烤死的人。诗人认为,他作法自毙,活该如此。
诗中用铜牛被烧红后受刑者的惨叫声变成牛吼声作为比喻,来比拟火焰中罪人的悲痛的话,起初听起来乱哄哄的,好像火被风吹动时发出的响声一样。

③ 这两句话是维吉尔对尤利西斯所说的原话,维吉尔是伦巴第人(见第一章注⑳),所以他的话里带有伦巴第方言(其中第一个词"现在"原文是伦巴第方言 istra)。在中世纪,伦巴第亚泛指意大利北部的广大地区,包括罗马涅(Romagna)在内,从火焰中对维吉尔说话的鬼魂是罗马涅人圭多·达·蒙泰菲尔特罗(Guido da Montefeltro),所以他听得出维吉尔对尤利西斯说的话里有伦巴第方言。

④ "山脉"指亚平宁山脉,台伯河发源于其中的科罗那罗山(Monte Coronaro)脚下。"那个地区的山里"指蒙泰菲尔特罗伯爵领地(Contea di Montefeltro),圭多是那里的封建主,诗中始终未提他的姓名,但叙述的事实足以证明

指的是他。

⑤ 根据但丁所下的定义,“暴君”是那些“不是为公众利益执行公法,而是用公法来为自己谋求私利者”(《帝制论》卷三第四章)。这里指当时在意大利北方城市内部的斗争中取得政权的家族代表或党派首领,其性质和身分类似古代希腊城邦的僭主。“我刚才离开那里时”指1300年春天,即但丁虚构的游历地狱的时间。“并没有公开的战争”,因为经过二十五年接连不断的战争,罗马涅各城市及暴君们于1299年4月签订了普遍和“永久的”和平条约。

⑥ “多年来”指腊万纳自从1270年以来就在达·波伦塔(Da Polenta)家族的统治下。1300年,弗兰齐斯嘉·达·里米尼(见第五章)的父亲老圭多·达·波伦塔执掌政权,他的孙子小圭多(Guido Novello)对但丁非常景仰,在他的邀请下,但丁最后定居于腊万纳,完成了《神曲》最后的篇章。达·波伦塔家族的纹章图案是一只鹰,据拉纳(Lana)说是黄地儿红鹰,据本维努托(Benvenuto)说,这只鹰一半是银白色衬着蓝地儿,一半是红色衬着黄地儿。

切尔维亚(Cervia)在腊万纳东南,是亚得里亚海滨的小城市,因经营盐业相当富庶,曾隶属腊万纳。

⑦ 指罗马涅中部的城市福尔里(Forlì),当时掌握在吉伯林党手中,教皇马丁四世派法国人让·代普(Jean d'Eppes)率领教廷和那不勒斯安茹王朝联军进攻罗马涅的吉伯林党,从1281到1283年长期围困福尔里,守城将领就是圭多·达·蒙泰菲尔特罗(但丁对火焰中的鬼魂叙说此事时,还不知道这个鬼魂是他),1282年5月1日,圭多指挥守军突围出击,击溃敌军主力,然后回击攻入城内的法国骑兵,“使法国人变成血淋淋的尸堆”。这一战绩显示出圭多的卓越的军事才能。

“又处于绿爪的控制下”指福尔里在奥尔德拉菲(Ordelaffi)家族统治下,这个家族的纹章是黄地绿狮子;“绿爪”指绿狮子的爪。从1296年起,斯卡尔佩塔·德·奥尔德拉菲(Scarpetta degli Ordelaffi)就掌握福尔里的政权,1303年,他被选为佛罗伦萨白党流亡者的领袖,但丁在福尔里和他相识。

⑧ 这里讲的是里米尼(Rimini)城的情况。“老恶狗”指马拉台斯塔·达·维卢乔(Malatesta da Verrucchio),他是弗兰齐斯嘉的丈夫简乔托和她的情人保罗的父亲。他的家族从蒙泰菲尔特罗迁移到维卢乔堡,这个地名就成为他的家族的姓氏。马拉台斯塔于1295年打败了蒙塔涅·德·帕尔奇塔提(Montagna de' Parcitati)为首的吉伯林党,成为里米尼的统治者。“小恶狗”指他的儿子马拉台斯提诺(Malatestino,意即小马拉台斯塔)。“残酷虐待蒙塔涅”指马拉台斯塔俘虏了蒙塔涅后,将他囚禁起来,最后背信弃义地在狱中杀害了他。据说,他把蒙塔涅交给自己的儿子马

拉台斯提诺去看管。“后来,父亲问他是怎样对待蒙塔涅的,他回答说:‘我的老爷,他被看守得非常好,虽然他离海很近,但是,即使他想跳海淹死自己,也是不可能的。’马拉台斯塔这样查问了几次,都得到同样的回答后,终于说:‘我看你并不知道怎样看守他。’马拉台斯提诺会意,就杀害了蒙塔涅和另外几个人”(引自本维努托的注释)。

“它们惯常肆虐的地方”指里米尼。“把自己的牙当做钻使用”意即老恶狗和小恶狗用牙齿狠狠地咬人;诗中以此来比拟马拉台斯塔和马拉台斯提诺父子在里米尼和其他受他们管辖的地方实行残酷的统治。

⑨ “小狮子”指马吉纳尔多·帕格尼·达·苏希亚那(Maghinardo Pagani da Susiana),死于1302年,他的家族是吉伯林党,纹章是银白地儿蓝狮子。他统治着拉摩内(Lamone)河畔的城市法恩扎(Faenza)和桑特尔诺(Santerno)河畔的城市伊牟拉(Imola)。他在罗马涅支持吉伯林党,但由于幼年丧父,受过佛罗伦萨政府的监护之恩,始终同佛罗伦萨的贵尔弗党站在一起。因此,早期注释家都把他“转变阵营”解释成他“在罗马涅是吉伯林党,在托斯卡那是贵尔弗党”。对于“从夏天到冬天”的解释,则有分歧:拉纳和本维努托从地理意义上理解,认为夏天指托斯卡那,因为它方位靠南,接近炎热地带,冬天指罗马涅,因为它方位靠北,接近寒冷地带。这种解释失于穿凿附会。布蒂和佛罗伦萨无名氏则从时间意义上理解,认为这句话的意思是:马吉纳尔多常常从一个季节到另一个季节转变阵营,站到另一个党派方面去。现代注释家大都认为,但丁用这句夸张的讽刺话来说明马吉纳尔多在政治上反复无常,在罗马涅各派系、各集团的纷争中,忽而站在这一方,忽而站在那一方。这种解释比较确切。

⑩ 指拉于福尔里和里米尼之间的城市切塞纳(Cesena)。这座城市在亚平宁山余脉北麓的平原上,萨维奥(Savio)河沿着城西侧从南向北流去,它在政体上是个自治城市,但并未真正实行自治,而由圭多·达·蒙泰菲尔特罗的堂兄弟嘉拉索(Galasso)掌权,他以人民首领(Capitano del popolo)和市长(podestà)的身分进行统治,但他并不是残酷压迫人民的暴君,所以切塞纳比诗中提到的其他城市享有较大的自由。

⑪ “别人”在这里指谁?对此有两种不同的解释:早期注释家以及大多数现代注释家认为指但丁自己,在当时的语言用法上,altri或altrui(别人)用来指io(我),是一种不突出自己的、客气的表达方式。但丁的意思是说,既然我已经乐意回答你所问的情况,希望你也同样乐意告诉我你是谁,好让你的名字长久留在世上。但有些注释家认为“别人”指但丁所遇到的其他鬼魂,他们都很乐意回答但丁的问题,但丁希望这个鬼魂也同样乐意回答。前一种解释更符合诗中的情景。

⑫ “以自己的方式咆哮”意即发出火焰的独特的响声。“气息”意即言语。台拉契尼(Terracini)指出,这三句诗写出圭多的灵魂回答但丁时犹犹豫

豫的神态。

⑬ 圭多的灵魂在火焰中看不见但丁是活人,以为自己是对一个刚入地狱的灵魂说话。深层地狱里的罪人因罪孽深重,绝大多数都不愿意被认出来,让世人知道自己的情况。圭多也是这样。

⑭ 圭多·达·蒙泰菲尔特罗是罗马涅吉伯林党首领,绰号"狐狸",维拉尼在《编年史》卷七第八十章中说他是"他那个时代意大利最精明、最优秀的军人"。生于1220年左右,1268年,任霍亨斯陶芬朝末代皇帝康拉丁的代表,1275年统率罗马涅吉伯林党和被放逐的波伦亚及佛罗伦萨吉伯林党联军,击败马拉台斯塔·达·维卢乔(见注⑧)统率的波伦亚贵尔弗军,同年又在切塞纳附近击败贵尔弗军,占领切塞纳和切尔维亚。1282年,指挥守军抗击让·代普率领的教廷和安茹王朝联军对福尔里的长期围攻,使敌人伤亡惨重(见注⑦),次年福尔里市民向教皇屈服,把圭多驱逐出境。1286年,圭多自己也向新教皇屈服,与教会和解,但被流放到皮埃蒙特。1289年,离开流放地,被推举为比萨吉伯林军司令对佛罗伦萨作战。教皇为惩罚他违反禁令的行为,宣布开除他及其家族的教籍。在圭多的指挥下,比萨吉伯林军获得了数次胜利。1292年,他自立为乌尔比诺城主,打退马拉台斯提诺多次对该城的进攻。不久以后,他再次与教会和解,1296年成为方济各会修士,1298年死于阿希希(Assisi)修道院。"束绳的修士"即方济各会修士,因为这派修士腰间都系着一条象征修道和悔罪的绳子。

⑮ "大祭司"指教皇卜尼法斯八世。

⑯ "母亲给予我的骨肉"指圭多的肉体,"我"是圭多的灵魂说话时自称。"形式"在这里是经院哲学名词,经院哲学家把理性灵魂(anima razionale)称为人的肉体的形式,也就是说,它是肉体的能动性、有生命力的因素,人活着时,灵肉结合,死后灵肉分离,灵魂就不再是肉体的形式,因此,这句诗意即我活着的时候。

⑰ "落帆卷缆的时候"指老年。但丁在《筵席》第四篇第二十八章中说:"正如良好的水手走近港口时,把帆落下来,以适当的驾驶方式进港;同样,我们也应该把我们的世俗活动之帆落下来,全心全意皈依上帝,使我们能完全宁静和平地进入那个港口。"他还说:"我们的极高贵的意大利人圭多·蒙泰菲尔特罗"就是这样,他"落下世俗活动之帆,在老年皈依了宗教,把一切世俗的乐事和工作统统丢开。"这里和在诗中一样用"落帆"的时候来指老年,并且把这个比喻用在同一人物身上,但在《筵席》中称圭多为极高贵的意大利人,肯定他在晚年悔罪自新,皈依宗教,不问世事;在《神曲》中则改变了对他的看法,把他放在深层地狱里,显然是由于但丁后来才知道圭多为教皇出谋划策,重犯旧罪的事。

⑱ "新法利赛人之王"指教皇卜尼法斯八世。"新法利赛人"指一切卑劣的

教士和僧侣,这些人和《圣经》中陷害耶稣的伪善的法利赛人一样,在宗教的外衣下掩藏着他们的罪恶行为。

“在拉泰兰附近进行战争”意即在基督教中心罗马作战,因为拉泰兰宫当时是教皇的宫廷。这里所说的“战争”指卜尼法斯八世在1297年对罗马科伦纳(Colonna)家族进行的斗争,这个家族拒不承认切勒斯蒂诺五世退位(见第三章注⑫)有效,因而也不承认卜尼法斯当选教皇合法。卜尼法斯对科伦纳家族宣布破门律,开除其教籍,限他们在十天内降服,他们逃避到帕勒斯特里纳(Palestrina)城堡(即诗中所说的佩内斯特里诺城堡)内,抵抗了一年半之久。

⑲ “撒拉森人”指信奉伊斯兰教的阿拉伯人。这句话说明卜尼法斯进行的斗争并不是对基督教的敌人穆斯林和犹太教信徒。

⑳ “阿克”(Acre)是巴勒斯坦的濒海城市,十字军东侵时被基督教徒侵占,由耶路撒冷圣约翰骑士团管辖。这座城市在基督教徒手中达百年之久,是基督教在巴勒斯坦的最后一个堡垒,1291年被萨拉森人攻克。曾去参加围攻阿克的人,当然就是站到异教徒一边去,成为基督教的叛徒。“苏丹的国土”指埃及马木路克苏丹统治的地区。阿克陷落的消息传到罗马后,教皇尼古拉四世立即试图组织十字军夺回这个城市,并且宣布禁止基督教徒与埃及苏丹统治的地区进行贸易,违禁者一律开除教籍。

㉑ “至高无上的地位”指教皇作为教会领袖的地位。“圣职”指教皇作为僧侣的职位。“那条曾经常使系着的人消瘦的绳子”指方济各会修士腰间系着的绳子,修士们由于禁欲悔罪,身体消瘦;“曾经常”原文是solea,为过去未完成时态,在这里带有讽刺意味,言外之意就是说,这是从前的情况,如今教会已经腐败,修士们贪图享乐,不再真心修道。

㉒ 据中世纪传说,罗马皇帝君士坦丁(公元306—337在位)因迫害基督教徒患了麻风病,夜里梦见圣彼得和圣保罗告诉他,把在索拉克忒(Soracte)山(即诗中所说的希拉提〔Siratti〕山)的洞穴中逃避迫害的教皇席尔维斯特罗(Silvestro)一世找来,就能治好他的病。他派人去找,席尔维斯特罗来到后,给他一施洗礼,他的病就立刻痊愈了。索拉克忒山在罗马城北,距离罗马约三十六公里。卜尼法斯的“狂妄的热病”指他为人狂妄,怀有极大的权力欲和野心,企图打败所有的敌人。

㉓ “佩内斯特里诺”(Penestrino),即今帕勒斯特里纳镇,位于罗马东南一座陡峭的小山上,距离罗马约三十公里。科伦纳家族在这座城堡中抵抗教皇军的长期围攻,直到1298年9月,教皇答应对这个家族实行大赦后才投降。

㉔ 据说,圣彼得作为基督在人间的代表和第一任教皇,掌握着天国之门的钥匙,因为《新约·马太福音》第十六章中耶稣对圣彼得说:“我要把天国的钥匙给你,凡你在地上所捆绑的,在天上也要捆绑,凡你在地上所释放

的，在天上也要释放。”也就是说，圣彼得掌握着决定人的灵魂能否得救的权力，历代教皇作为他的继承者也都有这种权利。诗中所说的“两把钥匙”，一把是开天国之门的，象征赦罪，使人得救的权力，一把是关天国之门的，象征开除教籍，使人不能得救的权力。中世纪历史上有不少的教皇利用这种神权作威作福。

“我的前任”指教皇切勒斯蒂诺五世，他在加冕后不到四个月就退位（见第三章注⑫），卜尼法斯八世用伪善和讥诮的口吻说，这表明他对这两把钥匙所象征的权力并不珍惜，实际上，切勒斯蒂诺退位是受卜尼法斯本人（当时还是枢机主教）的怂恿，他为了实现自己做教皇的野心而出此一举。

㉕ 教皇以基督授予自己的权力作为论据来说服圭多，圭多觉得教皇的论据是强有力的，因为他作为方济各会修士，受入会誓约的约束，必须服从教皇。此外，卜尼法斯的话也暗示出威胁之意，圭多觉得，自己如果再不答应，势必激怒教皇，受到开除教籍的惩罚，因此，他认为，拒绝教皇的要求比重犯策划阴谋诡计的罪，后果更为严重。

㉖ 圭多给教皇贡献的计策是“长许诺、短守约”，也就是说，要多答应敌方所提的条件，但要少履行诺言。“在崇高的宝座上胜利”意即取得对敌人科伦纳家族的胜利，从而使自己的教皇职位得到承认和巩固。卜尼法斯八世采纳圭多的计策，答应宽恕科伦纳家族，恢复他们的地位和职位，他们信以为真，交出帕勒斯特里纳城堡，向教皇投降。事后，卜尼法斯八世公然背信弃义，将帕勒斯特里纳夷为平地，并且继续迫害科伦纳家族。

㉗ 圣方济各前来接引圭多的灵魂进天国，因为圭多是束绳的修士。

㉘ 神学家把天使分成九级，噻嚕啪（Cherubim）是其中的第二级，阿奎那斯在《神学大全》第一卷中说：“噻嚕啪释义是知识渊博。”诗中所说的“黑噻嚕啪”指的是因追随撒旦反抗上帝而随入地狱变成魔鬼的噻嚕啪，他们变质后仍然保有一部分知识，所以这个黑噻嚕啪能运用形式逻辑中的矛盾律来和圣方济各说理，抓住圭多时，居然以逻辑学家自诩。

㉙ “震动”意即猛然觉悟。圭多现在才认识到，他相信卜尼法斯所许诺的欺骗性的赦罪，是错误的。他知道对他的指责确有根据；他献了奸计而又始终没有忏悔（辛格尔顿的注释）。

㉚ 表示判决圭多的灵魂入第八层地狱。

㉛ 意即让圭多的灵魂堕入第八恶囊中去受火焰焚烧的惩罚。“贼火”（见第二十六章注⑮）。

㉜ 意即被火焰包围着。

㉝ “岩石”指第八恶囊上的天然石桥。“另一座拱桥”指第九恶囊上的拱桥。“在这条壕沟里偿还罪债”意即在世上散布不和的种子、制造分裂者，死后灵魂在第九恶囊中受惩罚。

第二十八章

即使用不受束缚的语言[①]并且经过多次叙述[②],谁又能把我现在看到的血和创伤讲得详尽呢? 任何人的舌头都必然失败,因为我们的言语和记忆容纳不下这么多的事物。

即使所有过去在饱受命运摆布的普里亚[③]土地上,或是由于特洛亚人的缘故[④],或是由于那次据记事无误的李维乌斯所说缴获了那么多戒指的长期战争[⑤]的缘故而经受流血的痛苦的人们,连同那些为抵抗罗伯托·圭斯卡尔多[⑥]而遭受惨痛打击的人们,另外还有那些人们,他们的尸骨依然堆积在阿普里亚人个个都临阵叛变的切普拉诺地方[⑦]和老阿拉尔多不用武器就战胜的塔利亚科佐[⑧]附近,即使所有这些人统统集合在一起,有的暴露着被刺穿的、有的暴露着被砍断的肢体,那也绝对比不上第九恶囊的景象悲惨可怖[⑨]。

我看见一个身体从下巴直到放屁的地方被劈开的鬼魂,甚至连桶底掉了中板或侧板[⑩]的木桶肯定都没有他的伤口张开得那么宽。他的肠子垂到他的两腿中间;心、肝、脾、肺以及那个把咽下去的东西变成屎的脏口袋[⑪]都露了出来。我正定睛注视他时,他望着我,用手扯开他的胸膛,说:“你看我怎样把自己撕开! 你看穆罕默德被砍伤得多么厉害[⑫]! 在我前面哭着走的是阿里,他的脸从下巴直到额发全被劈开[⑬]。你在这里看到的所有其他的鬼魂生前全是散布不和与制造分裂者[⑭],所以他们都被这样劈开。这里在我们后面有一个鬼卒[⑮]把我们那样残酷地劈开[⑯],每逢我们顺着这条悲惨的路绕了一圈儿[⑰]之后,他就把刀刃重新加在我们这一帮每个人身上;因为我们的伤口在我们再走到他身边以前就已经愈合。但是你是谁呀? 你站在这石桥上眺望,也许是想延迟去受根据你所坦白的罪行而宣判的刑罚吧?”我的老师回答说:“死还没有临到他头上,也不是由于犯了什么罪使他前来受苦;而是为的让他获得完整的经历⑱，由我这已经死去的人负责引导他到这下界游历一层一层的地狱，这事就像我在对你说话一样真实。”

有一百多鬼魂听见他说的话，都惊奇得忘了所受的苦刑，在壕沟里站住看我。

“那就请你这也许不久就会见太阳的人告诉多里奇诺修士，如果他不愿很快就跟在我后面到这里来，就要他多储备粮食，以免被雪围困给诺瓦腊人带来他们别无可能轻易取得的胜利⑲。”穆罕默德抬起了一只脚要走时，对我说了这话；随后就把那脚放平在地上，拔步而去⑳。

另有一个喉咙被刺穿、鼻子直到眉毛下面全被削去、仅仅剩下了一只耳朵的鬼魂和别的鬼魂一起站住，惊奇地注视，在别的鬼魂开口以前，先张开外部呈现一片红色的喉管㉑，说：“啊，你这是不是因犯罪受处罚的人哪，除非相貌太相像使我认错了人，我在地上的意大利国曾见过你，祝愿你有朝一日能回去看见那一片从维切利到玛尔卡勃地势逐渐倾斜的美好的平原，请你记住彼埃尔·达·美第奇那吧㉒。还请你告诉法诺的两位最优秀的人物圭多先生和安乔莱罗：除非这里的预见错误，他们将由于一个残酷的暴君背信弃义而被人从他们的船上扔出去，淹死在卡托利卡附近㉓。涅普图努斯在塞浦路斯和马略卡之间从未见过这样大的罪行，不论是海盗犯下的，还是阿尔各斯人犯下的㉔。那个只用一只眼睛看的背信弃义者占据着那座城市，某一个同我一起在这里的人宁愿自己从未见过这座城市㉕；这个背信弃义者将邀请他们前来同他会谈，然后就要干出那样的勾当，使得他们不必为了浮卡腊的风许愿或祈祷㉖。”我对他说：“如果你要我把你的消息带到世上去，那你就向我指出并且说明，那个悔恨见过那座城市的人是谁。”于是，他就把手放在他的一个同伴的下巴颏儿上，掰开他的嘴，喊道：“这就是他，他不能说话：他被放逐后，曾断言，对于有准备的人来说，延宕总是有害的，拿这话消除了恺撒心中的疑虑㉗。”啊，当初说话那样大胆的库利奥，现在舌头从喉咙连根割掉，在我看来，神情多么惊恐啊！

一个被砍去双手的鬼魂在昏黑的空气中举起两只残臂，滴下来的血都弄脏了他的脸，他喊道：“你也会记得莫斯卡吧，哎呀！他曾说过：‘事情一下手就有结果’㉘，这话是托斯卡那人的祸乱的种子㉙。”我给

他揪住头上的头发提着割下来的头，像手提着灯笼似的把它摆动！那颗头注视着我们，说："哎哟！"

他加上了这句:“它还使你的家族灭亡[30]。”他听了这话痛上加痛[31],像悲伤得发狂的人似的走了。

我却留在那里观察那队鬼魂,看到了一件没有别的证据我连讲都害怕讲[32]的事;但是良心给我壮胆,它是使人在自觉问心无愧的铠甲保护下勇敢起来的好伴侣[33]。我确实看到了,而且现在还似乎看到一个无头的躯干像那一群凄惨的鬼魂中其他的罪人一样行走;他揪住头上的头发提着割下来的头,像手提着灯笼似的把它摆动! 那颗头注视着我们,说:“哎哟!”他把自己给自己做成了灯,他们是二而一,一而二;这怎么可能,那只有制定这种刑罚者知道[34]。当他走到了桥的正下面时,他就把提着头的手臂高高举起,为了使他的话在我们听起来近些;这些话是:“你活着前来看已经死去的人们,现在看一看我受的严酷的刑罚吧,你看还有没有什么刑罚像这样重! 为了使你能够把我的消息带回去,你要知道我就是贝尔特朗·德·鲍恩,那个向幼王进谗言者[35]。我使他们父子变为仇敌;亚希多弗通过恶意的挑拨也没有在押沙龙和大卫之间造成更大的仇恨[36]。因为我离间了这样的有血统关系的人,现在我就提着自己的脑袋,哎呀! 使它落得和在躯干中的根子[37]分开。报应的法则就这样在我身上实现[38]。”

注释:

① 指散文,因为散文不受格律束缚。

② 意即经过反复修改补充,使叙述更为详细明确。

③ “普里亚”(Puglia)古名阿普里亚(Apulia),是意大利半岛东南部的一省,在中世纪,人们用来泛指意大利半岛南部地区,这个地区在历史上发生过多次战争,惨遭兵燹,所以诗中说它“饱受命运摆布”。

④ 指罗马人对萨姆尼乌姆(Samnium)部落联盟进行的战争(公元前343—前290)和对希腊移民城市塔连土姆(Tarentum)及厄皮鲁斯(Epirus)王皮鲁斯(Pyrrhus)进行的战争(公元前280—前272)。“特洛亚人”这里指罗马人,因为相传他们是埃涅阿斯和跟随他来意大利的特洛亚人的后裔。

⑤ 指第二次布匿战争(公元前218—前202)。公元前216年6月,迦太基军与罗马军决战于康奈(Canne),迦太基统帅汉尼拔以劣势兵力采取两翼包抄的战术击溃了罗马军,歼五万四千人,俘一万八千人。据古罗马历史家李维乌斯(Livius)的《罗马史》卷二十三第四章记载,迦太基人从阵亡的罗马将士手指上掠去了大量的金戒指,“为了证明这样重大的胜利,

他(指汉尼拔)下令将金戒指统统倒在元老院门口。金戒指堆成了那么大的一堆,据某些历史家说,计量时,足有三个半摩狄乌斯(modius)之多(摩狄乌斯是古罗马计量名称,约合英美计量一配克或9092公升),流行的说法认为并不超过一摩狄乌斯,这种说法更接近事实”。

⑥ 指为阻止罗伯托·圭斯卡尔多(Ruberto Guiscardo)征服普里亚(公元1059—1084)而进行的战斗。公元十一世纪前半,普里亚属于东罗马帝国(拜占庭帝国)。罗伯托·圭斯卡尔多(这个词是罗伯托的绰号,意即狡猾的人)是诺曼底公国的骑士,他来到意大利南部,击败了东罗马人,夺去了阿普里亚和卡拉勃里亚(Ca-labria),成为那不勒斯王国和诺曼王朝的开创者。但丁在《天国篇》把他的灵魂放在木星天。

⑦ 指本尼凡托(Benevento)之战。公元1266年,法国安茹伯爵查理一世入侵西西里王国,西西里王曼夫烈德(Manfredi)命令普里亚贵族们把守教皇领地和西西里王国交界处的切普拉诺(Cepra-no)镇,因为那里的利黎(Liri)河上的桥是通往西西里王国的交通孔道。但是这些普里亚将领临阵背叛了国王,听任敌军过桥,不加阻击,致使敌人侵入国境,占领一些战略要地,曼夫烈德被迫退到本尼凡托,在决战中败绩阵亡。正如注释家本维努托和塞拉瓦勒(Serravalle)所说,但丁在诗中提到切普拉诺是把它“作为本尼凡托之战的关键地区,并不是作为这一战役的战场”。诗中所说的“他们的尸骨依然堆积在……切普拉诺……”指这一战役中阵亡的将士。

⑧ 指1268年的塔利亚科佐(Tagliacozzo)之战。曼夫烈德战死后,西西里王国为查理所夺。曼夫烈德之侄康拉丁(Corradino)企图从查理手中夺回应由自己继承的西西里王位,率军从德国来到意大利。查理准备同康拉丁作战时,凑巧法国足智多谋的老将艾拉尔·德·瓦雷利(Érard de Valéry),也就是诗中所说的老阿拉尔多(Alardo),从圣地回国路过意大利,他向查理献计,把后备军布置在阵后,待机出击,查理采纳了他的计策。两军在意大利中部的塔利亚科佐镇刚一交战时,康拉丁的军队击败了查理的军队,但在追击败军时,队伍零乱分散,遭到敌方后备军袭击,伤亡惨重,溃不成军,康拉丁被敌人俘虏,在那不勒斯遇害。“老阿拉尔多不用武器就战胜”指的是他用计谋克敌制胜。

⑨ 为了使读者对第九恶囊里的罪人肢体残缺的惨状获得更深更明确的印象,但丁使用了这一假定性的比喻:即使能把历来在意大利南方进行的重要战争的伤亡将士统统聚集起来,也比不上这个恶囊里的景象悲惨可怖。许多注释家指出,但丁在使用这个比喻时,大概受到本章末尾提到的抒情诗人贝尔特朗·德·鲍恩(见注㉟)的《哭幼王之死》这首诗的启发:诗中说:“假如把这悲惨的世间历来所听到的一切悲痛、哭泣、烦恼、痛苦、不幸和苦难统统合在一起,那和这位英国幼王之死相比,都似乎微

不足道。”

⑩ 木桶底由三块木板构成,中间的一块大致呈长方形,旁边的两块呈月牙形。

⑪ “心、肝、脾、肺”原文是集合名词 Corata,这个名词不包括肾,所以不能译成“五脏”。

⑫ 穆罕默德(公元 560—633)是伊斯兰教的创始人,但丁作为中世纪的虔诚的基督教徒,囿于宗教偏见,把他的灵魂放在地狱里。但为什么不作为异端放在第六层地狱里,而作为制造分裂者放在这里,对此注释家们有不同的解释。有的认为,这是由于中世纪相传穆罕默德原来是基督教徒,后来背叛了基督教,另创新教,甚至说他是枢机主教,希望做教皇而没有当选,因而怀恨在心,另立宗派,制造分裂。萨佩纽认为,但丁把他列入制造分裂者,是因为他创立伊斯兰教分裂了人类社会,阻碍基督教传遍世界,成为全人类的宗教。这种说法比较可信,因为伊斯兰教兴起后,陆续占领了叙利亚、圣地巴勒斯坦、埃及和迤西的地中海沿岸地带,并且渡海征服了西班牙、西西里岛和萨丁岛,使基督教的地盘缩小了许多。

⑬ 阿里(约公元 600—661)是穆罕默德的堂弟和女婿,公元 656 年当选为第四任哈里发(意即安拉使者的继承人),661 年被暗杀。有的注释家认为,因为他创立了“什叶派”,在伊斯兰教内部造成了分裂,所以诗中把他作为制造分裂者放在第九恶囊中。另一些注释家认为阿里从下巴直到额部被砍裂,是对穆罕默德从下巴直到小腹被砍裂的情况的一种补充,表明阿里忠于穆罕默德的教导,继续进行他的宗教分裂活动。

⑭ “散布不和”指在人与人之间挑拨离间,“制造分裂”指在宗教方面制造分裂。

⑮ “这里在我们后面”指在第九恶囊里的一个地方,这队鬼魂已经从那里走过,但丁和维吉尔由于距离远,看不见这个地方。

⑯ “劈开”原文为 accisma,许多注释家认为这个动词来源于古法语 acesmer 和普洛旺斯语 acesmar,在古意大利语为“cesmare”和“acesmare”,含义是“装饰”或“打扮”,用在这里带有嘲讽色彩。但是格拉伯尔(Grabher)反对这种说法,认为使用带嘲讽色彩的词与词中严肃恐怖的气氛不协调,让受刀劈之刑的穆罕默德对这种刑罚说俏皮话很不合宜,用状语“那样残酷地”和“装饰”或“打扮”搭配也不适当;他同意早期注释家布蒂(Buti)的意见,把“accisma”理解为“劈开”。译文采取这种解释。

⑰ 意即当我们顺着壕沟把第九恶囊走完一圈之后。

⑱ 意即使他了解地狱里恶与罚的全面情况。

⑲ 这番话是穆罕默德作为预言对但丁说的。历史事实是:1260 年左右,巴马(Parma)人哲拉德·塞加烈里(Gerardo Segarelli)创立了“使徒兄弟派”

(Setta degli Apostolici),主张财产共有,反对教会腐化,遭到教皇迫害,1300 年被捕,以异端罪被处火刑。方济各会僧侣出身的多里奇诺(Dolcino)和做过修女的玛格丽特(Margherita)成为他的继承者,异端运动发展成为农民起义。1304 年,起义在皮埃蒙特地区爆发。敌人指控多里奇诺宣传异端邪说,主张财产、妇女共有,但是为多里奇诺作传的学者马利奥提(Mariotti)说,他只是企图改革教会,消灭教士的世俗权力。1305 年,教皇克力门五世宣布组织十字军讨伐。1306 年,多里奇诺率领部下退入诺瓦腊(Novara)和维切利(Vercelli)之间的山中。冬季奇寒,大雪封山,又受敌人围困,粮食断绝,饿死者甚众,战斗力削弱,1307 年,多里奇诺和玛格丽特被俘,不久被处火刑。

但丁由于多里奇诺是"使徒兄弟派"的首领,犯下了分裂教会的罪行,在诗中借穆罕默德之口预言他死后灵魂将堕入第九恶囊里受苦。"如果他不愿很快就跟在我后面到这里来"意即如果他不愿很快就战败被杀,灵魂入地狱和穆罕默德一起受惩罚。"诺瓦腊人"指诺瓦腊人组成的围剿的军队;有的注释家认为指领导这次十字军的诺瓦腊主教,但据当时的记载,主要负责讨伐者是维切利主教。"给诺瓦腊人带来他们别无可能轻易取得的胜利"意即若非大雪封山,粮食断绝,多里奇诺的士卒为饥饿所迫,诺瓦腊人的围剿是不能轻易取得胜利的。

⑳ 多数注释家理解为:穆罕默德对但丁说这番话时,抬着一只脚,一直没有沾地。萨佩纽说,这样来理解会给诗中的描述带来一种与情景毫不协调的古怪因素,应该采取窦维迪奥(D'Ovidio)的解释:穆罕默德说这番话时,已经抬起一只脚来要走,这只脚一直抬着,只有脚后跟沾地,说完了话,才把脚放平,迈出已经开始的一步。萨佩纽认为,只有这样解释才能说明但丁描写的姿态是很自然的。

㉑ 意即话不从口中而直接从被刺穿的喉管发出;喉管外部完全被血染红。

㉒ 指波河平原。维切利(见注⑲)是皮埃蒙特地区的城市。玛尔卡勃(Marcabò)是威尼斯为了保护商船顺波河与腊万纳和斐拉拉进行贸易,在普利玛罗(Primaro)港波河入海处建筑的一座城堡,1309 年被腊万纳的封建主拆毁。诗中用波河上游和入海处的两个地点来指波河流域。

彼埃尔·达·美第奇那(Piero da Medicina)生平事迹不详。美第奇那位于伊牟拉和波伦亚之间。早期注释家本维努托·达·伊牟拉是这个地区的人,他的话比较可靠。据他说,美第奇那从前是一块领地,曾有城堡,由当地贵族统治,彼埃尔属于这个家族。但丁去过领主宫廷,受到隆重的礼遇。彼埃尔大概在这个场合见过他。本维努托说,彼埃尔"是个恶意的搬弄是非者,通过欺诈和无耻的行为曾显赫一时,并且因此致富"。

㉓ 圭多·戴尔·卡塞罗(Guido del Cassero)和安乔莱罗·迪·卡里尼阿诺

(Angiolello di Carignano)是法诺(Fano)城(里米尼以南的滨海城市)的两位贵族,属于彼此对立的党派。“残酷的暴君”指里米尼的统治者马拉台斯提诺(见第二十七章注⑧)。彼埃尔·达·美第奇那预言,这个暴君为了实现占领法诺城的野心,将邀请圭多和安乔莱罗前来亚得里亚海滨的卡托利卡(Cattolica)城会谈,这两个人在途中将被马拉台斯提诺派去的人从船上扔到海里淹死(原文为 mazzerati,据布蒂的注释,这个词含义是:把人的手脚捆绑起来,在脖子上绑上一块大石头,然后把人装在布袋里,坠上一块大石头,扔到海里去。在汉语中找不到确切的相应词,只好这样译出)。

㉔ 涅普图努斯(Neptunus)是罗马神话中的海神。塞浦路斯岛在地中海东部,马略卡岛在地中海西部,诗中用两岛之间的海域来指整个地中海。“海盗”在这里指中世纪出没在地中海海域的撒拉森海盗。“阿尔各斯人”指希腊人(阿尔各斯 Argos 是希腊南部城市,特洛亚战争中希腊统帅阿伽门农王的都城,《埃涅阿斯纪》中用它来泛指希腊)。古代常有希腊人在地中海海域进行掳掠。

㉕ “只用一只眼睛看的背信弃义者”指马拉台斯提诺(Malatestino dall Occhio),因为他瞎了一只眼睛,绰号独眼。他是简乔托和保罗的异母兄弟,第二十七章已经提到他的残酷。“占据着那座城市”指他是里米尼的封建主。“某一个同我一起在这里的人”指下面提到的库利奥,他在里米尼附近犯下了入地狱的罪行因而悔恨自己看见过这座城市。

㉖ “浮卡腊”(Focara)岬在卡托利卡和佩扎罗之间,这里风暴猛烈,又无港湾,航行非常危险,船只经过时,水手们都要祈祷、许愿,避免翻船;彼埃尔用冷嘲的语气预言,圭多和安乔莱罗用不着这样做,因为他们反正是要被马拉台斯提诺派去的人扔到海里淹死的。

㉗ 此人是古罗马政客小库利奥(Curio),他起初因拥护庞培当选为护民官,后来被恺撒收买,利用职权反对原先的朋友。庞培与恺撒最后分裂,他被驱逐出罗马,与恺撒会合。据卢卡努斯的《法尔萨利亚》卷一的叙述,他用“迟延对于有准备者总是致命的危害”这句话促使恺撒渡过卢比康(Rubicone)河,进军罗马,结果爆发了内战。所以但丁把他作为散布不和者放在第九恶囊里。库利奥悔恨自己看见过里米尼,因为和他的罪行分不开的卢比康河在里米尼附近。

㉘ 莫斯卡·德·朗贝尔提(Mosca de' Lamberti)怂恿阿米戴伊(Amidei)家族杀死庞戴尔蒙特·德·庞戴尔蒙提(Buondelmonte de' Buondelmonti)导致佛罗伦萨市民分裂成贵尔弗和吉伯林两个党派。据维拉尼说,公元1215年,庞戴尔蒙特已经和阿米戴伊家族的一个少女订了婚,在窦那蒂家族的一位妇女的劝说下,娶了她的美丽的女儿,这件事激怒了阿米戴伊家族,他们同其他贵族一起商量对庞戴尔蒙特进行报复。“大家正讨

论应该用什么方式向他进攻，打他还是让他流血，莫斯卡说了这句坏话：事情一下手就有结果：也就是说，要把他杀死。后来大家果然照办了……杀死庞戴尔蒙特这件事成为佛罗伦萨不幸的贵尔弗和吉伯林党派斗争的根由和开始，虽然由于教会和皇帝之间的纠纷和争吵，贵族们以前就已经分别参加了这两个党派；但是这位庞戴尔蒙特先生之死使佛罗伦萨一切显贵家族和其他市民统统分成两派……”（《编年史》卷五第三十八章）。戴尔·隆格（Del Lungo）对莫斯卡这句坏话做出最透彻的解释：“事情做了是无可挽回的；它有了一个结局，达到了一个目的，取得了一种效果。干脆把庞戴尔蒙特杀死，不要过多地考虑后果如何。要紧的事是让他死。”

㉙ 因为贵尔弗和吉伯林两党的斗争从佛罗伦萨传布到托斯卡那其他城市，产生了严重的恶果。

㉚ 因为1258年他的家族同其他吉伯林家族一起遭到流放，1268年这个家族不论男女老幼一律被宣布为反叛，1280年几乎完全从佛罗伦萨历史上消失。莫斯卡是但丁在第三层地狱里向恰科询问下落的五个佛罗伦萨人之一（见第六章注⑰），他们是“把聪明才智用于做好事的人”。因此，但丁说这句话究竟是为了反击，还是出于怜悯之情，注释家对于这个问题是有争议的。

㉛ 有的注释家认为“痛上加痛”指受苦刑惩罚的痛苦加上获悉家族灭亡的痛苦，有的认为指悔恨自己的话在托斯卡那人中间引起无穷的祸乱，又为自己家族灭亡痛心。

㉜ “没有别的证据”意即“除了说：‘我亲眼看见过’以外，拿不出别的证据”（巴尔比的解释）。“连讲都害怕讲”意即事情过于离奇，我简直讲都不敢讲，因为怕人家说我凭空捏造。

㉝ “自觉问心无愧”原文是 sentirsi pura（感觉自己清白），意即由于自己要讲的都是事实，并非捏造，而觉得讲起来问心无愧，理直气壮，犹如骑士穿上铠甲，敢于冲锋陷阵一样。

㉞ 他把自身的一部分（割下的头连同头上的眼睛）当作灯来给自己照明引路；“他们是二而一，一而二”意即头和躯干是一个人的身体一分为二，但它们又是合二而一，作为一个整体在行动着，也就是说，这个身首分离的人还像活人一样行走，怎么能有这样的奇迹，只有上帝知道。

㉟ 贝尔特朗·德·鲍恩（Bertran de Born）是佩里高尔（Périgord）郡和奥特浮尔（Hautefort）城堡的领主（佩里高尔郡在今法国西南部，当时隶属英国金雀花王朝），生于1140年以前，原是军人，后来出家做修士，1215年以前死在达隆（Dalon）修道院里。他是最早的和最著名的普洛旺斯抒情诗人之一，但丁在《论俗语》第二卷中称他为善咏战争的诗人，在《筵席》第四篇中赞美他的慷慨大方；他是英国国王亨利二世的陪臣，因为亨利原

是阿奎丹(Aquitaine)公爵,贝尔特朗的领地在阿奎丹公国领域内。“幼王”指国王的长子亨利亲王,因为他父亲曾给他加冕两次。传说贝尔特朗曾煽动亨利亲王背叛他父亲,所以但丁把他放在地狱里;但是这件事在史书和贝尔特朗的诗歌中都找不到什么证据,只是早期普洛旺斯文传说中说,英国国王痛恨贝尔特朗,认为贝尔特朗是他儿子的邪恶的谋士,是引起他们父子之间冲突的祸首。但丁诗中大概根据这部传记的说法。

㊱ 基罗人亚希多弗原是以色列王大卫的谋士,后来,大卫的儿子押沙龙背叛大卫,大卫被迫逃遁,他给押沙龙出谋划策追杀大卫,他的计谋被挫败后,自缢而死(见《旧约・撒母耳记》下第十五章至第十七章)。

㊲ “在躯干中的根子”指躯干的脊髓,根据亚里士多德的学说,脊髓是人脑之根。

㊳ 意即我犯下了离间人家骨肉的罪行,因而相应地受到身首分离的惩罚。

第二十九章

众多的人和奇异[①]的创伤使我泪眼模糊[②],我很想停留在那里哭一场。但是维吉尔说:“你还注视什么?你的眼光为什么还停留在下面那些悲惨的、肢体残缺的阴魂中间?在别的恶囊你并没有这样做;假如你认为能把他们数清楚,你就想一想这个山谷绕一圈儿有二十二英里[③]吧。况且月亮已经在我们脚下[④]了;现在许可我们逗留的时间已经很短,除了你看到的以外,还有别的须要去看。”我随后就回答说:“假如你已经想到我所以注视的原因,也许你还会允许我停留呢。”

在这同时,我的向导已经向前走去,我跟在他后面作出了这个回答,随后又添加说:“在我方才凝眸注视的那条沟里,我相信,我的一个亲族的阴魂正在为那种要在下面付出这样重大代价的罪行而哭泣[⑤]。”接着,我的老师说:“今后你的心思不要分散在他身上。你注意别的,让他待在那里吧;因为我看见他在桥脚下用手指头指着你,作出很凶的威胁姿态,还听见人们叫他杰利·戴尔·贝洛[⑥]。那时你正全神贯注在那个生前拥有奥特浮尔城堡者[⑦]身上,没有向那边看,直到他离开了那里。”我说:“啊,我的向导,对于他的横死,还没有任何一个共同蒙受耻辱的人为他报仇[⑧],这使他愤慨;我认为,由于这个原故,他没有和我说话就走了;正因为这样,他使我对他更加怜悯[⑨]。”

我们这样说着,就走到石桥上最先看得见另一道山谷的地方,假如有更多的光,就可以一直看到谷底。当我们来到马勒勃尔介最后的一处修道院上面,能够看见其中的世俗修士们时[⑩],奇异可怖的叫苦连天的声音犹如箭一般射中了我,引起了我的怜悯[⑪];因此,我用手捂上耳朵。设想在七月和九月之间,瓦尔第洽纳、马莱姆玛和萨丁岛[⑫]的医院里的病人统统聚集在一条沟里,会是什么样的痛苦情景,这里的情景就是那样,从这里散发出来的臭气好像腐烂的肢体通常散发出来的一般。

我们下到这条漫长的岩石的最后一道堤岸上[13]，依旧向左转，那时我俯视沟底，看得就更清楚，在那里崇高的上帝的使女，万无一失的正义女神，处罚她在这里记录下来的作假者[14]。

我相信，当空中瘴气弥漫，致使埃癸那岛上的一切动物，甚至小蠕虫全都死掉，据诗人们确信无疑地说，后来，古代的人又从蚂蚁的种族重新生出来[15]，当时埃癸那的居民统统患病的情景，看起来也不会比那个幽暗的山谷里东一堆西一堆的鬼魂们病恹恹的场面[16]更为悲惨。有的在地上趴着，有的肩膀靠在另一个的肩膀上坐着，有的顺着那条凄惨的道路爬行。我们一面看那些站不起身来的病人，听他们说话，一面默不做声地徐步走去。

我看见两个互相靠着坐在那里，好像两个平锅在火上互相支着似的[17]，他们从头到脚痂痕斑斑；由于别无办法解除奇痒，他们个个都不住地用指甲在自己身上狠命地抓，我从来没有看见过被主人等着的马僮或者不愿意熬夜的马夫用马梳子这样迅猛地刷马[18]；他们的指甲搔落身上的创痂，好像厨刀刮下鲤鱼或者其他鳞更大的鱼身上的鳞一样。

我的向导开始对其中的一个说："啊，你用手指剥自己的皮，有时还把手指当钳子用[19]，愿你的指甲能永久供你做这种工作使用[20]，你告诉我这里的人们中间有没有意大利人吧。"其中的一个哭着回答说："你看我们俩在这里被刑罚这样严重地破了相，我们都是意大利人，但是你这向我们打听的人，你是谁呀？"我的向导说："我是同这个活人一起走下一层又一层的断岩[21]，要让他来看地狱的。"于是，这两个人就不再互相靠着了；每个都颤抖着[22]转身面向我，其他的间接听到他的话的鬼魂们也都这样。和善的老师向我紧紧地靠拢，说："你要说什么就对他们说吧。"我就遵照他的意思开始说："愿你们在第一世界[23]的名声不从人们心中消失，而能存在多年，告诉我你们是谁和什么地方的人吧；不要因为你们受的是肮脏恶心的刑罚[24]而怕向我讲明。"其中的一个说："我是阿雷佐人，锡耶纳人阿尔伯罗使人把我扔进火里烧死。但我来到这里并非由于犯下使我被烧死的那种罪。我确实曾对他开玩笑说：'我能凌空飞行。'他很好奇而又昏庸，要我教给他这种技术；只因我没有使他成为代达罗斯，他就让那个把他当作儿子的人烧死我[25]。

但是，判断决不会有错误的米诺斯却判我进入这十个恶囊的最后一个，因为我在阳间施行炼金术㉖。”

我对诗人说：“难道世上还有过像锡耶纳这样浮华的人吗？法兰西人肯定都远远不像他们那样㉗。”

另一个生癞病者听了以后回答我的话说㉘：“除了知道节约用钱的斯特里卡㉙和在这类种子生根的花园里最先想出了丁香的奢侈用途的尼科洛㉚；还除了阿沙诺人卡洽在其中挥霍掉了他的葡萄园和大森林㉛、阿巴利亚托在其中显出他的明智㉜的那个俱乐部㉝。但是为了让你知道谁这样跟着你反对锡耶纳人，你就定睛看一看我吧，我的面孔会明确回答你：你会看得出我是应用炼金术造假金属的卡波乔㉞的亡魂；如果我没有认错你是谁，你一定想得起来，我怎么是自然的巧猴儿㉟。”

注释：

① 原文是 diverse，这个词既有“各种各样”或“形形色色”的含义，也有“奇异”“奇特”或“离奇”的含义。译文根据大多数注释家的注释。

② 原文是 inebriate，乃《圣经》中用语，含义为“被泪水浸湿”（《旧约·以赛亚书》第十六章第九节：“我要以眼泪浇灌你”）。

③ 这里明确指出第九恶囊周围二十二英里，下一章将明确指出第十恶囊周围十一英里，有人曾企图利用这些数据来推算整个地狱有多大，这种工作是钻牛角尖和毫无意义的。诗人举出这些具体数字，目的在于加强诗中对于地狱的描写的真实性，使人读后犹如身临其境。

④ 托拉卡指出：“在《地狱篇》中，时辰都用月亮的方位，而不用太阳的方位来标明。”牟米利亚诺认为，这是因为“月亮是夜间的星体，所以它的形象不会破坏地狱浑然一体的幽暗气氛”。诗中“月亮已经在我们脚下了”这句话，说明月亮已经在南半球正中的炼狱山的上空。但丁在幽暗的森林中彷徨的夜里，月亮已经圆了（参看第二十章注㊱和末尾），也就是说，那是个望日。每逢望日，月亮傍晚出现在地平线上，半夜时分升到中天，次日中午到达南半球的中天，即炼狱山上空，这对下到地狱深层的两位诗人来说，正是他们的脚下。但是，月圆之夜在两天以前，望日过后，月亮运行每天比太阳约迟五十分钟，当月亮运行到南半球的中天时，太阳越过子午线已将近两小时，所以诗中所指的时间是下午一点到两点之间。

⑤ “那种要在下面付出这样重大代价的罪行”指要在第九恶囊里受苦刑惩罚的散布不和与制造分裂罪。“哭泣”这里是抵罪之意。

⑥ 杰利·戴尔·贝洛(Geri del Bello,意即贝洛之子杰利)是但丁的父亲阿利吉耶罗(Alighiero)的堂兄弟,生平事迹不详,只有1266年和1276年的两件档案提到他,1280年因斗殴伤人被普拉托法庭缺席审判。关于杰利被杀害的事,但丁的儿子雅各波和彼埃特罗所提供的材料最为可靠。雅各波说,他好挑拨离间,散布不和,最后因此被杀。彼埃特罗说,他是被佛罗伦萨的萨凯蒂(Sacchetti)家族中一个名叫勃罗达约(Brodaio)的人杀死的;后来,他的侄子们杀死了萨凯蒂家族中的一个人为他报仇雪耻。据注释家考证,报仇的事发生在他死去三十年以后,大约在1310年。阿利吉耶里和萨凯蒂两族之间仇恨极深,迟至1342年才实现和解。阿利吉耶里家族一方由但丁的异母弟弟弗兰切斯科(Francesco)出面作为保证人,他代表两个侄子彼埃特罗和雅各波以及其余的族人签署了和解协定。

⑦ 指奥特浮尔城堡的领主贝尔特朗·德·鲍恩(见第二十八章注㉟)。

⑧ "共同蒙受耻辱的人"指同一家族的人。在但丁的时代,私人报仇是一种受法律保障的权利,同时又是受害者的一切亲属的责任和义务。

⑨ 但丁体会到,杰利除了受苦刑惩罚的痛苦以外,内心又为无人给他报仇而感到愤恨,所以"对他更加怜悯"。这一事实表明但丁的家族观念很深,家族的耻辱在他心中是沉重的负担。

⑩ "马勒勃尔介"是十个恶囊的总称(见第十八章注①),"最后的一处修道院"指第十恶囊,"其中的世俗修士们"指其中的罪人们。这个隐喻并无嘲讽意味,因为原文 chiostra 含义是"圈起来的地方",转义是"修道院",用来比拟"恶囊"非常恰当;既然把"恶囊"比做"修道院",接着把其中的罪人比做"世俗修士"也是很自然的:罪人们在恶囊中受惩罚犹如修士们在修道院中实行苦行忏悔一样。"最后的一处修道院上面"指第十恶囊的石桥上。

⑪ 这两行诗直译是:种种奇异的叫苦声(像箭一般)射中了我,箭头是怜悯制成的。大意是:犹如铁制成的箭头射伤人体一样,箭一般的叫苦声用怜悯制成的箭头射中了但丁的心,也就是说,引起了他的怜悯。彼特拉克在一首十四行诗里创造性地使用了这个比喻(《歌集》第CC XLI首)。

⑫ "瓦尔第洽纳"(Valdichiana)意即洽纳(Chiana)河流域,在阿雷佐、科尔托纳(Cortona)、丘西(Chiusi)和蒙泰普尔洽诺(Montepulciano)之间,因洽纳河水流缓慢,淤积成为沼泽地带;"马莱姆玛"(Maremma)指托斯卡那的近海沼泽地,萨丁岛上也有很多沼泽地,因此,这三个地方在但丁时代都是疟疾最流行的地区。

⑬ "漫长的岩石"指横跨各"恶囊"两岸的那一系列天然石桥,作为一个整体而言。"最后一道堤岸"指最靠里的那道堤岸,它是第八层地狱的边沿。

⑭ 这里把“正义”人格化,作为执行上帝的旨意绝无错误的天使。“在这里记录下来的”,指在阳间记录下来的罪行,因为入地狱的鬼魂的罪行都是生前在世上犯下的:《新约·启示录》第二十章说:“我又看见死了的人,无论大小,都站在宝座前;案卷展开了;并且另有一卷展开,就是生命册;死了的人都凭着这些案卷所记载的,照他们所行的受审判。”诗中把“作假者”(falsador)分为四类:即做假金属者(炼金术士)、假冒他人者、伪造钱币者、发假誓者。

⑮ “埃癸那”(Egina)岛是希腊萨萨罗尼克湾中的小岛,在雅典西南,因水仙埃癸那居住在岛上而得名。“据诗人们确信无疑地说”,指奥维德的《变形记》卷七中的叙述:众神之王朱庇特爱上了水仙埃癸那,引起了天后朱诺的忌妒,她降下可怕的瘟疫,使埃癸那岛上的人和动物都死了,只有国王埃阿科斯一人幸存。他看见一大队蚂蚁往一棵橡树上爬,数目多得惊人,就祈祷朱庇特赐给他像蚂蚁那样多的臣民。朱庇特答应他的请求,使蚂蚁变成了人,埃阿科斯把这些新的臣民叫做密耳弥多涅斯(意即“蚁人”)。

⑯ “东一堆西一堆”的堆字原文是 biche,指竖放在田里晒晾的禾束一个靠着一个堆成的垛,这是收获时节常见的场面,用来形容那些鬼魂三三两两互相靠着有气无力的情景是异常贴切生动的。

⑰ 人们常把两个平锅倾斜着放在炉灶上,使它们互相支撑着,为了在火上少占地方,这是日常生活中,特别是在穷人家,经常看到的现象,一经诗人捕捉住,就成为奇妙的比喻,把那两个鬼魂背靠背坐在地上的姿态表现得惟妙惟肖。不仅如此,这个朴素的比喻还给诗中带来一种新的写实的格调,为下面对鬼魂们搔痒的情况进行细腻的刻画开了路。

⑱ 这个比喻中的细节“被主人等着”和“不愿意熬夜”非常重要,因为主人等着上马,马僮就得赶快刷马,马夫瞌睡得很,又不得不把马刷完,所以狠命地刷,前者从客观方面,后者从主观方面说明迅猛刷马的动机。

⑲ “剥自己的皮”原文是 ti dismaglie,含义是剥去你的铠甲。诗中用这个动词生动地写出这个鬼魂为了解除奇痒,像剥掉铠甲上的甲片似的把身上的疮痂抓下来。“当钳子用”意即使更大的劲把疮痂抓下来。

⑳ 意即祝愿你的指甲能够永远用来搔痒而不致磨损变钝,这话略带诙谐的色彩。

㉑ “一层的断岩”指一层地狱。

㉒ 对这两个鬼魂为什么颤抖,注释家有不同的解释:有的认为是由于他们看到但丁是活人而吃惊的原故,有的认为是由于他们不再互相靠着,试图挺身坐起来而体力不支所致。

㉓ 指人世间。

㉔ 这两个恶人受生癞病的惩罚,癞是一种恶疾,令人厌恶,所以这种刑罚会

成为思想障碍,使他们不愿说出自己的姓名和家乡。

㉕ 这个阿雷佐人名叫葛利浮里诺(Griffolino),是著名的炼金家,据注释家考证,他于1258年在波伦亚加入托斯卡那人会(Società dei Toschi),1272年以前被打成异端,判处火刑而死。锡耶纳人阿尔伯罗(Albero)是贵族,家里很有钱,但头脑简单。葛利浮里诺和他交朋友,为了骗他的钱;有一天,他和阿尔伯罗开玩笑,说自己能像鸟一般凌空飞行。阿尔伯罗信以为真,要求葛利浮里诺教他飞行技术,结果当然没有教成("没有使他成为代达罗斯"——希腊神话中能制造飞翼凌空飞行的巧匠,见第十七章注㉓),阿尔伯罗大怒,指控他是异端和术士,阿尔伯罗的保护人("那个把他当作儿子的人")锡耶纳主教就把他判处火刑活活烧死。"但我来到这里并非由于犯下使我被烧死的那种罪",意即我入地狱并非由于我是异端,而是由于我是炼金家。炼金术在中世纪分为两种:一种是合法炼金术(alchimia lecita),即力图寻求最好的方法从矿物提炼贵重金属(金、银);一种是造假的炼金术(alchimia sofistica),即制造假金属。后者是非法的、有罪的,葛利浮里诺生前施行的炼金术就是这一种。

㉖ 这里把人间的法庭的判决和米诺斯的判决对比:葛利浮里诺生前误被人间的法庭以异端和术士的罪名判处火刑,但他的真正罪行是施行造假的炼金术,这种罪行逃不出天道的惩罚,因为天网恢恢,疏而不漏;米诺斯的判决体现了天道的公正,是不可能有错误的。

㉗ "浮华"原文是vana,这个词含义为"浮华""爱虚荣""愚妄",苦于找不到可以概括这些含义的相应词,这里姑且译为"浮华"。阿尔伯罗妄想凌空飞行一事引起但丁对锡耶纳人愚妄的谴责。德国学者巴塞尔曼(Bassermann)在《但丁在意大利的行踪》中说:"过分爱好华美的外表,轻率信赖自己的力量,是但丁所指摘的锡耶纳人的两种特性。"并且指出,本章中提到的阿尔伯罗妄想凌空飞行和锡耶纳的"浪子俱乐部"均与这两种特性有连带关系。

"高卢人(法兰西人)是自古以来最浮华的人。尤利乌斯·恺撒常这样说;今天,这已为事实所证明……他们脖子上带着项圈,手腕上带着镯子,穿着尖鞋和短衣服……以及其他浮华无用的东西"(本维努托的注释)。

㉘ 另一个罪人听见但丁说锡耶纳人是浮华绝伦的人以后,为了证实但丁的说法,用嘲讽的口吻列举了斯特里卡等四个锡耶纳人作为浮华的典型。

㉙ 斯特里卡(Stricca)是巴尔达斯特里卡(Baldastricca)的缩写。据注释家说,他大概是前后两次(1276年和1286年)任波伦亚最高行政官的乔万尼·德·萨林贝尼(Giiovanni de' Salimbeni)的儿子:"父亲给他留下丰富的遗产,他干了一些疯狂的勾当和恶劣的蠢事,以致倾家荡产"(无名氏的注释);"他铺张浪费,他的俱乐部取名为浪子俱乐部"(拉纳的注释)。

诗中说他“知道节约用钱”是用反话嘲讽。

㉚ 尼科洛(Niccolò)是斯特里卡的兄弟。注释家拉纳说,“他慷慨大方,挥霍无度,是那个俱乐部的成员,他是第一个想出烤野鸡和鹧鸪时把丁香塞进野鸡和鹧鸪肚里去烤的人。”丁香是从东方运来的香料,价钱很高,尼科洛用它来作调味品,已经是奢侈浪费;但据本维努托说,尼科洛甚至用丁香当做炭来烤野味,这充分证明尼科洛确实是十足的败家子。“在这类种子生根的花园里”指在锡耶纳,那里人们讲求珍馐美味,尼科洛想出来的丁香的奢侈用途容易被人们采用。

㉛ 阿沙诺(Asciano)是锡耶纳东南方的小城镇。卡洽(Caccia)是特罗瓦托·德·沙棱吉(Trovato degli Scialenghi)的儿子,在浪子俱乐部中大吃大喝,把自己拥有的葡萄园和大森林都卖掉了。“森林”原文是 fronda,波斯科-雷吉奥的版本和辛格尔顿的版本均采用异文 fronda,这个词含义是钱包,指金钱,用在这里也讲得通。

㉜ 阿巴利亚托(Abbagliato,意即头昏眼花的人)是巴尔托罗麦约·德·浮尔卡切埃利(Bartolommeo dei Folcacchieri)的诨名。他也是浪子俱乐部的成员,曾在锡耶纳担任要职,并且做过托斯卡那贵尔弗联盟的首领,死于1300 年。诗中说他在浪子俱乐部中显出他的明智,显然是用反话嘲讽他的穷奢极侈的生活。

㉝ 指前面提到的“浪子俱乐部”,这是十三世纪后半叶由十二个锡耶纳富家子弟组成的以吃喝玩乐为宗旨的小团体。俱乐部的成员除了本章提到的这四个人以外还包括在第七层地狱受苦的拉诺(见第十三章注㉒)。据注释家本维努托说,他们租了一所豪华的房屋,每月聚会一次或两次,举行盛大的宴会招待一切来锡耶纳的知名人士,还赠送厚礼给这些贵客。他们以有各种希奇的珍馐美味而自豪,每次宴会结束后,就把金银餐具和餐桌上的装饰品从窗户扔出去。这个俱乐部两年就挥霍掉216.000 弗洛林金币。

㉞ 卡波乔(Capocchio)是佛罗伦萨人(也有人说他是锡耶纳人),据无名氏的注释说,他和但丁相识,因为他们曾在一起求学。据本维努托说,他心灵手巧。有一天,他在自己的指甲上画出基督受难全图,可巧但丁来了,问他做什么来着,他赶忙用舌头舔掉这件苦心画成的作品。1293 年,他因犯制造假金属罪在锡耶纳被处火刑。

㉟ 猴子是善于模仿的动物。“自然的巧猴儿”意即善于模仿自然的人,“自然”在这里指人和事物。据无名氏的注释说,卡波乔像宫廷中的演员一样,能随意模仿任何人和任何事物,模仿得活灵活现,惟妙惟肖。后来他开始仿造各种金属,如同过去模仿各种人一样。

第三十章

当朱诺像她不止一次表示过的那样，由于塞墨勒的原故对忒拜的王族发怒时，阿塔玛斯变得那样疯狂，瞥见他的妻子每只手都抱着一个儿子走来，他喊道："我们把网张开，让我来捉过路的母狮子和小狮子吧。"接着，就伸出无情的爪，抓住那个名叫雷阿尔库斯的儿子，把他旋转着甩到一块岩石上；她就抱着另一个儿子投海而死[①]。当时运女神把特洛亚人什么事都胆敢做的狂妄气焰转下去，使国王和王国一起灭亡时，悲哀、凄惨、沦为战俘的赫卡柏看到波吕克塞娜被杀死以后，这位悲伤的妇人又发现他的波吕多洛斯的尸首在海滩上，她发了疯，像狗一般狺狺狂吠起来，悲痛使她精神错乱到这等程度[②]。

但是，从未见过忒拜的疯人或者特洛亚的疯人攻击任何对象、杀伤野兽或者伤人的肢体像我所看到两个惨白裸体的阴魂那样残忍，他们跑着乱咬人，如同猪从圈里被放出来时一样[③]。其中的一个来到卡波乔跟前，用牙咬住他的脖颈子，拖曳着他，使他的肚子蹭着坚硬的沟底移动。那个阿雷佐人留在那儿，战栗着[④]对我说："那个恶鬼是简尼·斯基奇[⑤]，他疯狂地走着就这样折磨别人。"我对他说："但愿那另一个恶鬼不用牙咬住你，在她没有离开这里以前，请费心告诉我她是谁。"他对我说："那是罪大恶极的密耳拉的古老的阴魂，她爱她父亲超越了正当的爱。她假扮成另一个女人的模样来同他苟合[⑥]，犹如已经是走到那边去的那另一个鬼魂所做的一样，他为了捞到牲口中的女王，胆敢冒充卜奥索·窦那蒂立遗嘱，并使它具有合法的形式[⑦]。"

当我注视的这两个疯狂的鬼魂走过去后，我就把目光转过去看其他的不幸生在世上者[⑧]。我看到一个鬼魂，只要从他的腹股沟截去人体呈叉状的部分，他的形状就像琵琶[⑨]。使人身体沉重的水肿病由于体液消化不良而肢体比例失调，面部和腹部很不相称，这种病使他一直张着嘴,像消耗热患者一样,一片嘴唇向下撇着,另一片向上翘着[10]。

他对我们说:“啊,你们在这悲惨世界我不知道为什么不受任何惩罚的人哪,你们注意看亚当师傅[11]的惨境吧;我生前,想要的东西我有很多[12],现在,唉!我渴望一滴水!那一条条从卡森提诺的青翠的小山中流下来,倾注到阿尔诺河里,使它们流过的地方清凉湿润的小溪,如今还一直在我眼前,而且这并非徒然,因为它们的形象使我感觉焦渴干燥,远远甚于这种使我面孔消瘦的病[13]。那惩罚我的严峻的正义利用我犯罪的地方使我的叹息更加急促[14]。罗梅纳就在那里,我曾在那儿伪造铸着施洗礼者的圣像的钱币[15];因为这件事,我把自己被烧毁的肉体留在世上。但是,假如我能在这里看到圭多或者亚历山德罗或者他们的弟弟的卑鄙的灵魂,我是不会为了能看到勃兰达泉而放弃看它的[16]。如果那些绕着圈子走的发疯的鬼魂说的是实话,他们当中的一个已经在这里面了[17];但是我四肢不能动弹[18],说这话又有什么用呢?假如我身体还灵便得使我一百年仅仅能移动一英寸,我就早已出发顺着这条路到这些肢体变形的人中间去找他了,虽然这壕沟绕一圈儿有十一英里[19],宽度不少于半英里。我是由于他们的缘故在这样的家族中的;他们引诱我去铸造含有三开合金的弗洛林[20]。”我对他说:“那两个紧挨着躺在你右边、身上像湿手在冬天一样冒热气的不幸的人[21]是谁呀?”他回答说:“当我坠落到这个堤岸陡峭的壕沟里时,我就发现他们在这里,从那时以来,他们就一直没动,我想他们将永远不动。一个是诬告约瑟的那个奸诈的女人[22],另一个是特洛亚的奸诈的希腊人西农[23]。他们由于患急性热病发出强烈的臭气[24]。”他们当中的一个或许因为被他这样无礼地指出了名字而发怒[25],用拳头打他的肿得硬邦邦的肚皮。肚皮发出鼓一般的声音;亚当师傅用胳膊撞他的脸,这一撞似乎也不比那一拳轻,并且对他说:“我虽然肢体沉重不能动弹,我还有胳膊可以应付这种需要。”他一听这话就回答说:“你去受火刑时,你的胳膊没有这样灵便;但你铸钱时,却有这样灵便,而且更加灵便。”患水肿病者说:“关于这件事你说的是实话;但是你在特洛亚被人盘问实情时,你却不是这样诚实的见证人。”西农说:“我要是说了假话,你也造了假币嘛,我在这里是因为犯了一件罪行,你在这里是因为犯了比任何别的恶鬼都多的罪行![26]”肚子肿胀起来的人说:“发假誓的,你记住那马吧,但愿全世界尽人皆知此事,对于你是一种苦刑![27]”那个希腊人说:“渴得你舌头裂开,臭水使你的肚子鼓得如同你眼前有一道篱笆[28],希望这对于你是一种苦刑!”接着,那个造假币者说:“你的热病就这样像通常一样使你的嘴破裂;因为,如果说我渴,体液使得我身体肿胀,你也在发烧头痛嘛;要让你去舔那耳喀索斯的镜子[29],你是用不着人说许多话请你的。”

我正全神贯注地听着他们,老师对我说:“你就只管看吧,我差点儿就要跟你吵架啦!”一听他怒声对我说话,我就转身向着他,觉得羞愧万分,这种羞愧之情至今还在我的记忆中回旋。如同一个人梦见对他有害的事,在梦中愿意自己是在做梦,好像它并不是梦似的,渴望它真是个梦,我的情况也是这样,想为自己辩白,又说不出话来,实则我一直在为自己辩白,而没有意识到自己在这样做[30]。老师说:“小于你所感到的羞愧就是以洗刷大于你所犯的过错,所以你就完全解除内疚于心的重负吧。万一时运再把你带到人家正像这样争吵的地方,你要想到我总在你旁边[31]:因为想听这种争吵就是一种卑鄙的愿望。”

注释:

① 塞墨勒(Semele)是忒拜王卡德摩斯的女儿,众神之王朱庇特爱上了她,使她生下酒神巴克科斯。朱庇特的妻子朱诺(Juno)忌妒和愤恨她,为了进行报复,变作塞墨勒的老乳母,劝她请求朱庇特像在朱诺面前那样在她面前现出天神的形象。朱庇特知道这样做有危险,勉强答应了她。当他作为天神出现在她面前时,她被雷殛,化为灰烬(事见奥维德《变形记》卷三)。

阿塔玛斯(Athamas)是俄尔科美努斯王,他遵从朱诺的命令和涅菲勒结婚,但暗中和塞墨勒的妹妹伊诺(Ino)相爱,使她生了两个儿子,一个叫莱阿尔库斯(Learchus),一个叫梅利克尔塔(Melicertes)。不仅如此,伊诺还抚养她姐姐塞墨勒和朱庇特的儿子巴克科斯。因此,朱诺非常震怒,她为了泄愤,使阿塔玛斯发了疯,当他看到伊诺和两个儿子时,误认为是一只母狮子和两只小狮子,用手抓起莱阿尔库斯,把他甩到岩石上,碰得脑浆迸裂,伊诺悲痛绝望,也发了疯,抱着梅利克尔塔登上悬崖投海自尽(事见奥维德《变形记》卷四)。

② “特洛亚人什么事都胆敢做的狂妄气焰”表现在特洛亚王拉俄墨东雇用

海神波塞东为他建造城堡,雇用太阳神阿波罗为他牧牛,服役期满后胆敢不发给他们工资;特洛亚王子帕里斯胆敢拐走斯巴达王墨涅劳斯的妻子海伦,引起特洛亚战争。“时运女神”把他们的“狂妄气焰转下去”意即使他们国势衰落(“转下去”指把象征运气的轮子转下去)。“使国王和王国一起灭亡”指特洛亚被攻破后,普里阿姆斯和他的国家同归于尽。普里阿姆斯的王后赫卡柏(Hecuba),和她的女儿波吕克塞娜(Polyxena)成为俘虏,在去希腊的途中,波吕克塞娜被杀死来祭阿奇琉斯的亡魂,最小的儿子波吕多洛斯(Polydorus)寄养在特剌刻(Thraca)国王的宫里,被国王谋害,尸体被海浪冲到海滩上,赫卡柏悲愤交集,以致发了疯,像狗一般叫唤起来(事见奥维德《变形记》卷十三)。

③ “忒拜的疯人”指阿塔玛斯,“杀伤野兽”指他发疯误把他的儿子莱阿尔库斯当做小狮子甩到岩石上。“特洛亚的疯人”指赫卡柏,“伤人的肢体”大概指她在盛怒之下用手指把杀害她儿子的特剌刻王的眼珠和眼眶挖了出来(事见奥维德《变形记》卷十三)。“猪从圈里被放出来”指猪刚被放出圈时饿得见东西就咬。

④ “阿雷佐人”指炼金家葛利浮里诺(见第二十九章注㉕)。他之所以“战栗着”,是由于和他互相靠着坐在那里的卡波乔刚被那一个阴魂咬住脖颈子拖走,自己幸免于难而心有余悸,也由于害怕被那另一个阴魂咬住拖走。

⑤ 简尼·斯基奇(Gianni Schicchi)是佛罗伦萨人,和但丁的诗友圭多·卡瓦尔堪提同族,死于1280年以前。他善于模仿别人的声音和动作。据佛罗伦萨无名氏的注释,卜奥索·窦那蒂(Buoso Donati)病死后,他儿子西蒙奈(Simone)秘不发丧,惟恐他生前立下遗嘱,把财产分赠与人,就把自己的心事告诉了简尼·斯基奇,请求帮助。简尼·斯基奇让西蒙奈请一位公证人来家作证,说父亲病重,要立遗嘱,届时由他来模仿死者的声音,按照西蒙奈的愿望立假遗嘱。西蒙奈照办。简尼·斯基奇在遗嘱中加上了“把我的骡子(这是托斯卡那全区最好的骡子)赠与简尼·斯基奇”和“把邻居某人欠我的一百弗洛林赠与简尼·斯基奇”这两句话,从中捞了一笔横财。西蒙奈吃了哑巴亏,无可奈何。简尼·斯基奇由于假装别人、伪造遗嘱,死后灵魂在第十恶囊中受到患狂犬病的惩罚(根据雷吉奥的注释)。有些早期注释则认为,在比喻中朱诺惩罚阿塔玛斯是使他发疯,因此,简尼·斯基奇受到的惩罚也应该是发疯。

⑥ 密耳拉(Mirrha)是塞浦路斯王喀倪剌斯(Cinyras)的女儿,她对自己的父亲发生了不正常的爱情,在乳母的帮助下,趁母亲不在时,夜间乔装进入他的房间,达到了目的,事后为喀倪剌斯察觉,要杀死她,她逃往阿拉伯,变成了一棵没药树(见《变形记》卷十)。密耳拉是古代神话传说中的人物,因此诗中说她是“古老的阴魂”。她犯了乱伦罪,本应和犯邪淫罪者

一起在第二层地狱里受苦；但诗人把她放在这里，因为她假装成另一个女人，用欺骗的办法，来达到她的罪恶的目的。

⑦ “牲口中的女王”指卜奥索·窦那蒂的骡子；“使它具有合法的形式”指简尼·斯基奇让西蒙奈请公证人前来作证。

⑧ 意即在地狱里受苦的罪人（参看第五章注③），这里指犯伪造钱币罪者的鬼魂，他们所受的惩罚是患水肿病。

⑨ 这个犯伪造钱币罪者是亚当师傅（详见注⑪）。“人体呈叉状的部分”指两腿。患水肿病者腹部浮肿，头部和颈部消瘦，只要从腹股沟截去两腿，他的形状就像琵琶。

⑩ 这几句诗涉及中世纪医学有关水肿病的病理，注释家们多引用乔尔达诺·达·比萨（Giordano da Pisa）这段话加以说明：“水肿病患者吃得喝得越来越多，那些体液就统统腐败，变成坏的粘液；因此，他吃得越多喝得越多，病就越重，浮肿得就越厉害，他就更加口渴。”（粘液是古生理学所称四种体液之一）“消耗热患者”即肺病热患者。

⑪ 亚当师傅（Maestro Adamo）姓氏不详，早期注释家说，他的籍贯是布里西亚（Brescia），但据现代学者考证，他是英国人，1270 年侨居波伦亚，是罗梅纳（Romena）城堡的封建主圭多伯爵家的密友。据雷吉奥推断，布里西亚可能是他来波伦亚前居住过的城市。早期注释家说，圭多伯爵家怂恿他伪造当时已经在欧洲各地流通的佛罗伦萨货币金弗洛林（florin）。有一天，他来佛罗伦萨，在花自己伪造的钱币时，被人查出是赝币，结果佛罗伦萨政府下令把他活活烧死，这是 1281 年的事。

⑫ “想要的东西”主要指金钱，措词含有爱钱入迷之意。

⑬ 卡森提诺（Casentino）是托斯卡那亚平宁山脉和阿尔诺河上游一带风景优美的地区，当时受圭多伯爵家族统治。许多小溪发源于此，流入阿尔诺河。这些小溪的形象在他入地狱受苦后仍然经常浮上他的脑海，他想到溪流所经之处清凉湿润，觉得这比所患的水肿病更使他干渴得要命。

⑭ 意即使用严峻的法度惩罚他，通过他对自己犯罪地点的记忆使他的痛苦变本加厉。“叹息更加急促”是由于回忆起自己犯罪的地点和那里的清凉的溪流而更加焦渴所致。

⑮ 意即罗梅纳城堡在卡森提诺，他在这座城堡伪造弗洛林金币，这种金币一面铸着百合花图案的城徽，另一面铸着守护圣徒施洗礼者圣约翰像。

⑯ 罗梅纳城堡领主圭多一世有四个儿子：圭多二世、亚历山德罗（Alessandro）、阿吉诺尔浮（Aghinolfo）和伊尔德勃兰底诺（Ildebrandino）。诗中提了前两个的名字，“他们的弟弟”可能指阿吉诺尔浮，也可能指伊尔德勃兰底诺。

勃兰达泉（Fonte Branda）在何处，有两种说法。早期注释家一致认为，这是锡耶纳的名泉，因为它在曾属于勃兰第（Brandi）家族的土地上，故名勃兰达泉。据文献记载,罗梅纳城堡附近也有一泉,与此同名,但现已枯竭,此泉距离亚当师傅犯罪的地点比锡耶纳的泉近得多,所以许多现代注释家认为这是诗中所指的泉。但是提到此泉的文献年份较晚,一切早期注释家,包括来自卡森提诺的兰迪诺(Landino)在内,都没有提到此泉;因此,雷吉奥认为,大概是后来卡森提诺的居民用但丁诗中的泉名为此泉命名加以附会的。

亚当师傅痛恨圭多伯爵兄弟怂恿他伪造钱币,致使他堕入地狱受苦,因此,他幸灾乐祸,一旦能看到他们也在地狱里受苦,他才称愿。他虽然患水肿病渴得要命,但是他即使能喝上勃兰达泉的水来解渴,也不肯为此放弃目睹仇人入地狱的乐趣。

⑰ “绕着圈子走的发疯的鬼魂”指犯假装他人罪者的鬼魂,他们在第十恶囊中绕来绕去,所以能把他们从一些鬼魂口中听到的消息传给另一些鬼魂。“他们当中的一个已经在这里面”指圭多二世,他于1292年死去,灵魂已经在第十恶囊里。1300年(但丁虚构的游地狱的时间)圭多的弟弟们还活着。

⑱ 原文是legate(被捆绑着),意即由于患水肿病,肢体沉重不能转动。

⑲ 意即第十恶囊圆周为十一英里,恰恰是第九恶囊圆周的一半(参看第二十九章注③)。

⑳ “这样的家族”指犯伪造钱币罪的人们。托拉卡指出:“亚当师傅也许是用‘我’(io)这个代词最多的罪人(译者按:意大利语动词变位能明确表示出人称,除非加重语气,一般不用代词),在十三行诗里就用了十次。他一开口就先说出自己的头衔和名字,表示出自命不凡:因此他对于自己的‘惨境’感到的愤怒和对于自己‘在这样的家族中’感到的悲哀都更加剧烈。”“开”(carato)是黄金成色的单位,纯金的标准为二十四开。据维拉尼说,1252年佛罗伦萨“开始铸造二十四开纯金的优质钱币,这种钱币叫做金弗洛林(florini d'oro)”(《编年史》卷六第五十三章)。关于亚当师傅伪造的金弗洛林,无名氏的注释说:这些钱币“分量足但成色不好,因为它们仅为二十一开金,并非二十四开金。另外三开是铜或者某种别的金属”。

㉑ 他们由于患急性热病发烧出汗,汗水蒸发而浑身冒热气。

㉒ 埃及法老的内臣、护卫长波提乏(Putifarre)买了雅各和拉结的儿子约瑟(Giuseppe)做奴仆,对他非常信任,派他管理家务。约瑟生得秀雅俊美,波提乏的妻子爱上了他,要和他同寝,约瑟不从,她老羞成怒,反向自己的丈夫诬赖约瑟调戏她,要和她同寝。她的谎言激怒了波提乏,就把约瑟下在监里(事见《旧约·创世记》第三十九章)。

㉓ 西农(Sinon)是希腊奸细。当希腊将领们设木马计,把造成的木马留下,全军撤离大陆,隐蔽在泰涅多斯岛的海滩上时,他故意被特洛亚人俘虏,

伪称为希腊人所遗弃,用声泪俱下的谎言博得了特洛亚人的怜悯,给他松了绑。他骗特洛亚人说,把木马拉进城去,特洛亚人必胜。特洛亚人信以为真,结果中了敌人的奸计,城破国亡(事见《埃涅阿斯纪》卷二)。诗中说他是“特洛亚的奸诈的希腊人”,因为他假装成特洛亚的朋友;国王普利阿姆斯受了他的花言巧语欺骗,对他说:“不管你是谁,现在希腊人已经撤退,把他们忘了吧。你是我们自己人了。”(出处同上)

㉔ 乔达尔诺·达·比萨说:“血脉中的热病是严重的热病,这种热病叫做急性热病。”“臭气”原文是 leppo。布蒂说:“leppo 含义是烧油脂的恶臭,比如当锅或者平锅烧热的时候。”

㉕ 指西农。他听见亚当师傅说他是特洛亚的奸诈的希腊人,触动了他的痛处,因而发怒。

㉖ 意即铸造了多少赝币就犯了多少罪。

㉗ 亚当师傅骂西农是“发假誓的”,指的是他对普利阿姆斯发假誓:“那个骗人的老手,诡计多端的希腊人西农把解脱了捆绑的双手向天高举,手心朝上,说道:‘永恒的星火,不可玷污的神灵,神坛,可诅咒的、没有把我杀死的刀斧,作为牺牲在我头上箍着的彩带,你们都来替我作见证吧。’”(见《埃涅阿斯纪》卷二)“那马”指木马计中的木马。“全世界尽人皆知此事”,因为《埃涅阿斯纪》中有详细的叙述,流传极为广泛,使他留下千古的骂名,这对他来说是极大的痛苦。

㉘ 意即挡住视线,看不见前面。

㉙ 据希腊神话,那耳喀索斯(Narcissus)是个美少年,仙女厄科(Echo)爱上了他,但他对她非常冷淡,她因为伤心日益消瘦,最后只剩下了声音。为了惩罚那耳喀索斯的无情,复仇女神让他在池边饮水时,顾影自怜,最后也消瘦憔悴而死(事见《变形记》卷三)。因此,“那耳喀索斯的镜子”指水。

㉚ 意即犹如一个人做了噩梦,梦见不幸的事,心里想道:“假如这仅仅是梦才好!”他希望那是梦,那也确实是梦,同样,但丁听到维吉尔怒斥自己听亚当师傅和西农斗嘴,心里羞愧慌乱,想为自己辩白,由于心慌意乱而又找不到适当的话,他在自恨不能为自己辩白的同时,实际上已经一直在不自觉地为自己辩白,因为他虽然默默无言,满面羞惭的表情足以说明他已经认识了自己的过错。但丁利用这个来源于实际生活的贴切的比喻,明确地表达出自己当时复杂的心理矛盾和状态。

㉛ 意即万一你碰巧再遇到人家这样争吵时,你要想到,我总在你旁边时刻准备着警告你、责备你。

第三十一章

同一条舌头先刺伤了我，使我两颊染上红色，随后就给我提供了药[1]；我听说，阿奇琉斯和他父亲的长矛也是这样，常先使人受伤，随后就给人治好创伤[2]。

我们转身背向着悲惨的山谷，默默无言地横穿环绕山谷的堤岸[3]。这里不像夜晚那样黑，也不像白昼那样亮，所以我们的目光向前看不远；但我听见了号角的声音，异常响亮，会使一切雷声都显得微弱；它朝着和它相反的方向继续传来，把我的眼睛完全引向一个地方。在惨败之后，查理大帝丧失他的神圣的后卫时，罗兰吹出的号角声都没有这样可怕[4]。我头向着那里望了不久，就似乎看到了许多高耸的碉楼；于是，我说："老师，你说那是什么城堡啊？"他对我说："因为你在黑暗中向太远的对象望去，你就在你的想象中产生了错觉。等你走到那里，你就会明白，你的视觉受了距离的欺骗，程度多么大了；所以，你就快点儿走吧。"他随后就亲热地拉住我的手，说："在我们还没有再往前走之前，为了使事实不至于让你过于惊奇，你要知道，那些并不是碉楼，而是巨人，他们都沿着井穴周围的堤岸站着，肚脐以下完全在井穴里[5]。"

如同雾消散时，视觉逐渐辨认出空中弥漫的雾气所遮蔽的东西一样，当我渐渐走近井穴的边缘，目光透过浓厚昏黑的空气望去时，我的错觉就消失了，恐惧就增加了；因为，如同蒙泰雷乔尼的环形围墙上碉楼林立一样[6]，那些可怕的巨人使他们的半身形成了高耸在井穴周围的堤岸上的碉楼；直到如今，打雷时，朱庇特还从天上威慑他们[7]。

我已经看出其中一个的面孔、肩膀、胸膛、肚子的大部分和顺着两肋下垂的双臂。大自然停止产生这样的动物，从而使玛尔斯丧失了这样的执行号令者[8]，她这样做实在非常正确。虽然她并不后悔产生象和鲸鱼[9]，明察事理的人都认为她在这件事情上更公正，考虑更周到，因为如果心灵的机能加上恶意和力量，人类就不能防御了[10]。他的面孔在我看来就像罗马圣彼得大教堂的松球那样长大[11]，其他的骨骼也与面孔相称；所以，像围裙一般遮住他的下身的那道堤岸上面露着的上半身就那样高，即使三个弗里西亚人也不能夸口说够得着他的头发[12]；因为我看到他的身体从人们扣上斗篷扣子的地方往下足足有三十拃那么长[13]。

“Rafèl maì amècche zabì almi”[14]，那张不适于唱更甜蜜的诗篇的凶恶的嘴开始这样喊叫[15]。我的向导向他说：“愚蠢的鬼魂，你还是吹你的号角吧，受到怒气或者其他的激情触动时，你就用它来发泄吧！啊，头脑混乱的鬼魂哪，你在脖子上摸一摸，就会找到那条绑着它的皮带，你看它就斜着挂在你的大胸脯子上。”随后他就对我说：“他揭露了他自己[16]；他就是宁录，由于他的邪念世界上不只用一种语言。我们不要理他了，对他说话是白说，因为他什么语言都不懂，正如别人谁都不懂他的语言一样。”于是，我们就向左转，继续往前走去，走了一箭之地，就看到了第二个巨人，比那个还凶、还大得多。我不知道把他捆起来的工匠是谁，但是他右臂在后，左臂在前，从脖子往下被一条锁链紧紧地捆绑着，这条锁链绕在他身子露着的那部分上竟有五道之多。我的向导说：“这个狂妄的巨人想试一试自己的力量同至高无上的朱庇特对抗，因此他得到这样的报酬。他名叫厄菲阿尔特斯，当巨人们使众神害怕时，他作出了巨大的努力[17]。那时他挥动的两臂，如今再也不能动了。”

我对他说：“假如可能的话，我希望亲眼看到硕大无朋的布里阿留斯[18]。”他回答说：“在这附近你可以看到安泰俄斯，他会说话，而且没有被捆绑着，他会把我们放到一切罪恶之底去[19]。你想看的那个离这儿远得多，他像我们跟前这个一样被捆绑着，形状也相像，只是面貌看起来更为凶恶。”

厄菲阿尔特斯一听这话立刻摇动他的身躯[20]，多么强烈的地震都从来没有把一座碉楼震动得这样厉害。那时我比什么时候都害怕死，假如我没有看到他身上的锁链，光吓就能把我吓死。于是，我再往前走，来到安泰俄斯跟前，他的身子露出在井穴以外的部分，不算头部，就

……他轻轻地把我们放到那吞没了卢奇菲罗和犹大的地狱底层……

只有五阿拉[21]。“啊,你呀,你曾把捕获的一千头狮子运到汉尼拔和他的军队败退时,使西庇阿成为光荣的继承者的那道幸运的河谷里[22],假如当初他参加了你的兄弟们进行的那场大战,似乎有人还相信,大地的儿子们是会得胜的[23]:你把我们放到下面的被寒冰封闭的科奇土斯湖去吧,不要不屑于这样做。不要使我们去找提替俄斯[24]或者提佛乌斯[25]:这个人能使人得到这里所渴望的东西[26];所以,你就弯下身子吧,可不要撅起嘴巴[27]。他还能在世上恢复你的名誉,因为他还活着,如果天恩不在时间未到之前就召唤他,他还有希望活很久呢[28]。”我的老师这样说;那巨人连忙伸出他那曾使赫剌克勒斯感到巨大握力的双手[29]去抱我的向导。维吉尔感到自己被那两只手抱住时,对我说:“你到这儿来,我好抱住你。”随后就使他和我合成了一捆。如同从倾斜的一面仰望卡里森达斜塔,当一片浮云朝着和倾斜方向相反的方向飘过塔上时,觉得那塔就要倒下来似的[30],当我注意看着安泰俄斯弯身时,也有同样的感觉,那一瞬间如此可怕,我真想走另一条路。但他轻轻地把我们放到那吞没了卢奇菲罗和犹大的地狱底层[31],没有这样弯着身子在那儿停留,却像船上竖起桅杆一般挺起身来。

注释:

① 意即维吉尔的责备使但丁羞愧脸红,他的安慰又消除了但丁的羞愧情绪。

② 意即但丁从奥维德的诗(如《变形记》卷十三)中得知,阿奇琉斯从他父亲珀琉斯手里继承下来的长矛有神奇的作用,刺伤人后,再一刺即能使伤口愈合。和但丁同时的意大利抒情诗人以及彼特拉克都常用珀琉斯的长矛来比拟诗人所爱的女性的目光和接吻既能造成又能医治爱的创伤。

③ “悲惨的山谷”,指第十恶囊。“环绕山谷的堤岸”指第十恶囊和形状像井的第九层地狱之间的堤岸,从诗中的字里行间可以想见这道堤岸是很宽阔的。

④ 公元 778 年,法兰克王国的国王查理(后来加冕为“罗马人皇帝”,史称查理大帝)征伐被阿拉伯人占领的西班牙,遭到失败,在撤退途中,后卫队通过比利牛斯山的昂赛瓦峡谷(Roncesvalles)时,遭到袭击,几乎全军覆没,后卫队的指挥官罗兰战死,后来成为法国史诗《罗兰之歌》(1080?)的主人公。诗中第一三〇节这样描述罗兰在万分危急时吹起号角向查理

王求援:“罗兰把号角放在嘴上,他拼命吹,用大力把它吹响,山很高,声音远震,三十里外都听到回声,查理王和所有他的同伴全都听见了。”

⑤ 希腊神话中有巨人的故事,《圣经》中(例如《旧约·创世记》第六章)也说远古时代有巨人存在。但丁放在这里的巨人有的来源于希腊神话,有的来源于《圣经》。“井穴周围的堤岸”指竖井的井壁。这些巨人看来大概是站在井底的科奇土斯冰湖边的一种台阶上,而并非站在湖里被冰冻住,因为他们不是叛卖者。

⑥ 蒙泰雷乔尼(Monteréggioni)是一座坚固的城堡,坐落在锡耶纳西北约十四公里的小山上,建于1213年,1260年和1270年这段期间,又在四周加筑了约半公里长的围墙,墙上有十四座约二十米高的碉楼。

⑦ 据古代神话传说,巨人企图篡夺朱庇特的神位,向奥林普斯山进攻,朱庇特在英雄赫剌克勒斯的帮助下打败了他们(事见《变形记》卷一)。至今朱庇特还用雷声震慑他们,足见他们凶猛绝伦。

⑧ 意即使战神玛尔斯不再有这样的庞然大物作为战士。

⑨ 意即自然界在停止产生巨人后,还继续产生象和鲸鱼这样的巨大动物。

⑩ “心灵的机能”指理性。象和鲸鱼躯体虽大,但无理性,故不能危害人类;巨人和人类一样具有理性,身躯和力气则远远超过人类,而且生性凶恶,因此,人类无法防御他们,假如自然界继续产生巨人,人类势必灭绝。

⑪ 这个青铜制成的大松球(或松塔儿)在古代原是人造喷泉装置的一部分,从层层鳞片上往外喷水;公元五世纪末、六世纪初,被移到旧圣彼得大教堂前院,现在梵蒂冈宫的“松球庭院”里,顶部已经残破,通高约四米,但丁看到它时,大概比现在高些。

⑫ 弗里西亚人属于日耳曼族,居住在今荷兰和联邦德国西北部,身材异常高大。三个弗里西亚大汉人上架人从他的腰部都够不着他的头发,可以想见他是多么可怕的庞然大物了。

⑬ 意即他上半身从脖子到腰部长约七米,按比例估计,全身高度不下二十五米。

⑭ 说这句话的巨人名叫宁录(Nimrod),“他为世上英雄之首。他在耶和华面前是个英勇的猎户”(《旧约·创世记》第十章),诗中根据这话把他描写成胸前挂着号角,但《圣经》中没有讲他是巨人。后来,圣奥古斯丁在《上帝之城》一书中提到宁录时,说他是巨人。但丁大概是根据他的说法。

据《旧约·创世记》第十一章中所说,当初天下人的口音言语都是一样。他们来到示拿地的平原上后,就动工建造一座城和一座塔,塔顶通天,为了传扬他们的名,免得他们分散在全地上。耶和华说:“看哪,他们成为一样的人民,都是一样的言语,如今既做起这事来,以后他们所要做的事,就没有不成就的了。”于是,他就变乱了他们的口音,使他们的言语彼此不通，结果，他们就被迫停工，从那里分散在全地上。"因为耶和华在那里变乱天下人的言语，使众人分散在全地上，所以那城名叫巴别（Babele）。"巴别即巴比伦。相传宁录是巴比伦第一代国王，所以中世纪人就认为巴别塔是他计划建造的。

关于宁录所说的 Raphèl mai amècche zabì almi，早期注释家本维努托说，"这些词是没有意义的。……它们在这里只是用来表明他的语言任何人都不懂得，因为他的狂妄结果使世上的语言分为许多种。这就是作者的命意……"布蒂也说："这些词没有什么意义。谁要把它们说成具有某种含义，就等于说作者自相矛盾。"他们的论断都很正确，因为诗中明明说，"别人谁都不懂他的语言。"近代有些学者仍然费尽心思来释读这些词，不仅徒劳无功，而且违背诗人的命意。

⑮ "诗篇"指话，言语。"不适于唱更甜蜜的诗篇"显然是嘲讽话。

⑯ 原文是 s'accusa（告发自己）。意即他嘴里喊出的无人懂得的言语和他身上挂着的号角，表明他是宁录。

⑰ 据希腊神话，厄菲阿尔特斯（Ephialtes）和他的兄弟是巨人阿洛尤斯（Aloeus）和伊菲美狄亚（Iphimedia）的儿子（实际是海神波塞冬诱奸伊菲美狄亚所生）。他们九岁时，就身高九英寸，宽九腕尺，力大无穷，胆敢与众神交战，把俄萨（Ossa）山摞在珀利翁（Pelion）山上作为云梯来进攻奥林普斯山。《埃涅阿斯纪》卷六提到埃涅阿斯游冥界时，见到了他们："在这里我也曾见到阿洛尤斯的两个儿子的巨大身躯，他们曾冲进天宫想用他们的手把苍穹扯下来，把朱庇特从他至高无上的统治地位推翻。"贺拉斯在《歌集》第三卷第四首中也提到了他们："那兄弟二人力图把珀利翁山放在林木荫翳的奥林普斯山上，给朱庇特带来了巨大的恐怖。""他作出了巨大的努力"指他用力搬山。

⑱ 布里阿留斯（Briareus）即希腊神话中的百头巨人埃该翁（Aegaeon）。维吉尔在《埃涅阿斯纪》卷十说他有一百只手臂和五十个头："据说埃该翁有百臂百手，他的五十张嘴、五十胸膛都能喷火，他能用五十面一色的盾牌，操五十柄宝剑，去抵挡朱庇特的雷霆。"

⑲ 安泰俄斯（Antaeus）是海神涅普图努斯和大地的儿子，力大无比，好迫使人和他角力，然后把人杀死。只要他身子不离地，也就是说，不离开他母亲，他就所向无敌。赫剌克勒斯发现了他的力量的来源，和他搏斗时，把他举到空中，就把他杀死了。"他会说话"，指他会说人听得懂的话。"没有被捆绑着"，因为他出生较晚，没有参加巨人们进攻奥林普斯山之战。"一切罪恶之底"指地狱的最下部，即第九层地狱，在那里受苦的都是罪大恶极的人。

⑳ 指他由于狂妄自大，一听见维吉尔说，布里阿留斯面貌比他更为凶恶，气得浑身发抖。

㉑ 佛罗伦萨无名氏的注释："阿拉(alla)是佛兰德尔的长度单位……约合二勃拉乔(braccio)半。"勃拉乔是佛罗伦萨的长度单位，约合六十公分。五阿拉就等于七米半。

㉒ 指突尼斯中北部扎玛(Zama)附近的巴格拉达斯(Bagradas)河(即今梅介尔达河)谷。公元前202年，罗马大将西庇阿在扎玛之战彻底击败了迦太基大将汉尼拔。"使西庇阿成为光荣的继承者"，指扎玛之战使他获得了"亚非利加的西庇阿"这一光荣称号。"捕获的一千头狮子"是不定数，指捕获的许多头狮子。安泰俄斯住在巴格拉达斯河谷的洞穴里，以捕获的狮子为食(见《法尔萨利亚》卷四)。"幸运的河谷"(fortunata valle)，据雷吉奥的解释，意即这一河谷为巨人安泰俄斯所居，又是西庇阿获得历史性胜利的见证，因而是幸运的；但也可以像第二十八章中的"饱受命运摆布的土地"(fortunata terra)那样，理解为"饱经沧桑的河谷"。

㉓ 意即假如安泰俄斯参加了其他巨人们进攻奥林普斯山之战，巨人们是会战胜众神的。"大地的儿子们"指"巨人们"。"有人还相信"指卢卡努斯在《法尔萨利亚》卷四中的话："她(大地)宽待了天神们，没有把安泰俄斯用在弗莱格拉战场上。"维吉尔说这些称赞安泰俄斯的话，为了博得他的好感，答应把他们二人放到下面的最后一层地狱去。

㉔ 提替俄斯(Tityus)是神话中的巨人，他企图强奸阿波罗和狄安娜的母亲拉托娜(Latona)，被他们兄妹二人杀死，在冥界受惩罚。"他是万物之母的大地抚养大的，他的身体足足占满九亩地"(见《埃涅阿斯纪》卷六)。

㉕ 提佛乌斯(Typhoeus)是神话中的吐火巨人，他在进攻奥林普斯山时，被朱庇特用雷击死，埋在埃特纳火山下。

㉖ 意即这个人(指但丁)能使地狱里的人在世上留名。

㉗ 表示拒绝。

㉘ 人的自然寿命是七十岁，"不在时间未到之前"，意即不在七十岁以前。但丁当时正"在人生的中途"(三十五岁)，如果上天能让他尽其天年，他还能再活三十五年。

㉙ 指赫剌克勒斯在和安泰俄斯搏斗，被他紧紧抓住时，感到他的手劲确实很大。参看《法尔萨利亚》卷四中的描写："他们手和手紧紧地抓住，臂和臂紧紧地抱住……赫剌克勒斯停下来，对于这样可怕的力量大吃一惊。"

㉚ 卡里森达(Carisenda)斜塔是波伦亚的两座斜塔中较小的一个，建于1110年，现高47.51米，但丁见到它时，要比现在高些，因为十四世纪后半塔顶已残破。塔的倾斜度很大，当浮云飘来时，站在塔下的人仰望，就产生错觉，好像云是静止的，塔向云靠拢，眼看就要倒塌似的。但丁以此作为比喻来说明自己注意看着巨人弯身时那一瞬间的感受。值得注意的是：这一章中描写巨人的身躯和动作时，屡屡用torre(塔、碉楼)作为比喻，都获得良好的艺术效果。

㉛ 指第九层地狱的科奇土斯冰湖。“吞没”意即被冻结在冰湖中。卢奇菲罗(即魔王撒旦)和犹大由于罪大恶极都堕入地狱最下层受惩罚。

第三十二章

假如我有粗犷刺耳的诗韵，适于描写这个被其他各层的岩石压在上面的阴惨的洞穴，我就可以把我的构思的结晶更充分地表达出来[1]；但是，因为没有这样的诗韵，我在着手描写时，不免怀着畏怯的情绪；因为描写全宇宙之底[2]并不是可以当儿戏的事，也不是叫妈妈和爸爸的舌头所能胜任的[3]。但愿那些帮助安菲翁筑成忒拜的围墙的女神[4]帮助我的诗句，使我的叙述不至于违背事实。

啊，你们这些比所有其他的人更不幸生下来的[5]，你们这些被罚在这里受苦的罪人哪，你们当初在世上倒不如是绵羊或者山羊好[6]！当我们下到黑洞洞的井里，站在比巨人脚下还低得多的地方，我仍在仰望四周的高墙时[7]，我听见有人对我说："你走路要留神：注意你的脚掌不要踩在疲惫不堪的可怜的兄弟们[8]的头上。"我随后就转过身来，只见我面前和脚下是一个湖，湖面由于严寒看起来像玻璃而不像水[9]。

奥地利的多瑙河，或者远方寒空下的顿河[10]，在冬天河道都从来没有结过像这里这样厚的一层坚冰；因为即使坦贝尔尼契山[11]或者庇埃特拉帕纳峰[12]倒在它上面，连边上都不会发出咯吱的响声[13]。正如在农村姑娘经常梦见拾穗的季节[14]，青蛙趴在水里，把嘴鼻露出水面呱呱地叫着一样，那些悲哀的鬼魂冻得发青，身子直到人显露出愧色的地方[15]都在冰里，牙齿打颤，声音像鹳叫一般。每个鬼魂脸都向着下面[16]；他们的嘴给寒冷、眼睛给内心的悲哀提供证明[17]。

我向四周望了一下，随后就把目光转向脚下，看见两个罪人彼此紧紧地挨着，头发都纠缠在一起。我说："你们这两个胸膛互相贴近的人，告诉我，你们是谁？"他们把脖子向上一弯；当他们抬起头来面向着我时，他们的眼睛原先只是里面湿漉漉的，这时泪水夺眶而出，一直流到嘴唇上，严寒使眼里的余泪冻结，又把眼睛紧紧地封住[18]。铁条把木板同木板箍起来也从来没有这样紧[19]，接着，他们就像两只山羊一般互相碰撞起来[20]，冲天的怒气把他们压倒了。

一个冻掉了两只耳朵的鬼魂，面孔仍然朝下，说："你为什么像照镜子一般总这样注视我们[21]？如果你想知道这两个是谁，毕森乔河流经的山谷曾属于他们的父亲阿尔贝尔托，也曾属于他们[22]。他们是一母所生，你找遍整个该隐环，也不会找到一个比他们更应该冻结在冰里的鬼魂：连亚瑟王亲手只一刺就刺穿胸膛和影子的那个人[23]，连浮卡洽[24]，连这个挡着我、使我不能再往远看的人都包括在内，这个人叫萨索尔·马斯凯洛尼；如果你是托斯卡那人，现在你就一定知道他是谁了[25]。为了免得你再迫使我回答，你要知道我就是卡密施庸·德·帕齐[26]，我正等着卡尔利诺来开脱我的罪责[27]。"

接着，我就看到了一千副冻得发紫的面孔[28]；所以，如今一看见结冰的渡口，我就发抖，今后也将永远如此[29]。

当我们正走向一切重力的集中点[30]，我一直在永恒的严寒中战栗着，不知道是天意，还是命运注定或者机缘凑巧，我从许多的头颅中间走过时，我的脚重重地踩在一个头颅的脸上。他哭着责骂我说："你为什么踩我？如果你不是来加重对蒙塔培尔蒂事件的报复[31]的话，你为什么伤害我呢？"我说："我的老师，现在你在这里等我，我好去解除我对于这个人的一个疑问；以后，你想让我走多快都行。"我的向导就站住了，我对那个仍在恶狠狠地咒骂的人说："你是谁呀，你这样骂人家？"他回答说："你是谁呀，你走过安特诺尔环，这样踢人家的面颊，假如我是活人的话[32]，这也太重了。"我的回答是："我是活人，你要想扬名的话，我把你的名字放在其他的记录[33]中间，这对于你来说，可能是惬意的事。"他对我说："我所希望的正好相反。离开这里吧，别再缠磨我啦，因为你根本不懂得怎样在这深渊里说谄媚奉承话[34]。"随后，我就揪住他脖颈子上的头发，说："你一定得说出你的名字，不然，我就不让你这上面的头发留下一根。"接着，他就对我说："即使你把我的头发拔光，我也不告诉你我是谁，即使你在我的头上踩一千下，我也不会向你暴露我是谁[35]。"

我已经把他的头发绕在手上，并且拔去了不止一绺，他像狗一般叫着，眼睛一直在向下凝视，这时，另一个鬼魂喊道："鲍卡，你怎么啦？你的牙齿格格地打颤难道还不够，你还非得像狗一般叫不可吗？你着了什么魔啦？"我说："万恶的反叛，现在我不要你再说了；因为我要把有关你的真实消息带回去，使你遗臭万年。"他回答说："滚开，你爱怎么说就怎么说吧；但是，你要是能从这里走出去，可别不提这个方才这样饶舌的人。他因为受法国人的银子贿赂在这里受惩罚。你可以说：'我在罪人们乘凉的地方看到了杜埃拉家族的那个人㊱。'如果人家问你另外还有谁的话，那么，你旁边就是被佛罗伦萨切断咽喉的、属于贝凯利亚家族的那个人㊲。我想再往前些就是简尼·德·索尔达涅利㊳和甘尼仑㊴以及在居民睡着时开了法恩察城门的泰巴尔戴罗㊵。"

当我们离开了他再往前走去时，我看到两个鬼魂冻结在一个冰窟窿里，彼此那样贴近，使得一个的头成为另一个的帽子；上面那个的牙齿咬着下面那个的脑袋和脖颈子相连接的地方，就像人饿了吃面包时那样；他狠狠地啃那个人的脑壳和其他部分，样子和提德乌斯在盛怒之下咬梅纳利普斯的太阳穴㊶没有什么不同。我说："啊，你以这样野兽般的举动表示对你吃的这个人的仇恨，你就在这个条件下告诉我仇恨的原因吧：如果你控诉他是有理的，我知道你是谁和他的罪行后，要是我说话的舌头不干枯的话，我还可以在世上报偿你㊷。"

注释：

① "阴惨的洞穴"指第九层地狱，因为它是最下面的一层，所以"被其他各层的岩石压在上面"。"我的构思的结晶"指但丁在游地狱的历程中所见的第九层地狱的情景。诗的大意是：这一层地狱异常阴惨可怖，只有用音调粗犷刺耳的诗句，才能充分描绘出其中的情景。

② "全宇宙之底"指第九层地狱。因为地球在托勒密天文体系中是宇宙中心，这层地狱根据但丁的想象直接通到地心，可以说是全宇宙的中心或"全宇宙之底"。

③ 注释家们对这句诗提出不同的解释。有的认为，大意是说，不能试图用日常生活和通俗的语言来描写这一层地狱的情景，因为但丁在《论俗语》中明确指出，"妈妈"和"爸爸"这类的词不可以出现在风格高华的诗篇。有的认为，大意是说，描写这一层地狱的情景，不是才学幼稚浅薄的人所能胜任，非得有很高的诗才和艺术造诣不可。后一种解释比较恰当，因

为诗人由于感到描写第九层地狱是非常困难的事，才向诗神祈求帮助。

④ 指希腊神话中掌管文艺、音乐、天文等九位女神，统称缪斯(Muse)。安菲翁(Amphion)是宙斯和忒拜王后安提奥培(Antiope)的私生子，善奏竖琴，他建筑忒拜城的围墙时，得到了缪斯的帮助，奏出的琴声异常甜美，把契泰隆(Cithaeron)山上的石头吸引下来，自动砌成了城墙。贺拉斯的《诗艺》和斯塔提乌斯的《忒拜战纪》第十卷都提到这个故事。

⑤ “你们”指在第九层地狱里受苦的犯叛卖罪者，他们所犯的罪比一切其他的罪都深重，所以说，他们比其他的罪人更不如不生在世上好，因为这样他们就不至于在这里受惩罚(参看第五章注③)。

⑥ 绵羊和山羊是兽；兽类无理性和心智，是不可能犯罪的。假如这些人生在世上不是人而是兽，他们就不会因犯罪而堕入地狱。上句说他们不如不生下来好，这句说他们生下来是人不如是兽好，目的都在于强调他们的罪孽极端深重。

⑦ “下到黑洞洞的井里”，指井底由科奇土斯冰湖构成的第九层地狱。“站在比巨人脚下还低得多的地方”，据注释家猜测，是因为地势微微向中心倾斜，巨人是站在冰湖边的台阶或者斜坡上把他们放在冰上的。“高墙”指井壁。

⑧ 对但丁说话的人是谁？对于这个问题注释家众说纷纭，莫衷一是。多数认为，他是后面所描写的那两个互相靠得很紧的鬼魂之一。但是因为二者前后相距很远，中间插入了许多行描写冰湖及罪人们的状况的诗句，有的注释家不同意这种说法，认为对但丁说话的是冰湖上的某一个罪人。对于“兄弟们”的含义，注释家们也有不同的解释。有的认为指那两个鬼魂自己，因为他们生前确实是同胞兄弟。反对此说者指出，他们虽然是亲兄弟，但他们是互相残杀而死的，根本谈不到兄弟之情，认为“兄弟们”在这里泛指一切在该隐环受苦的鬼魂。有人反驳说，该隐环的鬼魂都是犯谋杀亲属罪者，他们彼此之间当然也不可能怀有同情心，乃至亲如兄弟。多数注释家认为，这句话是为了引起但丁的注意和同情，大意是说：“我们这些罪人也都是人，都是你的同类和兄弟，你可千万不要踩我们的头啊！”

⑨ 指科奇土斯(Cocytus)湖，在《埃涅阿斯纪》中原是阴间的一条河，但丁把它改为湖(参看第十四章注㉔，㉕，㉖)。魔王卢奇菲罗的翅膀扇起的阴风使湖水冻成坚冰，象征犯叛卖罪者心肠之硬和冷酷，他们由于生前做下伤天害理、灭绝人性的事，死后相应地受到在寒冰地狱受苦的惩罚。

⑩ 指冰天雪地的俄国。

⑪ 这个山名究竟指什么山尚无定论。据早期佛罗伦萨无名氏的注释：“此山乃斯拉沃尼亚(今南斯拉夫北部)的一座山，非常高峻，完全由岩石构成，几乎没有土壤，看起来就是一整块巨大的岩石。”许多现代注释家都

同意此说，认为这座山就是托瓦尔尼克（Tovarnik）附近的弗卢斯卡山（Fruska Gora）。托拉卡反对此说，认为坦贝尔尼契就是坦布拉（Tambura）山，古名斯坦贝尔里凯（Stamberlicche），和坦贝尔尼契谐音，而且此山与诗中和它一并提到的庇埃特拉帕纳峰（见注⑫）同属于阿普阿纳阿尔卑斯山脉，但丁在构思时，从一座高山联想到属于同一山脉的另一座高山，是很可能的事。这种说法比较可信。

⑫ 庇埃特拉帕纳（Pietrapana）峰拉丁文名 Petra Apuana，意即阿普阿尼人的石头（阿普阿尼〔Apuani〕人是古代居住在山峰附近的一个部落），属于托斯卡那西北角的阿普阿纳阿尔卑斯（Alpi Apuani）山脉，是托斯卡那最高的山峰。

⑬ 湖里的冰边上都比较薄，春天融化得早，容易破裂。这句诗意在强调科奇土斯湖的冰异常坚固。

⑭ 指初夏收割麦子的时节。

⑮ 指脸，因为人感觉羞惭时，常常脸红。科奇土斯湖分为四个区域，形如四个同心圆，一环套着一环，这里是从外往里数第一环，名该隐环（Caina），生前犯谋杀亲属罪者的灵魂在这里受苦。他们的身体直到脖子为止完全冻结在冰里。

⑯ 该隐环里的鬼魂们都低着头，脸朝着下面，这种姿势使他们能够哭泣，一部分泪水能够夺眶而出，而不至于完全冻结在眼眶里，他们的痛苦借助哭得以减轻几分。这是他们的情况和其他各环的鬼魂们不同之处。

⑰ 意即牙齿打颤证明他们感到寒冷，眼含着泪证明他们的内心悲哀。

⑱ 这三行诗意思不很明确，注释家提出种种不同的解释。译文根据波斯科-雷吉奥的注释：那两个鬼魂本来脸朝着下面，眼里含着的泪落到冰上，这时，他们抬起头来仰面望着但丁，一部分泪水自然就流到嘴唇上去，一部分就停留在眼眶内冻成冰，把眼睛封上，使他们什么都看不见。他们除了受寒冰冻结之苦外，又加上眼中泪水成冰，视而不见之苦，因此怒不可遏，就用头互相碰撞起来。这种解释比较合乎情理。

⑲ 这个比喻直接来源于日常生活，例如，用铁环箍木桶。

⑳ 诗中没有明说，但是我们从这个比喻可以想见，这两个鬼魂是面对面站在冰里，他们身子虽然挨得很近，却力图彼此分开，否则，他们是不可能像山羊似的用头互相碰撞的。

㉑ 托拉卡对这句诗作出了细致的解释："结了冰的湖看起来似乎是一面巨大无比的镜子，鬼魂们身子在冰湖中，站着看他们的人就得像照镜子似的把眼睛低下来。"雷吉奥认为，既然鬼魂们脸都朝着下面，但丁大概在注视着他们的脸在冰上反映出来的影子；这个罪人大概也从冰上的倒影看到但丁正在注视冻结在冰里的鬼魂们。

㉒ 毕森乔（Bisenzio）河顺着同名的河谷向普拉托（Prato）流去，在佛罗伦萨

迤西约十七公里的锡涅(Signa)镇注入阿尔诺河。佛罗伦萨贵族阿尔贝尔托·德·阿尔贝尔提(Alberto degli Alberti)伯爵在毕森乔河流域拥有许多城堡,他临死时把家产的十分之九分给两个儿子亚历山德罗(Alessandro)和谷利埃尔摩(Guglielmo),只把十分之一分给另一个儿子拿破仑内(Napoleone)。诗中所说的这两个鬼魂就是拿破仑内和亚历山德罗。前者是吉伯林党,后者是贵尔弗党,在政治上处于敌对地位。尤其是财产上的纠纷使他们结下了很深的仇恨。1259 年,拿破仑内强占了属于亚历山德罗的曼勾纳(Mangona)城堡,后来由于佛罗伦萨政府干涉,被迫将城堡交还原主。1279 年,经枢机主教拉提诺(Latino)从中调解,兄弟二人立誓讲和,但不久双方就又明争暗斗起来,终于在 1286 年以前互相残杀而死。

㉓ 指亚瑟王的外甥摩德瑞德(Mordred 或 Mordret),他企图杀死亚瑟王,篡夺王位,在交战时,被"国王一矛刺穿胸膛,矛一拔出,日光就透过伤口从他身子这一边照到那一边,使他的影子上出现了一个破绽"(佛罗伦萨无名氏的注释)。事见中世纪法语传奇《湖上的朗斯洛》(Histoire de Lancelot du lac)。

㉔ 浮卡洽(Focaccia,饼)是皮斯托亚贵族万尼·德·堪切里埃利(Vanni dei Cancellieri)的绰号。堪切里埃利家族分成黑白两党,万尼属于白党,而且派性很强。他的妻子的娘家某一个人被他的属于黑党的族人希尼巴尔多的儿子戴托(Detto di Sinibaldo)杀死。为了给被杀者报仇,他杀死了戴托。

㉕ 萨索尔·马斯凯洛尼(Sassol Mascheroni)是佛罗伦萨贵族,属于托斯齐(Toschi)家族。为谋取遗产,他杀死了一个亲属(究竟是他的亲兄弟,堂兄弟伯父,叔父,或者侄子,众说纷纭,莫衷一是)。罪行暴露后,他被放入布满钉子的木桶里,滚动着游街示众,然后被斩首。"这一事件尽人皆知,整个托斯卡那地区纷纷谈论此事:所以作者说:'如果你是托斯卡那人,现在你就一定知道他是谁了。'"(佛罗伦萨无名氏的注释)

㉖ 此人全名是阿尔贝尔托·卡密施庸·德·帕齐(Alberto Camiscion dei Pazzi),属于居住在阿尔诺阿上游的帕齐家族。他杀死了他的一个名叫乌伯尔提诺(Ubertino)的亲属,"因为他们作为亲属共同领有一些城堡,卡密施庸寻思,乌伯尔提诺一死,自己就占有这些城堡:于是,他就骑着马持刀在他背后袭击他,给了他几刀,最后把他杀死了"(佛罗伦萨无名氏的注释)。

㉗ 卡尔利诺(Carlino)是卡密施庸的族人,在政治上属于白党。1302 年,佛罗伦萨黑党围攻阿尔诺河流域的皮安特拉维涅(Piantravigne)城堡,卡尔利诺率领六十名骑士和许多步兵为白党流亡者据险固守。后来,他接受了黑党的贿赂,里应外合,城堡终于陷落;白党流亡者有的被杀,有的成

为俘虏。这一事件发生在1302年7月15日,比但丁虚构的地狱之行晚两年多。卡密施庸预言,卡尔利诺死后将因出卖同党罪堕入地狱,这是政治上的叛卖,比自己所犯的谋害亲属罪严重得多。所以他说:“我正等着卡尔利诺来开脱我的罪责。”也就是说,希望罪恶滔天的卡尔利诺入地狱后,使自己的罪相形之下显得轻些。

㉘ 科奇土斯冰湖中的四个区域之间并没有明显的界限,彼此的区别只在于冻结在冰里的罪人姿态不同。这里诗人用“接着”(pos-cia)这个副词巧妙地点出了从第一环走进了第二环。这里的鬼魂不像该隐环里的那样脸朝着下面,所以但丁看得见他们冻得发紫的面孔。“一千”在这里作为不定数用,意即“成千上万”。

㉙ “结冰的渡口”泛指须要从上面走过去的冰层。那成千上万冻得发紫的面孔给但丁留下了无比深刻的印象,以至于回到阳间后,一见到结了冰的池水,就回忆起地狱中冰湖上的情景。关于为什么发抖的问题,有的注释家认为由于寒冷,有的注释家认为由于恐惧,都讲得通。

㉚ 指地球的中心,“重力”指地球引力。地球的中心也是第九层地狱的中心。

㉛ 但丁一听这话,立刻想到在蒙塔培尔蒂(Montaperti)战役中,鲍卡·德·阿巴蒂(Bocca degli Abati)的叛卖行为,疑心这个鬼魂就是鲍卡。蒙塔培尔蒂村坐落在锡耶纳迤东数公里的一座小山上,临近阿尔比亚河(参看第十章注㉔),是1260年9月4日锡耶纳和佛罗伦萨吉伯林党联军同佛罗伦萨贵尔弗党交战的战场。战斗开始时,站在贵尔弗党一边作战的鲍卡,一剑砍断了举着战旗的人的手,骑士和士卒们看到战旗落地,阵势大乱,结果,贵尔弗党败绩,溃不成军。在吉伯林党掌权期间,鲍卡依附吉伯林党,1266年贵尔弗党卷土重来后,遭到放逐。

㉜ 安特诺尔环(Antenora)是冰湖的第二环,名称来源于特洛亚将领安特诺尔(Antenor),他在荷马史诗《伊利昂纪》中是一个明智的人物,主张把海伦交还给希腊人来结束战争。但是在中世纪传说中,他变成了卖国贼,把保佑特洛亚的雅典娜神像交给了希腊人;希腊大军攻城时,他用灯笼给敌军打信号,并且打开木马,放出其中的伏兵,使敌军里应外合,攻占了特洛亚。因此,法文《特洛亚传奇》(十二世纪)中称他为“叛徒犹大”和“老犹大”。但丁根据这个传说把他的名字作为卖国贼和出卖同党的叛徒在地狱里受苦之处的名称。

㉝ 原文是Se fossi vivo。由于句中按照意大利语习惯省去了人称代词,谓语fossi(是)的主语既可能是第一人称io(我),也可能是第二人称tu(你),因而对这句诗有两种不同的解释:有的注释家认为,鬼魂头颅被踢伤后,以为但丁是个新来的亡魂,就愤怒地对他说,即使你是活人的话,把我踢得也太重了,对这种伤害我决不能容忍;并且认为,这种解释合乎情理,

能使鬼魂的话和但丁的答话“我是活人”互相呼应。罗西(Rossi)、格拉伯尔(Grab-her)、萨佩纽等注释家认为,这句诗大意是:假如我是活人的话,你把我踢得也太重了,对这种伤害我一定会报复,无奈我是被冻结在冰湖里的鬼魂,动弹不得;并且指出,照这样来理解,但丁的答话“我是活人”就和鬼魂的话“假如我是活人”针锋相对,异常尖锐,使这场对话具有强烈的戏剧性。译文根据后一种解释。

㉞ 意即我宁愿被世人忘掉。你想拿为我们扬名的甜言蜜语来讨好,是枉费心机,因为对第九层地狱里的罪人们来说,扬名意味着使他们遗臭万年。

㉟ 注释家们一般都认为意即:我也不会抬起头来,让你看见我的脸,认出我是谁。但是这里的鬼魂们并不像该隐环的鬼魂们那样脸朝着下面,而是朝着前面,但丁一脚就踢在他脸上,显然已经瞥见了他的面孔。不仅如此,蒙塔培尔蒂之战发生在但丁诞生前五年,但丁也从未见到过鲍卡,即使想从面貌上认出他是谁,也决不可能。因此,这种说法不能成立。译文根据萨佩纽的解释。

㊱ 鲍卡愤恨这个鬼魂饶舌说出了自己的名字,就对他进行报复,揭露他的家族和叛党的罪行。此人名卜奥索(Buoso),属于杜埃拉(Duera)家族,是科莱摩纳(Cremona)的封建主和吉伯林党首领。1265年,法国安茹伯爵查理进军意大利去攻打西西里王国,西西里王曼夫烈德发给卜奥索军饷,命令他出兵阻击,挡住法军的去路。但是他“受法国人的银子贿赂”,不执行命令,使敌军得以长驱直入。1266年本尼凡托之战后,他被驱逐出科莱摩纳,1286年回到那里,被贵尔弗党下狱。“在罪人们乘凉的地方”是一句带有嘲讽色彩的话,意即:在科奇土斯冰湖。

㊲ 指帕维亚人台骚罗·德·贝凯利亚(Tesauro dei Beccheria),家族属于吉伯林党。他曾任瓦隆勃娄萨(Vallombrosa)修道院院长和教皇驻托斯卡那使节。1258年吉伯林党被驱逐出佛罗伦萨后,他被指控与敌人勾结,密谋使吉伯林党卷土重来,结果,以叛国罪被佛罗伦萨人斩首(他虽然原籍帕维亚,但早已成为佛罗伦萨市民)。

㊳ 简尼·德·索尔达涅利(Gianni dei Soldanieri)是佛罗伦萨贵族,1266年,曼夫烈德在本尼凡托之战阵亡后,佛罗伦萨平民暴动反对吉伯林党政府。简尼的家族属于吉伯林党,但他却站在平民一边,作为他们的首领来反对吉伯林党。历史学家维拉尼指出,他的动机是企图扩充自己的势力(见《编年史》卷七),但又称赞他为过去时代伟大的佛罗伦萨人之一,认为他和杰利·戴尔·贝洛(见第二十九章注⑥)、但丁等人都是对佛罗伦萨有功而受到不公正待遇的市民(见《编年史》卷十二)。

㊴ 甘尼仑(Ganelon)是《罗兰之歌》中的反面人物。查理大帝在西班牙对阿拉伯人作战,沙拉古索国王马西理遣使投降,甘尼仑奉命去和马西理议定投降条件,但他被敌人收买,向马西理献计,在查理大帝班师回国时,

袭击他的后卫部队,结果,大将罗兰和两万精兵在昂赛瓦地方全部英勇牺牲(参看第三十一章注④)。甘尼仑和安特诺尔的名字在中世纪已经成为叛徒的别名。

㊵ 泰巴尔戴罗(Tebaldello)是法恩察(Faenza)的赞勃拉西(Zamb-rasi)家族的成员,属于吉伯林党。由于受到流亡在法恩察的一些属于波伦亚吉伯林党的兰伯尔塔齐(Lambertazzi)家族的人们的嘲笑,怀恨在心,为了对他们进行报复,他竟于 1280 年 11 月 13 日夜间打开城门,使波伦亚的属于贵尔弗党的杰勒美伊(Geremei)家族占领自己的家乡法恩察。两年后,在贵尔弗党进攻浮尔里,被圭多·达·蒙泰菲尔特罗击败时,他被杀死。

㊶ 提德乌斯(Tydeus)是围攻忒拜的七将之一,在和忒拜将领梅纳利普斯(Menalippus)交战时受了致命伤,临死前奋勇杀死了敌人梅纳利普斯,让战友们把首级递给他,随后就狠狠地用牙齿咬开脑壳,吞食了一部分脑髓(事见《忒拜战纪》第八卷)。

㊷ "报偿你"意即揭发你的仇人的罪行,来报答你对我的回答。"不干枯"意即不麻痹。对这句诗的意思注释家们有不同的解释。有的认为这是一句发誓的话,意即如果我不履行诺言,就让我的舌头麻痹,再也说不出话来。有的理解为:如果我不先死去的话,我还可以为你伸冤。格拉伯尔反对这些说法。他认为,句中的 se(要是)一词并不带有怀疑的意味,恰恰相反,这句话表明但丁对自己的诗篇不朽怀有坚定的信念,大意是:要是我的舌头,也就是我的话,我的诗不消灭,我可以在世上为你昭雪,而我的诗是永世常存的。雷吉奥认为这种解释更确切些。

第三十三章

那个罪人把嘴从野兽般啃着的食物上抬起来，在已经从后头咬坏的脑壳的头发上蹭了蹭，然后说："你要我重述那场令人绝望的苦难，在我还没有开口以前，这场苦难只要回想起来，就已经使我的心绞痛欲绝。但是，如果我的话是要成为一粒会给我所啃的叛卖者结出臭名之果的种子，那你就要看到我一面说一面哭。我不知道你是谁，也不知道你是怎样下到这里来的；但是，当我听到你的口音，我觉得你确实是佛罗伦萨人。你要知道，我就是乌格利诺伯爵，这一个就是卢吉埃里大主教①。现在我要告诉你，我为什么对他来说是这样的邻人②。由于他使用阴谋诡计，我对他相信而被捕，后来被处死，这都用不着说③；但是，你将要听到你不可能听到过的事，那就是，我死得多么惨，你将要知道他是否害苦了我。

"那个由于我的缘故而名为'饿塔'的、以后别人还要被关进去的牢笼④，有一个狭小的窗洞，这个窗洞的孔隙使我看到几次月光后，我做了那场给我撕破了未来的面纱的噩梦⑤。

"我梦见这个人作为猎队的首领和主人正向那座使比萨人望不见卢卡的山上追猎狼和小狼们。他已调遣瓜兰迪、席斯蒙迪和兰弗朗奇带着精瘦的、踊跃的、经过训练的猎狗作为他的先锋⑥。跑了一阵儿后，父亲和儿子们看来似乎都疲惫了，我似乎看到他们肚子两边都被尖利的牙齿撕裂了⑦。

"当我在天明以前醒来时，我听见和我在一起的儿子们在睡梦中哭着要面包⑧。如果你想到我的心所预感到的事还不悲痛，那你可真冷酷无情；如果你不哭，你向来为什么样的事才哭啊⑨？

"他们已经醒了，平常给我们送饭的时间已经快到了，我们每人都因为自己的梦恐惧不安⑩；我听见可怕的塔牢下面的门钉上了；于是，我看着我的儿子们的脸，一言不发[11]。我没有哭，我的心就这样化成了石头[12]。他们直哭，我的小安塞尔摩说：‘父亲，你这样看着！你怎么啦[13]？’我没有为此落泪，那一整天我没有回答，后来夜里也没有，一直到另一天太阳出现在世上[14]。当一丝微弱的光线射进悲惨的牢狱，我从他们四个的脸上看到了我自己的面容时，我悲痛得咬我的双手[15]；他们以为我这样做是为食欲所驱使，顿时站起身来，说：‘父亲，假如你吃了我们，那给我们的痛苦会少得多：你给我们穿上了这可怜的肉体的衣服，你就把它剥去吧[16]！’于是，我就极力镇静下来，为的不使他们更加悲痛。那一天和下一天，我们都一直默默无言[17]。啊，冷酷的大地呀，你为什么不裂开呀[18]？我们到了第四天后，伽多直挺挺地倒在我脚下，说：‘我的父亲哪，你为什么不帮助我呀？’他就死在那儿了[19]；就像你现在看见我一样[20]，我看见那三个在第五和第六天之间一个一个倒下了；那时，我的眼睛已经失明，就在他们身上摸索起来，在他们死后，叫了他们两天。后来，饥饿就比悲痛力量更强大[21]。”

他说了这番话后，就斜着眼重新用牙咬住那个不幸的脑壳[22]；他的牙咬在头骨上就像狗牙那样厉害。

啊，比萨，你是说 Sì 的美丽国土[23]上的人民的耻辱啊！既然你的邻居们[24]都迟迟不去惩罚你，就让卡普拉亚和格尔勾纳[25]移动，在阿尔诺河口构成堤坝，使河水把你的居民统统淹死吧！因为，如果乌格利诺伯爵有出卖你的城堡的名声，你也不该使他的儿子们受这样的折磨[26]。你这新的忒拜呀，乌圭乔涅和勃利伽塔以及在这一章前面提到的另外那两个，由于年龄幼小都是无辜的呀[27]。

我们再往前走，来到寒冰把另一群人残酷地封住的地方，这些人不是低着头，而是都仰面朝天[28]。在那里，哭本身就不容许他们哭出来，悲哀发现眼睛上有障碍，就转向内心，使痛苦增加；因为最初的泪水凝成了冰疙瘩，像水晶面甲一般，把眉毛下面的眼窝完全填满[29]。

虽然我的脸已经冻得像生了趼子的地方一样失去了一切感觉，这时，我却觉得好像有些风吹来；因此我说：“我的老师，这风是谁扇起的？在这底下不是一切蒸气都已消失了吗[30]？”他对我说：“不久你就会来到那个地方，在那儿你的眼睛看到吹下这阵风来的原因，就会回答你这个问题。”

这时冰层里那些悲惨的鬼魂之中的一个向我们喊道：“喂，被指定到最后一环去的残酷的亡魂们，给我去掉我脸上的坚硬的面纱吧，好让我在眼泪重新冻结以前，稍微发泄一下我心里充塞着的悲哀㉛。”因此，我对他说：“如果你要我帮助你，那你就告诉我你是谁，如果我不给你解除障碍，那就让我到冰底去㉜。”于是，他回答说：“我是阿尔伯利格修士，是提供罪恶之园的水果的那个人㉝，因为我给了别人无花果，我就在这里接受海枣㉞。”我对他说：“哦，难道你已经死了吗㉟？”他对我说：“我的肉体在世上情况如何，我不得而知。这托勒密环里的罪人享有这样的特权：他的灵魂常常在阿特洛波斯使它离开以前，就落到这里来㊱。为了使你更乐意从我脸上剥去这层玻璃般的眼泪，我要告诉你：灵魂刚一像我那样犯下叛卖罪，肉体就被一个恶鬼夺去，这个恶鬼以后就一直主宰着它，直到它的寿数已尽为止。他的灵魂就坠落到这样的井㊲里；这里这一个在我背后过冬㊳的灵魂，他的肉体或许至今还在世上出现呢。如果你是刚下到这里来的，你就一定会知道他：他就是勃朗卡·多利亚先生，自从他被这样禁闭起来后，已经过了许多年了㊴。”我对他说：“我相信你是骗我呢，因为勃朗卡·多利亚还没有死，他还吃、喝、睡觉、穿衣服嘛。”他说：“当米凯尔·臧凯还没有来到上面那条熬着黏糊糊的沥青的、由马拉勃朗卡们看守的壕沟㊵以前，这个人就让一个魔鬼留在他的肉体里来代替他，一个同他一起犯下叛卖罪的近亲也是这样㊶。但是，现在把你的手伸过来，打开我的眼睛吧。”我并没有给他打开眼睛；对他无礼就是有礼㊷。

啊，热那亚人哪，你们这些远离一切美好风俗，充满一切恶习的人哪，为什么你们不从世上灭绝呀？因为我发现你们当中的一个和罗马涅的穷凶极恶的鬼魂㊸在一起，这个人由于他的罪行的原故，灵魂已经沉浸在科奇土斯湖里，肉体还活着出现在世上。

注释：

① 多诺拉提科(Donoratico)伯爵乌格利诺(Ugolino)大约于1220年出生在比萨的显赫的德拉·盖拉尔戴斯卡(Della Gherardesca)贵族之家，在比

萨沿海地带和萨丁岛上拥有许多领地。比萨是传统的吉伯林城邦，德拉·盖拉尔戴斯卡是传统的吉伯林家族，但是，当乌格利诺看到贵尔弗党势力在托斯卡那占了上风时，就背叛了吉伯林党，于1275年和他的女婿——贵尔弗党首领乔万尼·维斯康提(Giovanni Visconti)阴谋使贵尔弗党在比萨掌权。阴谋败露后，乌格利诺遭到流放。1276年，在佛罗伦萨等贵尔弗城邦的支援下，他和外孙尼诺·维斯康提(Nino Visconti)一起返回比萨。不久，乌格利诺就建立了威信。1284年，他率领舰队对热那亚作战，在美洛利亚(Meloria)海战中败绩。战后，热那亚和卢卡及佛罗伦萨结成同盟，严重威胁着比萨。在这危急时刻，乌格利诺由于具有政治才能，作为贵尔弗党人又便于和各个敌对的贵尔弗城邦进行谈判，当选为比萨最高行政官。1285年，为了分化敌人，解除家乡所受的威胁，他把几座城堡分别割让给卢卡和佛罗伦萨。同年，他让外孙尼诺·维斯康提和他共同执政，以加强自己的势力，但是不久二人就发生了矛盾。1288年，同热那亚签订了和约，战俘被遣回比萨后，以大主教卢吉埃里为首的吉伯林党重新壮大，很可能再掌政权。在这种形势下，乌格利诺就顺风转舵，暗中同卢吉埃里达成协议，策划赶走尼诺。在卢吉埃里采取行动以前，乌格利诺先退避到自己的庄园，佯做与此事无关。尼诺见形势危急，向外祖父求援，遭到拒绝，被迫逃往他乡，结果，卢吉埃里出任最高行政官。他立即约请乌格利诺回城议事。乌格利诺信以为真，接受了约请。但他进城后，市民受卢吉埃里挑动，一齐起来反对他，指控他出卖城堡，把他和他的儿孙们一起关进塔牢，使他们活活饿死(1289年2月)。

卢吉埃里(Ruggieri)大主教俗姓乌巴尔狄尼(Ubaldini)，是犯异端罪的枢机主教奥塔维亚诺(见第十章注㉝)的侄子，于1278年被任命为比萨大主教。他赶走尼诺，出卖乌格利诺后，执掌了大权。但他无法抵抗尼诺率领的贵尔弗党流亡者的武装进攻，被迫辞去最高行政官之职。由于残害乌格利诺和贵尔弗党人，他受到教皇尼古拉六世的严厉斥责，甚至被判处终身监禁。教皇之死使他免于身受囹圄。1295年，他死在维台尔勃。

② 意即这样凶狠的邻人。德·桑克蒂斯指出，“邻人”这个词通常使人联想到人与人之间的团结友爱，但在乌格利诺口中却是恶毒的讥刺。

③ “我对他相信而被捕”，说明卢吉埃里设下圈套来逮捕乌格利诺是背信弃义的行为。“这都用不着说”，因为乌格利诺和他的外甥尼诺曾多次和佛罗伦萨有直接政治联系，但丁作为佛罗伦萨市民必然知道比萨发生的这一重大政治事件的经过。但是，但丁不可能知道乌格利诺在塔牢里活活饿死的详情，被害者得亲口追述，才能使诗人在世上为他伸冤。

④ 指瓜兰迪家族的塔牢。由于乌格利诺饿死在那里，这个塔牢后来被称为

"饿塔"。

⑤ "乌格利诺被关在狱里,微光从一个小孔透进来,他伫立在小孔旁边;月亮就是他的钟表,他用它来计算坐牢的月数"(德·桑克蒂斯)。据中世纪的迷信说法,黎明时做的梦最灵,能预示将要发生的事情。乌格利诺从他看到月光的次数得知自己已经被囚禁若干月后,黎明时分做了一场噩梦,梦中的情景象征他和他的孩子们的苦难。

⑥ 梦中打猎的场面象征比萨吉伯林党对乌格利诺和他的儿子和孙子的迫害。卢吉埃里大主教作为猎队队长和主人象征他在政治上作为吉伯林党的首领。"狼和小狼们","狼"用定冠词,指乌格利诺和他的孩子们。瓜兰迪(Gualandi)、席斯蒙迪(Sismondi)和兰弗朗奇(Lanfranchi)是比萨三大吉伯林家族,他们在大主教的鼓动下同他一起反对乌格利诺伯爵。"猎狗"象征平民,他们也被挑动起来向乌格利诺进攻。正如一般梦境一样,这场梦中打围也有具体地点:"那座使比萨人望不见卢卡的山",这座山名圣朱利亚诺(San Giuliano)山,在比萨东北,是卢卡和比萨两个城邦之间的界山。这两个城市相距不远,假如没有这座山,都可以互相望见。猎队向这座山上追猎那只狼和它的小狼们,表示乌格利诺企图逃往卢卡,因为那是贵尔弗党掌权的城市。

⑦ "父亲和儿子们"指狼和小狼们。"他眼睛看到的是动物,但心灵恍恍惚惚觉得,那是他自己和他的儿子们,对那只狼和那些小狼就使用人与人之间的称谓,把它们说成'父亲和儿子们'"(德·桑克蒂斯)。"他们肚子两边都被尖利的牙齿撕裂了"预示他们将被敌人残酷地处死。

⑧ 其实同他囚禁在一起的是两个儿子和两个孙子。诗中为什么把他们都说成他的儿子?注释家们对此提出不同的解释:卡西尼(Casini)认为,"figliuoli"(儿子们)在家人亲热的谈话中也可以用来称呼孙子们。萨佩纽认为诗中使用 figliuoli 这个词,是由于乌格利诺在复述不幸的遭遇时,激于父亲对孩子们的疼爱之情,把儿子和孙子完全等同起来,他们在他心里统统是"儿子"。"在睡梦中哭着要面包"暗示他们做了同样的不祥的梦,大概都梦见了食物断绝,饥饿难忍。

⑨ "我的心所预感到的事"指乌格利诺想到自己梦中的情景和孩子们在睡梦中要面包的哭叫声,心里预感到要活活饿死。他认为这是惨绝人寰的苦难,使人一想到它,就会伤心落泪。

罗西(Rossi)指出:"叙述极为恰当地在这里停顿一下,可以说是把序幕和剧情的发展划分出来。"

⑩ 每个人都因为做了噩梦,生怕梦中的事能够应验。

⑪ "这一看把父亲和儿子们谁都没有说出的梦以及送饭的时间和钉门的声音都默默地连在一起了。"(牟米利亚诺)

⑫ 此时此刻他已经变成了"绝望的雕像"(德·桑克蒂斯)。"乌格利诺的

悲痛,一直到孩子统统死去,都是沉默的、不落泪的。这种沉默作为惟一跟这场悲剧的可怕程度相称的表现,显得悲壮伟大,只是等到悲剧终结时,这种沉默才被打破”(牟米利亚诺)。

⑬ 小安塞尔摩(Anselmuccio)是乌格利诺的孙子,也是他的四个孩子之中最幼小的,当时大约十四五岁(诗中把他们都写得比实际年龄小些)。安塞尔摩虽然是乌格利诺的孙子,但由于父母不在眼前,就把祖父看成父亲,向他说出那句天真的、使人心酸的问话。“小安塞尔摩既不能解释,也不能说明那种看的方式:‘这样’也就是说‘以这样不平常、不普通的方式’。‘你怎么啦?’孩子问道。伤心惨目之处完全在于意识到那默默无言的看的方式和那声泪俱下的天真的问话:‘你怎么啦?’”(德·桑克蒂斯)

⑭ 意即直到次日天色破晓。乌格利诺已经凄惨地沉默了二十四小时。

⑮ 阳光已经普照大地,但只有一线微光射进塔牢,他看到了四个孩子的瘦削憔悴的面孔,想到自己的面容必然也是那样。他面对他们的苦难极为痛心,又爱莫能助,由于悲愤、绝望而狠狠地咬自己的手。

⑯ 这两句话里的隐喻意即我们的肉体是你给我们的,你就把它收回吧。

⑰ 指塔牢的门钉上以后的第二天和第三天。

⑱ 乌格利诺恨大地冷酷无情,“因为假如那时它把他们吞没了,他们就不至于受更惨痛的折磨:各自目睹别人死去,父亲目睹他们一个个死去。”(波斯科)这句话是乌格利诺再次中断了叙说,面对着但丁发出的悲愤的感叹。《埃涅阿斯纪》卷十也有类似的话:图尔努斯在危难中说:“大地为什么不裂开一道把我吞没的深沟呢?”

⑲ 伽多(Gaddo)是同乌格利诺囚禁在一起的两个儿子之一,出生年份不详,但当时已经是成年人。他倒在父亲脚下,临死极其自然地向父亲喊道:父亲哪,你为什么不帮助垂死的儿子啊?说了这句话后,就断了气。伽多的话很像耶稣在十字架上临死以前所说的话:“我的上帝,我的上帝,为什么离弃我?”(《新约·马太福音》第二十八章)

⑳ 强调他目睹的悲惨情景的真实性。

㉑ 这句诗意义不很明确,引起了注释家的争论。几乎所有的早期注释家都认为含义是:后来,我不是由于悲痛,而是由于饥饿气绝身死的。这种说法已为多数现代注释家所接受。但也有一些注释家提出另一种解释:乌格利诺在快要饿死时,终于吃了已死的孩子们的肉,来延长自己的生命。这种说法受到法国但丁学家贝扎尔(Pézard)有力的驳斥,因为,正如他一针见血地指出,这一章的目的在于引起读者的怜悯,而不是引起恐怖。

㉒ 在叙说孩子们饿死的过程时,乌格利诺胸中对敌人的仇恨被他对孩子们的疼爱和悲痛之情所压倒,叙说完结后,仇恨的火焰又重新燃起,使他“斜着眼”咬住卢吉埃里的脑壳,如同猛犬咬住它捕获的猎物时,怒目斜

视，防备其他野兽前来抢夺一样。

㉓ 但丁在《论俗语》中根据各个语种所使用的肯定副词把拉丁系语言分为 OC 语（普洛旺斯语）、Oïl 语（法语）和 Sì 语（意大利语）。“Sì”意即“是的”。“说 Sì 的美丽国土”指意大利。

㉔ 指和比萨敌对的城市，特别是卢卡和佛罗伦萨。

㉕ 卡普拉亚（Capraia）和格尔勾纳（Gorgona）是托斯康群岛中的两个小岛，在利古里亚海中，位于厄尔巴岛西北，从地图上看起来，距离阿尔诺河口并不算近，但是，从比萨附近的山上能望见它们，而且方位恰恰是在河口。

㉖ 从诗中的语气看来，但丁似乎认为，乌格利诺伯爵为了拯救比萨，把一些城堡分别割让给卢卡和佛罗伦萨，不能算是卖国罪行；他在安特诺尔环受苦，是由于背叛了吉伯林党或者由于和外孙尼诺共同执政后，暗中和卢吉埃里勾结，出卖了尼诺。虽然乌格利诺犯了出卖城堡的罪，也理应只惩罚他本人，而不应该株连他的儿孙，使他们活活饿死。

㉗ 忒拜是充满血腥内讧和暴行的古希腊城市。比萨的情况类似古代的忒拜，所以诗中称它为“新的忒拜”。

乌圭乔涅（Uguiccione）是乌格利诺最小的儿子，当时年龄还小。勃利伽塔（il Brigata）是乌格利诺的孙子尼诺（Nino）的绰号。尼诺的名字出现在 1272 年的文献上，1288 年被捕下狱时，大概已经是成年人。

“另外那两个”指伽多和小安塞尔摩。为了强调这四个人是清白无辜的，诗中把他们统统写成青少年。

但丁出于诗人的强烈正义感和人道精神，对这场惨绝人寰的悲剧感到义愤填膺，不禁对比萨发出偏激的、可怕的诅咒：愿上天移动海岛堵塞阿尔诺河口，使河水淹死比萨所有的市民，这个诅咒颇有《旧约·创世记》中上帝震怒，降天火毁灭所多玛和蛾摩拉两个恶贯满盈的城市的意味。英国诗人乔叟的《坎特伯雷故事》中的僧侣的故事，叙述的也是乌格利诺伯爵饿死狱中的惨剧，由于艺术上的原因，省去了对比萨的诅咒，和但丁的叙述相比，显得稍逊一筹。

㉘ 这是冰湖的第三环，名托勒密环（Tolomea），是犯出卖宾客罪者的灵魂受惩罚的地方。“不是低着头”原文是“non volta in giù”（不向下弯着），也有人理解为“不弯着身子”；“仰面朝天”原文是“riversata”（翻过来），有人理解为“仰卧着”，也有人理解为“仰着脸直身站在冰里”。总之，这两句诗都说明这些罪人既不像该隐环的罪人们那样脸向着下面，也不像安特诺尔环的罪人们那样脸向着前面。

㉙ 对于这些罪人来说，哭本身就使他们哭不出来，因为他们仰着脸，眼泪一流出，就结成冰，把眼睑封住，泪水再也淌不出来，悲哀的情绪无法发泄，就回归内心，使痛苦变本加厉。

“面甲”(visiere)是头盔的前部,用来保护眼睛和脸,可以移动,戴着它也可以看见东西,因此,拿它来比拟这些罪人的泪水在眼窝里结成的冰是恰当的。

㉚ 根据中世纪气象学,风是日光照射使地中的湿气蒸发出来形成的。地狱里既然没有日光照射,使地中的湿气蒸发出来变为风,怎么会有风呢?所以但丁为此感到惊异。但他在第五章中曾讲到“地狱里的永不停止的狂飙”席卷着鬼魂们迅猛奔驰,似乎前后不一致。

㉛ 这个鬼魂以为但丁和维吉尔是因犯了残酷的叛卖罪而被指定去第四环受苦的亡魂,就请求他们给他剥去眼泪结成的冰,使他能哭一哭,稍稍发泄内心的悲哀。“坚硬的面纱”即“面甲”。

㉜ “那就让我到冰底去”,意即:让我到科奇土斯冰湖的中心去,因为冰湖的冰层向内倾斜,“冰底”指最低处,即冰湖中央和地狱底层。这句话听起来似乎是赌咒保证要帮助那个罪人,其实是用来骗他说出姓名,因为但丁反正要到地狱的底层去,但不是留在那里。

㉝ 阿尔伯利格(Alberigo)属于法恩察的曼夫雷蒂(Manfredi)家族,是贵尔弗党的首领之一,1267 年成为快活修士会修士(“快活修士”见第二十三章注⑳),为争夺法恩察的统治权,同族人曼夫雷多(Manfredo)和他儿子阿尔伯尔盖托(Alberghetto)发生内讧,在激烈争吵之际,挨了阿尔伯尔盖托一个耳光。他受到这次侮辱,怀恨在心,经过调停,表面上表示宽恕对方,暗地里却处心积虑地策划报复,1285 年 5 月 2 日,佯言要与曼夫雷多父子言归于好,在别墅中摆下酒席,邀请他们赴宴,宴会将结束时,他喊道:“端上水果来!”一听到信号,挂毯后隐藏着的亲属和家丁们顿时跳出来,把客人杀死。这一事件发生后,当时人们就常用“阿尔伯利格的水果”来指暗算谋杀。“罪恶之园的水果”,意即罪恶之园里结的水果,因为那是背信弃义杀害宾客的信号。

㉞ 意即我犯了重罪,不得不受到更重的惩罚,因为海枣产于西亚和北非,比产于意大利本土的无花果贵重。阿尔伯利格在上句话里用“罪恶之园的水果”影射他的杀人的信号,在这句里继续用果子作为隐喻来指罪与罚的轻重。

㉟ 阿尔伯利格用“端上水果来”为信号杀害宾客的事件传布很广,但丁一听到鬼魂的话,就断定他正是那个罪人,并且知道他还没有死,所以表示惊讶(阿尔伯利格卒年不可考,但 1300 年但丁游地狱时,还在人世)。

㊱ 托勒密环(Tolomea)即冰湖第三环。这一名称大概来源于《玛喀比传》上卷所说的大祭司西门·玛喀比的女婿、耶利科(Jericho)地方的行政长官托勒密(Ptolomee)。他为了使自己成为整个地区的统治者,趁西门和两个儿子来到耶利科的机会,摆下宴席款待他们,在宴会上背信弃义地把他们杀死(公元前 134)。另一说认为,名称来源于埃及国王托勒密十二

世，他令人刺死了失败后去埃及避难的罗马大将庞培（公元前48）。

“享有这样的特权”显然是一句含有嘲讽意味的话。

“阿特洛波斯”（Atropos）是希腊神话中司命运的三女神（Parcae）之一。每当一个凡人出生时，女神克罗托（Clotho）就把一定数量的纱线绕在女神拉凯茜斯（Lachesis）的绕线杆上纺起来；她所纺的线的长度就是那个人寿命的长度，等大限一到，女神阿特洛波斯就剪断其生命线，使之死亡。“在阿特洛波斯使它离开以前”，意即在罪人未死以前。

㊲ 指构造像井一般的第九层地狱。

㊳ 多数注释家认为，“过冬”（verna）指鬼魂在冰湖里过永恒的冬天。但是托拉卡指出，动词vernare除了这一含义外，还指鸟儿在春天唱歌，而且第三十二章中也说，鬼魂们冻得“牙齿打颤，声音像鹳叫一般”；阿尔伯利格修士是刻毒的人，不惜自我嘲讽，对他人当然更不留情，因此，“verna”出自他的口可能意在嘲讽那个鬼魂挨冻的惨状，把他牙齿打颤的声音说成是在“奏乐”（sonare）。

㊴ 勃朗卡·多利亚（Branca Doria）出身于热那亚著名的吉伯林贵族之家，大约生于1233年，在萨丁岛上担任过几种官职。他是罗戈多罗总督米凯尔·臧凯（见第二十二章注㉑）的女婿，据佛罗伦萨无名氏的注释说，他阴谋夺取罗戈多罗省的统治权，邀请他的岳父到他的城堡里吃饭，最后命人当场将他和随从统统杀死。这一事件大约发生在1275年，也有人说大约在1290年。

“被这样禁闭起来”指被冻结在冰湖里；“已经过了许多年了”指从他犯杀害宾客罪那天到1300年但丁游地狱时。

㊵ “马拉勃朗卡们”是第五“恶囊”中的鬼卒们共同的名称（见第二十一章注⑨）。他们看守的壕沟即第五“恶囊”。犯贪污罪的米凯尔·臧凯被杀死后还没有来到这条壕沟里受苦以前，勃朗卡·多利亚的灵魂就先堕入科奇土斯冰湖里，他的肉体被一个魔鬼主宰着，作为行尸走肉继续活在世上；据文献证明，他几乎经常居住在萨丁岛上，1325年，和他的儿子们同被放逐，卒年不详。

㊶ 指他的侄子作为他杀害米凯尔·臧凯的帮凶受到同样的惩罚：灵魂先入地狱，肉体还活在人间。

㊷ 布蒂解释说：“给他打开眼睛，根据但丁的说法，是违背上帝的公正原则的行动，那是莫大的无礼，所以不做这件事就是有礼。”

㊸ “你们当中的一个”指勃朗卡·多利亚；“罗马涅的穷凶极恶的鬼魂”指阿尔伯利格修士。

第三十四章

"Vexilla regis prodeunt inferni(地狱之王的旗帜正在前进),向着我们而来[①]。"我的老师说,"所以你就向前面望吧,看你是否能看得出他来。"犹如浓雾升起时,或者夜色降临我们这半球时,一个正转动着风磨的风车从远处出现,那时我好像看到了这样的一个庞然大物[②];接着,我就由于有风而退到我的向导背后,因为那里别无避风之处[③]。

我已经来到那个地方,现在我写诗描绘这个地方时,犹有余悸,那里的鬼魂都全身被冰层所覆盖,透过冰层看起来如同玻璃中的麦秆一般[④]。有的躺着;有的头朝上;有的脚朝上直立着;有的身子弯曲得脸都够着了脚,像一张弓似的[⑤]。

当我们已经向前走了一段路,我的老师认为便于指给我看那个原先容貌那样美的造物[⑥]时,他就从我面前闪过,让我站住,说:"你看这就是狄斯,你看这就是你须用大无畏精神武装自己的地方[⑦]。"读者呀,不要问我那时变得多么冰冷和喑哑,这我都不描写,因为一切词语都会显得不足。我既没有死,也没有活着;如果你有点儿才智,那你现在就自己想一想,我被剥夺了死与生,那时变成了什么状态[⑧]。

悲哀之国的皇帝从半胸以上露出在冰层外面;与其说巨人的身材比得上他的手臂,毋宁说我的身材比得上巨人:现在你可以想见,全身要和这样一部分相称,应该有多么高大[⑨]。如果他原先那样美如同现在这样丑一样,还扬起眉毛反抗他的创造者,那他成为一切苦难的来源,是理所当然的[⑩]。啊,当我看到他头上有三个面孔时,对我来说,这是多大的使人惊奇的事啊[⑪]!一个面孔在前面,是红色的;另外那两个和这个相连结,位于肩膀正中的上方,它们在生长冠毛的地方连结起来[⑫]。右边那个的颜色似乎在白与黄之间;左边那个看起来就像来自尼罗河上游地方的人们的面孔[⑬]。每个面孔下面都伸出两只和这样的鸟相称的大翅膀：我从来没有见过海船的帆有这样大。翅膀上没有羽毛，而和蝙蝠的翅膀一样[14]；他摇动着各只翅膀，就有三股风从它那里吹来，使科奇土斯湖全结了冰。他六只眼睛哭，泪水和带血的唾液顺着三个下巴滴下来[15]。每张嘴里都用牙齿嚼着一个罪人，如同用打麻器粉碎麻茎一般，结果就这样使三个罪人受苦刑[16]。对于前面那个[17]来说，被牙齿咬比起被爪子抓来是微不足道的，因为他背上有时被抓得完全没了皮。

我的老师说："那儿上面那个头在嘴里、腿在外面乱动的、受最大刑罚的是加略人犹大[18]。头朝下的另外那两个当中，那个从黑面孔的嘴里垂着的是布鲁都：你看，他怎样在那儿扭动着身子，一言不发[19]！那一个是卡修斯，他看起来肢体那样健壮[20]。但是夜晚又回来了[21]，现在我们该离开了，因为我们全看完了。"

我按照他的意思抱住他的脖子，他看准时间和部位，在各只翅膀张得够大的时刻，爬上毛烘烘的肋部，然后抓住一簇又一簇的毛，从浓密的毛和凝冻的冰层之间下去[22]。当我们到达大腿向外弯曲、恰恰形成臀部的隆起处时，我的向导就吃力地、喘吁吁地把头和腿掉转过来，如同向上爬的人似的抓住了他的毛，我以为我们又要回到地狱里去[23]。

我的老师像疲惫不堪的人似的喘吁吁地说："你可要抱紧，因为我们必须顺着这样的阶梯离开这万恶的渊薮[24]。"后来，他通过一块岩石的洞穴走出去，把我放在洞穴边沿上坐下；随后，就向我迈出了稳练的一步[25]。

我抬起眼睛，以为会看到卢奇菲罗像我离开他时那样，却看到他两腿在上伸着；那时我是否苦于百思莫解，就让不明白我已经越过了那个中心点的那些愚昧无知的人去推想吧[26]。

我的老师说："站起来吧：因为路途遥远，道路难行，太阳已经回到第三时的一半了[27]。"

我们所在的地方不是什么宫廷的大厅，而是一个天然的地窖，地面高低不平，光线缺乏。我站起来后，说："我的老师啊，在我离开这个深渊[28]以前，你稍微给我解说一下，使我摆脱心里的疑团吧。冰在哪里呀？他身子怎么这样倒插着啊？太阳怎么在这样短的时间就已经从黄昏运转到早晨啦[29]?”他对我说:“我在地心那一边抓着那洞穿世界的恶虫的毛爬到它身上去,你以为你现在还在那一边呢。在我顺着它的身子而下的时候,你一直是在那一边来着;当我掉转身子时,你就越过吸引各方面的重量的那个中心点[30]。现在你已经来到天球这半球下面,这半球正对着笼盖大片陆地的那半球,在那半球的天顶下,那个生下来无罪、生平也无罪的人被杀死[31]。你的脚踏在一个小小的圆形地面上,这个圆形地面形成犹大环的另一面[32]。那里是黄昏,这里就是早晨[33];这个以他的毛给我们做梯子的,还和原先一样固定在那里[34]。他从天上掉下来,落到这边,原先在这里露出来的陆地由于怕他而把海作为面纱,来到我们那半球[35]。或许是为躲避他,出现在这边的那块陆地在这里留下了这个空处,向上涌起[36]。”

下面那里有一个地方,这个地方距离别西卜和他的坟墓的长度相等[37],我们发现了这个地方,不是由于看到了它,而是由于听到了一条小河的水声,这条小河河道迂回曲折,坡度不大,从它侵蚀成的一个石穴中流到那里。我的向导和我开始顺着那条隐秘的道路返回光明的世界去;我们一会儿都不想休息,就向上攀登,他在前面我在后面,一直上到我从一个圆形的洞口见到了天上罗列着的一些美丽的东西[38]。我们从那儿走出去,重新见到了群星[39]。

注释:

① 这句拉丁文的前三个词是一首著名的赞美诗的第一行。这首赞美诗是法国普瓦提埃(Poitiers)主教浮图纳图斯(Fortunatus)为迎接耶稣受难十字架的残余部分从君士坦丁堡到来(公元569)而写的,后来为天主教会所采用,在举行耶稣受难日、十字架发现节和赞扬节的宗教仪式时,都唱这首诗。诗中Vexilla regis(国王的旗帜)指十字架,它是天国之王的旗帜;但丁加上inferni(地狱的)一词,把意思改变为地狱之王的旗帜,用来指卢奇菲罗的六只翅膀。

本章开端用拉丁文,来写地狱之王,显得气魄庄严,令人望而生畏。

“向着我们而来”字面的意思是:卢奇菲罗的旗帜向着我们行进,其实是说:我们走近了卢奇菲罗,因为他是固定在地球中心不动的。

② “我们这半球”指北半球。但丁在昏暗的地狱底层望见硕大无朋的卢奇菲罗摆动着翅膀矗立在冰湖中央,好像大雾中或者黄昏时,一个转动着

风磨的风车隐隐约约地从远处出现一样。这个比喻十分贴切,因为风车是一种巨大的机械装置,有宽阔的翅膀来扇风作为动力,和卢奇菲罗这个庞然大物摆动着翅膀扇风,使科奇土斯湖结冰,非常相像,远处的风车在大雾中或暮色中显出朦胧的轮廓,和卢奇菲罗矗立在昏暗的地狱底层,从远处望去,隐约可见,也很类似。

"庞然大物"原文为 dificio(即 edificio 脱落了词首音节 e),早期意大利作家常用这个词指机器或工具,根据路易吉·温图里(Luigi Venturi)的解释,这里泛指说不出名称来的大东西。

③ "避风之处"原文为 grotta,有的注释家按照普通的意义解释为"洞穴";有的则理解为"岩石";波雷纳指出,这个词的另一含义是为了给植物挡风防冻而建的墙,这里泛指避风处。

④ "那个地方"指冰湖的第四环,是冰湖中心,乃犯出卖恩人罪者的鬼魂受苦之处。出卖恩人是最大的罪,所以这些鬼魂受最重的刑罚,全身被冰封住,永远不能动弹。

⑤ 鬼魂们在冰层中的姿势不同,大概表示罪与罚的程度不同,但是诗中对此并未具体说明,我们无法确定某种姿势表明对某种恩人犯下某种程度的罪行。

⑥ 指卢奇菲罗,他在背叛上帝以前,是天使中最美者。

⑦ "狄斯"是罗马神话中的冥界之王,但丁把他和基督教的地狱之王等同起来,在第十一章和第十二章中已经用他来指卢奇菲罗。"你须用大无畏精神武装自己"意即你已经来到犹大环,现在即将看到卢奇菲罗的可怕的形象,还得抓着他的身躯下到地心,走出地狱去,所以非鼓起最大的勇气不行。

⑧ "冰冷和喑哑"意即吓得浑身冰冷,由于恐怖而说不出话来。"我既没有死,也没有活着"和"我被剥夺了死与生"都指但丁看到卢奇菲罗的恐怖相时,身心顿时陷入的一种不可思议的状态。

⑨ "悲哀之国的皇帝"即地狱之王卢奇菲罗。诗中有关他的身材的说法,只不过强调他高大无比而已,但是一些学者试图根据诗中的话来计算魔王究竟有多么高大(例如安东奈里〔Antonelli〕计算出他臂长 410 米,身高 1230 米),这种努力当然是徒劳的。

⑩ 卢奇菲罗原是带光的六翼天使,即《圣经》中所谓"明亮之星,早晨之子"(见《旧约·以赛亚书》第十四章)。神学家波纳温图拉(Bonaventura)说:"他名叫卢奇菲罗,因为他比其他天使更明亮。"他被上帝创造成最美的天使,理当感戴上帝,但他的美却滋长了骄傲情绪,他心里想道:"……我要高举我的宝座在上帝众星以上……我要与至上者同等……"(见《旧约·以赛亚书》第十四章)。这种骄傲情绪使他对上帝发动叛乱,结果堕入地狱,变为魔鬼。"扬起眉毛"是他的傲气的表现。

既然他对上帝都忘恩负义，发动叛乱，那他自然就成为世人一切苦难的来源。所以圣奥古斯丁说："世上一切苦难都来源于他（指卢奇菲罗）的恶意。"

⑪ 一个头上长着三个面孔，象征魔鬼的三位一体性作为神的三位一体性的对立面。三位一体的神的属性是力量、智慧和爱，魔鬼的三个面孔象征与此相反的三种属性：无力、无知和憎恨。

⑫ 意即旁边那两个面孔在两个肩膀正中的上方，它们都和中间那个面孔相连，彼此又在头部后面顺着正中的一条线衔接起来，这条线的终点是枕骨，一些动物（如公鸡）的冠毛长在那里。

⑬ "来自尼罗河上游地方的人们"指面目黧黑的埃塞俄比亚人。卢奇菲罗的淡黄面孔象征虚弱无力，黑面孔象征愚昧无知，红面孔象征憎恨。

⑭ 蝙蝠的翅膀有皮质的膜和黑褐色的细毛，在宗教画中魔鬼的翅膀都被画成这样，但丁在诗中也把魔鬼描写成有这样的翅膀，但他所塑造的魔王形象头上没有角，臀部也没有尾巴，又和绘画中以及其他文学作品中魔王的形象不同。

⑮ 卢奇菲罗哭是由于痛苦悲哀，也由于对神斗争失败，无力继续反抗而怒火中烧所致。"带血的唾液"指唾液带有被他嚼着的三个罪人的血。

⑯ "打麻器"亦名麻梳，是一种木制工具，用来粉碎大麻和亚麻茎，把纺织纤维和木质纤维分开。卢奇菲罗由天使变成魔王后，被罚在地狱里做惩罚三个最大罪人的工具。"这个明喻和动词 di-rompea（粉碎）用在一起，似乎使人听得见那三个罪人的骨头被卢奇菲罗的牙齿咬碎的声音"（引自路易吉·温图里《但丁诗中的明喻》）。

⑰ "前面那个"指前面那个红面孔的嘴里咬着的罪人犹大。

⑱ "那儿上面那个"也指犹大，这话是维吉尔指给但丁看时说的，因为卢奇菲罗异常高大，所以让但丁往上面看。犹大出卖耶稣，罪大恶极，被判处最重的刑罚：头在魔王嘴里，身子被牙咬碎，皮被爪剥光。

⑲ 布鲁都（Marcus Junius Brutus）是罗马政治家，约生于公元前 85 年。内战爆发（公元前 49）后，站在庞培一边反对恺撒，庞培失败后，受到恺撒的宽恕和信任，被授予阿尔卑斯山南省总督之职，两年后又被推举为执政官。他虽然受到恺撒的恩惠，但他为了保持元老贵族的统治，反对恺撒的军事独裁，同卡修斯联合起来，阴谋刺死了恺撒（公元前 44 年 3 月 15 日）。公元前 42 年秋，恺撒的后继者安东尼和屋大维进兵希腊，与布鲁都和卡修斯会战于马其顿的腓力比（Philippi）附近，布鲁都兵败自杀。

但丁认为罗马帝国是天意为保障人类享受现世生活的幸福而建立的，恺撒是帝国的始皇帝，布鲁都背叛了他，把他刺死，是获罪于天，理应受最重的惩罚。布鲁都被咬得粉身碎骨，都忍着剧痛，一言不发，显示出他的顽强的叛逆者的性格。

⑳ 卡修斯(Gaius Cassius Longinus)是古罗马将领,内战爆发时,任平民保民官,参加了元老贵族党。恺撒进军意大利,势如破竹,卡修斯随庞培和元老贵族仓皇逃出意大利。庞培在法尔萨利亚之战败绩后,卡修斯投降恺撒。恺撒不仅宽恕了他,而且推举他为执政官,并答应次年任命他为叙利亚总督。卡修斯虽然受到恺撒的恩惠,却仍然以他为仇敌,暗中组织起反对派,阴谋刺死了他;布鲁都也是在卡修斯的劝说下参加这一暗杀行动的。恺撒死后,卡修斯离开罗马去叙利亚,公元前 42 年秋,在腓力比附近与布鲁都协同迎战安东尼和屋大维。兵败后,命令一名被释放的奴隶结束了自己的生命。

诗中说"他看起来肢体那样健壮。"有些注释家指出,这与事实不符,因为据罗马帝国时期的传记作家普鲁塔克(Plutarchos)在《希腊罗马名人比较列传》中说,卡修斯瘦弱苍白;他们认为但丁把刺死恺撒的卡修斯·朗吉努斯和西塞罗在《对卡提利那的控告辞》中所提到的卢丘斯·卡修斯弄混了。雷吉奥驳斥此说,指出但丁当然没有读过普鲁塔克的《列传》,但他是否读过西塞罗的《对卡提利那的控告辞》也不能确定,况且其中形容卢丘斯·卡修斯的拉丁文 adipes(肥胖)这个词和但丁诗中形容卡修斯·朗吉努斯的意大利文 membruto(肢体健壮)这个词意义根本不同。他认为,但丁所根据的可能是我们不知道的史料,也可能是凭想象力把卡修斯勾画成肢体健壮的人,和性格冷静顽强的布鲁都对称。

㉑ 诗中关于犹大环的描述到此结束。牟米利亚诺指出,这个区域是整个地狱中惟一的绝对静默的地方,不仅卢奇菲罗默不做声,而且他嚼着的三个罪人以及一切被惩罚的阴魂也都这样。这个地区也是地狱中最鬼气阴森的地方,甚至是惟一的绝对为鬼气所笼罩的地方。惟有这里生命已经全然熄灭。

"夜晚又回来了",意即现在北半球已经是黄昏时分,也就是 1300 年 4 月 9 日下午六点钟(复活节前夕)。但丁游地狱是 4 月 8 日黄昏时分开始的,到这时结束,总共用了二十四小时。

㉒ 维吉尔趁魔王的翅膀都张得够大的时刻爬上他的胁部,为的是不被翅膀打着。"抓住一簇又一簇的毛"下去,如同下陡峭的山坡时揪住一丛又一丛的灌木似的。"从浓密的毛和凝冻的冰层之间下去"也就是说,从卢奇菲罗的毛烘烘的身躯和科奇土斯湖的冰层之间的空隙中下去。

㉓ 卢奇菲罗头向前从天上坠入地狱,上半身在北半球,下半身在南半球,臀部的隆起处恰恰在地球中心。维吉尔顺着他的身子下到他的臀部的隆起处时,必须掉过头来往上爬,才能离开地狱去南半球。根据古代的一种错误理论,地球引力在地心最大,维吉尔把头和腿掉转过来,须要克服地球引力的巨大阻力,因而很吃力,累得喘吁吁的。当时但丁趴在维吉尔背上,两手抱着他的脖子,当然会感觉到他掉头,但是紧接着他似乎又

在往上爬，所以就以为又要回到地狱里去。

㉔ “这样的阶梯”意即这样困难的道路。“万恶的渊薮”指地狱。

㉕ 大意是：维吉尔掉过头来在卢奇菲罗和岩石之间的狭窄的空隙中顺着卢奇菲罗的身子继续爬去，爬到岩石上有一道裂缝构成了一个洞穴的地方，就利用这个洞穴从狭窄的空隙中出去；他先把但丁放在洞穴边沿上坐下，随后就离开卢奇菲罗的身子，一个稳练的箭步就迈到但丁跟前。

㉖ 因为但丁以为维吉尔在背着他重新回地狱去，而且维吉尔似乎已经朝着卢奇菲罗头部的方向往回爬了一段，所以但丁坐在洞穴边沿上仰视卢奇菲罗时，就以为会看到他像自己离开他时那样头朝上站在那里。但是越过地心，维吉尔就掉过头来一直朝着卢奇菲罗的腿部爬去，现在这个方向就是上。但丁不知道已经越过了地心，以为自己还在北半球，就转了向，看到卢奇菲罗“两腿在上伸着”，而感到莫名其妙。

“苦于百思莫解”原文为 travagliato（苦恼，受了折磨），对于这个词用在这里的意义，注释家有不同的解释，有的认为是“感到困惑”，有的理解为“弄糊涂了”，有的解释为“感到惊奇”。译文根据格拉伯尔的注释。

“那个中心点”指地心。

㉗ “路途遥远，道路难行”指维吉尔和但丁须要由一条狭窄曲折的小路从地心走到南半球炼狱山麓的地面上，路程大约和游地狱的路程一般远。

“太阳已经回到第三时的一半了”指那时已经是南半球时间上午七点半钟。原来教会为了按时祷告，把白天的十二个小时划分为四部分：即第三时（terza）、第六时（sesta）、第九时（nona）和晚祷时（vespro）。第三时指春分和秋分时节日出后的前三个小时，即六点钟到九点钟，所以“第三时的一半”就是七点半钟。

在地狱里，维吉尔从来不用太阳，而用黑夜和月亮来说明时间；现在已经离开地狱，越过地心，来到天球南半球之下，才第一次用太阳来说明时间。

㉘ 指地狱。但丁还认为自己没有离开地狱。

㉙ 因为维吉尔将要顺着卢奇菲罗的身子下去时曾说：“夜晚又回来了”，现在刚过了一会儿又说：“太阳已经回到第三时的一半了”，所以但丁产生了这个疑问。

㉚ “洞穿世界的恶虫”，指卢奇菲罗。“洞穿世界”，指他的身体穿过地心，一半在北半球地下，一半在南半球地下。《圣经》中常用“虫”来指撒旦（例如：《旧约·以赛亚书》第六十六章，《新约·马可福音》第九章）。

“（地心）那一边”，指北半球。

“吸引各方面的重量的那个中心点”，指地球的中心，也是全宇宙的中心，根据亚里士多德的学说，乃是万有引力的中心。

㉛ “天球这半球”原文是 l' emisperio（这半球），这里显然是指天球南半球，

而不是指地球南半球。“正对着笼盖大片陆地的那半球”指天球南半球正对着天球北半球,天球北半球下面就是人类所居住的、有大片陆地的北半球,天球北半球的天顶下是耶路撒冷,耶稣基督在那里被钉死在十字架上,他是“生下来无罪、生平也无罪的人”。“生下来无罪”指他作为上帝的儿子生下来无原罪,“生平也无罪”指他生活在世上时,也无任何罪行,因为在神的意志中是不可有罪的(见托马斯·阿奎那斯的《神学大全》第一卷)。

㉜ “犹大环”(Giudecca)是科奇土斯冰湖最靠里的第四环,得名于出卖耶稣的叛徒犹大。维吉尔告诉但丁说:你现在脚踏在一个小小的圆形地面上,这个圆形地面的位置相当于地心那边的犹大环,所以现在你看不见冰层了。这是对他的第一个问题的回答。

㉝ “那里”指北半球,“这里”指南半球。两地时间相差十二小时。这是对他的第三个问题的回答。

㉞ 意即卢奇菲罗还和你初次看到他时一样固定在那里,并没有把头和脚颠倒过来。这是对他的第二个问题的回答。

㉟ 但丁根据《圣经》中(《旧约·以赛亚书》第十四章、《新约·路加福音》第十章和《新约·启示录》第十二章)有关卢奇菲罗从天上坠落地狱的话,运用想象力创造了这个神话:当卢奇菲罗从天上向南半球“这边”坠落时,原先露出在那里的海面的陆地,由于害怕他落到自己上面,就沉入海里(“把海作为面纱”),转移到我们所居住的北半球。

㊱ 出现在南半球“这边”的那块陆地(指炼狱山),当初“或许”是为避免和这个罪大恶极者接触,而留下了这个空处,也就是我们目前所在的这个地窖,向上涌起,露出海面的。

㊲ “下面那里”是但丁在虚构的地狱、炼狱、天国之行结束后,写《神曲》叙述旅行的经历时,从北半球的角度说的,指的就是但丁站在那里听维吉尔解答问题、叙说卢奇菲罗从天上坠落地狱的后果之处。“别西卜”(Belzebù)是魔王的另一个名字(见《新约·马太福音》第十二章、《新约·马可福音》第三章、《新约·路加福音》第十一章)。“别西卜和他的坟墓”指上面所说的那个“空处”,也就是但丁和维吉尔所在的那个“洞穴”或“地窖”。“这个地方距离别西卜和他的坟墓的长度相等”意即这个地方在“洞穴”或“地窖”的尽头。

㊳ 意即见到了天上的一些星辰。

㊴ 《神曲》三部曲都以“群星”结束,表示向往光明之意。